원칙중심 K-IFRS 교육

: 개념체계 기반 접근법

(회계윤리와 종합사례)

원칙중심 K-IFRS 교육
: 개념체계 기반 접근법
(회계윤리와 종합사례)

한국회계기준원
Korea Accounting Institute
KAI

한국회계기준원 FBT 교육전문위원회

서 문

한국회계기준원은 원칙중심 IFRS를 적용함에 있어 회계담당자들이 원칙중심 회계마인드를 갖추고 스스로 적용이슈를 해결하는 능력을 함양할 수 있는 교육의 기초가 되는 교재를 시리즈로 발간하기로 하였습니다. 이에 따라 2014년 말 'FBT(Framework-based Teaching) 교육전문위원회'를 발족하여 2015년 말에 자산을 중심으로 한 FBT 교재 제1권 '원칙중심 K-IFRS 교육: 개념체계기반접근법'을 개발하여 출간한 바 있습니다.

이 시리즈의 일환으로 2016년에는 FBT 교재 제2권 '원칙중심 K-IFRS 교육: 개념체계기반접근법(부채)'와 제3권 '원칙중심 K-IFRS 교육: 개념체계기반접근법(회계윤리와 종합사례)'를 개발하여 출간합니다.

우리나라 경영자와 회계 관련자들은 그동안 규칙중심 회계기준에 오랫동안 훈련되어 왔기 때문에 원칙중심의 IFRS에 따른 판단과 해석에 많은 어려움을 겪고 있습니다. 이는 우리나라뿐만 아니라 과거 규칙중심 회계기준을 사용해 온 많은 국가들이 공통적으로 겪는 어려움으로, IFRS가 효과적으로 운영되기 위해서는 단순히 제도의 변화뿐만 아니라 작성자, 감사인, 이용자 및 회계감독당국의 행태도 변화되어야 합니다.

이러한 변화는 원칙중심 회계기준에 대한 교육을 통해 사고의 패러다임을 전환하고 역량을 배양함으로써 가능할 것으로 보이며,

이 교재가 회계교육 현장이나 실무에서 원칙중심 K-IFRS의 올바른 이해와 판단 능력을 키우는 데 도움이 되길 기대합니다.

이 교재를 발간함과 아울러 한국회계기준원 FBT 교육전문위원회에서는 지속적으로 교재발간사업을 진행하여 매년 새로운 교육자료를 출간할 예정입니다.

마지막으로 본 교육교재는 회계기준위원회나 한국회계기준원의 공식 입장이 아닌 집필진의 견해를 반영한 교육자료입니다. 아울러 이 교재를 집필함에 있어 전체 집필과정을 총괄하고 회계윤리 집필에 수고하신 송인만 위원장님과 종합사례 집필에 열정적으로 참여하신 전영순 교수, 지현미 교수, 한국회계기준원의 최현덕 팀장과 이웅희 책임연구원의 노고에 감사를 드립니다.

2016년 12월

한국회계기준원 원장 장 지 인

‘원칙중심 K-IFRS 교육(회계윤리와 종합사례)’의 발간에 부쳐…

우리나라에서 2011년에 IFRS를 도입한 이후 벌써 6년의 시간이 지났습니다. IFRS는 원칙중심 회계기준으로서 기존의 규칙중심 K-GAAP과는 다른 사고의 틀을 요구함에도 불구하고 우리의 교육이나 실무에서는 이를 반영하지 못해 왔습니다. 그런데 K-GAAP에서 IFRS로의 변화는 단순한 회계기준의 변화가 아니라 사고의 패러다임의 변화를 의미하는 것으로, 이러한 사고의 패러다임 변화는 꾸준하고 지속적인 교육과 학습을 필요로 합니다.

최근 들어 공인회계사 시험에서 원칙중심 IFRS에서 요구되는 전문가적 판단에 관한 문제들이 출제되고 있는 것은 매우 바람직한 방향이라고 생각합니다. 이처럼 재무정보의 작성 및 감사 등 실무적인 필요뿐만 아니라 공인회계사 시험에서도 전문가적 판단 능력을 요구하고 있어, 앞으로는 원칙중심 회계기준에 따른 판단과 추정 능력을 제고할 수 있는 회계교육이 더욱 필요해 보입니다.

그러나 현재까지 많은 교과서들은 아직도 규칙중심 회계기준의 접근방법을 취하고 있어 원칙중심 IFRS 교육에 활용하기에는 어려움이 있습니다. 특히, 회계의 전 분야를 아우르는 원칙중심 회계기준 교재가 개발되지 않아 대학원 교육이나 신입 회계사 교육에 한계가 있습니다. 이에 한국회계기준원에서는 원칙중심 K-IFRS 교육을 위한 교재개발 작업의 일환으로 본 교재인 제3권 ‘원칙중심 K-IFRS 교육: 개념체계기반접근법(회계윤리와 종합사례)’를 개발하여 출간하게 되었습니다.

재무정보는 작성자가 진실과 공정을 바탕으로 작성되는 경우에만 의미 있는 정보를 제공하므로 재무정보를 다루는 이해관계자들에 대한 윤리교육은 필수적입니다. 그러나 현재 회계교육 현장에서 윤리교육은 거의 이루어지지 못하고 있는데, 그 이유 중 하나는 윤리교육을 위한 적절한 교재의 부재라 생각합니다. 이 교재 제1장에서는 윤리적 의사결정, 회계부정, 감사인의 독립성을 다루고 있어, 다양한 이해관계자들의 회계윤리 교육에 기여할 수 있을 것으로 기대합니다.

이 교재 제2장에서는 가구업을 영위하는 가상기업인 (주)하우스피아에서 나타날 수 있는 가상거래들을 통해 원칙중심 회계기준을 교육하는 종합사례집입니다. 구체적으로, 기업 설립을 위한 자금조달, 초기 사업의 운영과 성장, 사업 확장, 사업부문의 매각 등 가구업을 영위하는 기업에서 현실적으로 나타날 수 있는 거래들을 통해 자산의 인식과 후속 측정, 부채의 인식, 자본의 인식, 수익의 인식, 리스, 이연법인세, 사업결합, 사업의 매각, 회계추정의 변경과 오류 수정 등 회계 전 분야를 다루고 있습니다. 원칙중심 회계기준의 교육은 토론을 통해 이루어지는 것이 가장 효과적이므로, 각 사례에서는 먼저 거래의 내용을 기술하고 학습자들의 토론을 위한 회계이슈를 제시하고 있습니다. 교수자가 학습자들이 각 사례에 대해 회계기준의 근간이 되는 개념체계와 회계원칙을 적용하도록 토론을 유도함에 있어 활용할 수 있는 가이드라인은 별도로 제시됩니다. 또한, 각 사례별로 개념체계기반접근법의 8단계에서 해당되는 단계, 관련된 재무제표 항목 및 관련 기준서를 메트릭스로 정리하여 별첨으로 제시합니다.

아무쪼록 본 교재가 원칙중심 IFRS 교육에 널리 활용되어 회계교육 현장 및 실무에서 회계윤리에 기초한 전문가적 판단과 추정 능력을 제고하는 데 일조할 수 있기를 기대해 봅니다. 이 교재의 제1장 회계윤리를 집필해 주신 송인만 위원장님과 제2장 사례를 개발함에 있어 많은 노력을 아끼지 않으신 지현미 교수님, 최현덕 팀장님, 이웅희 책임연구원님께 감사드립니다. 마지막으로, 가구업의 가상거래를 개발하는 데 많은 도움을 주신 Casamia의 이현구 회장님과 기동현 팀장님께 감사를 드립니다.

2016년 12월

한국회계기준원 FBT 교육전문위원회 소위원장 전 영 순

차 례

Chapter 1 회계와 윤리

Chapter 2 종합사례

부록 토 론

Chapter

1 회계와 윤리

1.1 윤리란 무엇인가?

버스가 통제에서 벗어나 당신 방향으로 달려오고 있다. 깜짝 놀라 뒤돌아 보니 당신은 외국인 관광객 스미스와 당신의 귀여운 애완견 미미가 버스가 달려오는 방향에 있는 것을 보았다. 당신은 둘 중에 하나를 구할 수 있는 시간이 있다면 누구를 구할 것인가? 최근의 연구결과에 의하면 응답한 사람들의 40% 이상이 관광객 대신 자신의 애완견을 구했을 것이라는 답을 하였다. 당신이라면 어떤 선택을 했을까?

윤리(ethics)는 우리로 하여금 옳지 못한 것으로부터 옳은 것을, 나쁜 것으로부터 좋은 것을, 그리고 공정하지 못한 것으로부터 공정한 것을 식별하도록 인도한다. 어떤 사람들은 윤리적 행위를 '보지 않는 어둠 속에서의 당신의 결정'으로 기술하기도 한다.

윤리적 기준은 시간이 지나면서 진화해왔고, 일반적인 공동체의 합의를 나타낸다. 어떤 사람들은 윤리적인 가치가 종교적인 가르침과 불가분하게 연관되어 있어 영적인 영향력이 없는 세계에서는 존재할 수 없다고 주장한다. 반면에 노벨상을 탄 아인슈타인은 "도덕(morality)은 신성한 것이 아니라 단지 인간의 문제일 뿐이다" 그리고 "인간의 윤리적 행위는 동정심, 교육, 사회적 관계와 필요에 기초할 때 효과가 있다. 즉 종교적 기준은 필요하지 않다"라고 생각했다. 신경과학자들도 윤리적인 행위는 우리의 뇌에 고착되어 있어 종교나 교육의 영향을 받지 않는다고 믿는다. 그러나 도덕이 신성한 원천에 기인하든, 문화적 기초에 의한 것이든 아니면 생화화적 근거를 가지고 있든 간에 사람들이 일정한 윤리적 기준이나 전통을 갖출 때 사회가 발전하는 경향이 있다.

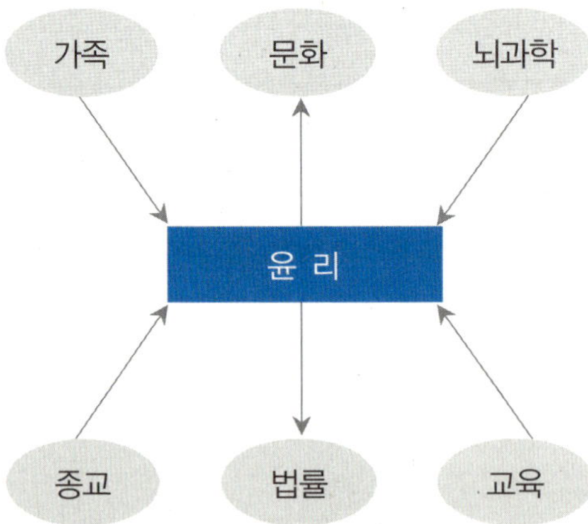

[그림 1-1] 윤리에 영향을 미치는 요소

언뜻 보아서는 윤리와 회계는 전혀 관련이 없어 보인다. 많은 위대한 철학자들은 기업의 장부금액이 아니라 도덕적 가치를 중요하게 생각했으며, 회계전문가들은 일반적으로 기업의 사회적 책임보다는 부채를 논의하는 것이 더 편안했었다. 그럼에도 불구하고 놀랍게도 윤리와 수적인 분석의 상호간 영향은 오래전부터 존재해 왔다.

가장 널리 알려진 철학자 아리스토텔레스도 현대회계의 교리로 남아 있는 의견을 제시했다. 예를 들면, 자유무역의 이점에 대한 논의에서 아리스토텔

레스는 재화는 본질적 가치와 같은 주관적인 평가가 아니라 실제 거래에 근거해서 객관적으로 평가되어야 한다는 의견을 처음으로 제시했다. 그의 견해는 기원전 350년에 제시되었는데, 이는 공정시장가치의 회계적인 결정에 변함없는 지침이 되었다. 윤리적 판단이 필요한 회계분야는 재무회계, 세무보고, 내부통제, 관리회계, 정부 및 비영리회계 등이 있다. 여기에서는 재무회계분야만을 살펴보기로 한다.

재무회계에 익숙하지 않은 사람들은 회계담당자가 어떻게 윤리적 딜레마에 쉽사리 빠지게 되는지를 의아하게 생각할 수도 있다. 왜냐하면 차변과 대변 기입은 인간의 간섭이 없이 자동적으로 수행될 수 있기 때문이다. 그러나 회계는 단순히 자료를 기록하고 분류하여 재무제표에 나타내는 부기가 아니다. 회계의 많은 분야는 상당히 높은 수준의 전문가적 판단을 필요로 한다.

당신이 일하고 있는 레스토랑에서 주방장이 개발한 새로운 메뉴를 먹고 탈이 생겼다고 어떤 손님이 1억 원의 소송을 제기했다고 생각해 보자. 회계원칙에 따르면 이러한 손실의 '발생 가능성이 높다(probable)'면 즉시 부채로 계상해야 한다. 그러나 '발생 가능성이 높다'는 것은 무엇을 의미하는가?

국제회계기준에 따르면 '발생 가능성이 높다'란 회사가 미래에 현금이나 다른 자원을 희생할 가능성이 50%를 초과하는 경우를 의미한다. 이러한 수적인 기준은 분명하지만 이를 적용하는 것은 그렇지 못하다. 경험이 많은 변호사조차 소송의 결과를 예측하는 것을 주저할 텐데 어떻게 회계담당자가 이러한 확률적 판단을 할 수 있을까? 그럼에도 불구하고 회계전문가는 이러한 주관적인 결정을 하는 데 최선을 다해야 할 윤리적인 책임이 있다.

'발생 가능성이 높다'의 의미를 생각함에 있어서 윤리적 딜레마 외에도 회계담당자는 사업장에서 다양한 압력에 직면하게 된다. 예를 들면, 사장이 관련 손실을 보고하는 것을 손실의 발생 가능성이 확실해질 때까지 연기하도록 압력을 가할 수 있다. 반면 투자자들은 큰 손실로 인해 도산할지도 모르는 투자에 대해 적절한 판단을 할 수 있도록 해당 손실을 즉시 보고하도록 압력을 가할지도 모른다. 이러한 예에서 알 수 있듯이 불분명한 기준과 이해가 상충되는 압력을 받게 될 때에는 상당히 양심적인 회계담당자라도 윤리적으로 정확한 결정을 내리는 데 어려움을 겪게 된다.

1.2 윤리적 의사결정의 적용

1.2.1 일반적인 윤리적 합리화

우리는 어린 시절에 본능적으로 우리의 잘못을 합리화하는 것을 배웠다. 우리의 변명이 아무리 말도 안 되는 것일지라도 우리는 당당히 "강아지가 그랬어요"라고 주장함으로써 또는 이와 유사하게 터무니없는 것을 말함으로써 비난을 모면하려고 애썼다. 부모님이 못마땅해하시거나 질책하실 것을 두려워하여 우리는 놀랄 만한 이야기를 지어내곤 하였다.

(1) 다른 사람도 다 한다

사이클 선수인 암스트롱은 모든 것을 가졌었다. 그는 놀랄 만한 역경과 한 차례의 암 투병을 극복하고 프랑스투어 경기에서 7번이나 연속 우승했다. 그는 세상에서 가장 유명한 사람 중 하나였고 금전적으로도 성공했다. 그런데 그가 어쩔 수 없이 금지약물을 상습 복용했다는 것이 밝혀졌을 때 이를 시인한 것보다 더 충격적이었던 것은 '모든 사람이 다 한다'는 그의 변명이었다. 다른 사람들이 따를 수 있는 도덕적 기준을 제시하는 대신 그는 '공평한 경기장'을 만들기 위하여 속일 수밖에 없었다고 주장함으로써 비난을 면하려고 했다. 이로 인해 암스트롱은 금전적으로 어려움을 겪게 되는데 먼저 그를 선임한 광고사로부터 소송을 당했다. 2015년에 암스트롱은 스포츠 홍보회사에 천만 달러를 배상하라는 명령을 받았다. 또한, 그의 앞날 역시 금전적인 어려움을 불러올 일련의 위험한 소송으로 가득 차 있었다. 그러나 암스트롱의 변명과는 달리 어느 누구도 다른 이에게 속이라고 강요하지 않으며, 또한 모든 사람이 그렇게 하지도 않는다. 혼잡한 교차로에서 신호등이 작동하지 않을 때를 살펴보자. 대부분의 운전자는 예의 바르게 행동하며, 질서를 지키고 교차해서 차례로 지나간다. 혼란은 쉽게 발생할 수 있지만 대부분의 사람들이 협력해서 사심 없이 풀려고 하기 때문에 그런 일은 거의 나타나지 않는다.

(2) 다른 사람은 더 한다

이는 앞에서 언급한 "다른 사람도 다 한다"의 변형이다. 사람들은 다른 사람들의 행위가 더 나쁘다는 것을 지적함으로써 자신의 행위에 따른 비난을 피하려고 한다. 대량 살상이나 수조원이 횡령되는 사회에서 당신 자신의 행동보다 더 나쁜 행동을 하는 누군가가 항상 있기 마련이다. 그러나 다른 사람들이 아무리 터무니없는 잘못을 행하더라도 그들의 행위가 당신을 당신 자신의 행위에 대한 책임으로부터 자유롭게 하지는 않는다.

(3) 법적으로 문제가 없으므로 나쁘다고 볼 수 없다

우리의 법적 시스템은 최소한의 행위 지침을 제시할 뿐 바람직한 기준을 제시하지는 않는다. 사소한 범죄나 잘 조직된 범죄는 법망을 교묘하게 빠져나간다. 그렇다고 이러한 행동이 윤리적인 것은 아니다. 당신의 학교 친구가 우유 알레르기가 심하다고 하자. 당신은 이 친구에게 일부러 우유를 주겠는가? 비록 그렇게 하는 것이 법적으로는 문제가 없다고 하더라도 도덕적으로 문제가 있으므로 신중하게 행동해야 한다.

(4) 누구에게 해가 되는 것도 아니고, 안 좋은 것도 아니다

잘못된 행위가 사후적으로 볼 때 어떤 해도 미치지 않았다면 잘못을 저지른 사람은 그들 행위가 적절한지 조사하는 것이 무의미하다고 자주 주장한다. 그러나 이러한 형태의 논리는 사후 결과와 이미 발생한 위험을 일으킬 수 있는 행동을 혼동하고 있다. 다행히도 비윤리적인 행위가 위험을 초래하지 않았다 하더라도 최초 행동의 비도덕성의 본질을 변경시키지 않는다. 은행 강도가 근거리에 있는 경비원에게 총을 발사했으나 잘못 겨냥해 상해는 입히지 않은 경우를 생각해 보자. 그 강도는 총을 잘못 발사한 것에 대해 면책을 받아야 할까? 아니면, 그가 다행스럽게도 사람을 못 맞혔지만 사람을 죽이려는 그의 의도에 대해서는 상당한 벌을 받아야 할까? 우리의 법적 시스템에서는 성공하지 못한 살인은 성공한 살인보다 덜 엄하게 다루어지므로 이 강도는 혜택을 받게 된다. 그러나 윤리적 측면에서는 그 강도의 총 쏘는 기술 부족이 그의 행동의 비도덕성을 완화시키지는 못할 것이다.

(5) 그들 때문에 그렇게 했다

우리는 잘못을 저질렀을 때 행위의 결과를 받아들이기보다는 다른 사람을 비난하는 경향이 있다. 압력에도 불구하고 다른 사람들을 비난함으로써 당신의 행동에 대한 책임을 기피하는 것은 윤리적이지 못하다. 예를 들면, 탈세사건에서 납세의무자는 필사적으로 그들 자신을 능력이 부족한 보조원이나 회계담당자 또는 세금보고대리자의 부주의로 해를 입은 죄 없는 피해자로 부각시키려고 노력한다. 비난을 떠넘기는 것은 세금기소에서 거의 성공하지 못한다. 더 중요한 것은 이것이 삶에서도 거의 성공하지 못한다는 것이다.

1.2.2 내가 왜 윤리적이어야만 하는가?

실무를 수행하는 전문가인 회계담당자들은 "내가 왜 윤리적이어야만 하는가?"라는 질문을 해보아야 한다. 모든 사람들의 삶의 질은 윤리적 기준을 널리 준수하는 것에 달려 있는데, 이는 윤리성이 결여된 사회는 대중에게 적절한 안전, 복지와 경제생활을 제공할 수 없기 때문이다. 도둑질이 만연하고 개인의 안전이 위협받는 사회에서 사람들은 그들의 사생활을 잃어버리고 지속적으로 두려움 속에서 살게 된다. 이와 유사하게 계약관계에서 다른 사람을 믿을 수 없게 되면 경제생활은 위축되고 결과적으로 경제발전에 나쁜 영향을 주게 된다.

특히 전문가들은 반드시 윤리적으로 행동해야만 할 이유가 있다. 전문가가 윤리기준을 어기면 이로 인해 손해를 입은 고객이나 종업원 등은 그 전문가에게 재무적인 책임을 지도록 소송을 제기할 수 있다. 더욱이 많은 국가에서는 법원의 판단이 자동적으로 규제기관에 보고되어 그들의 전문가 자격에 제한을 가하기도 하며, 또한 이후에 손해보험에 가입하기 위해서는 상당한 비용이 지출되기도 한다. 더욱이 전문가 자격이 일정 기간만 정지된다 하더라도 그들의 명성에 미치는 부정적인 효과는 오랫동안 지속된다.

마지막으로 아마도 사람들이 윤리적으로 행동하는 가장 간단한 이유는 윤리적일 때 좋다고, 때로는 정말 매우 좋다고 느끼기 때문이라는 것이다. 뇌과학자들은 생일 선물을 받을 때, 아름다운 얼굴을 볼 때 또는 초콜릿 케이크 한 조각을 먹을 때 반응하는 것처럼 우리가 윤리적으로 행동할 때 우리 뇌의 즐거움을 느끼는 곳이 환해진다는 것을 알고 있다. 우리는 일상생활에서 일반적으로 윤리적으로 행동하면서 즐거움을 얻고 있다. 사람들에게 '당신은 다른 사람들에 비해 윤리적인가요?' 하고 물으면 대부분은 예상대로 '그렇다'고 답할 것이다. 이는 윤리적이란 자각이 자신을 기분 좋도록 만들기 때문이다. 또한 당신이 노숙자를 도울 때, 주운 지갑을 돌려줄 때, 구제헌금을 낼 때 또는 쉽게 속일 수 있는 기회를 포기할 때, 당신은 당신의 윤리적 행위가 당신에게 엄청난 즐거움을 준다는 것을 알고 있다.

1.2.3 윤리규칙의 보편성

모든 문화나 국가가 동일한 윤리기준에 동의하는가? 아니면 윤리기준이 사회마다 다르고 시간에 따라 변화하는가? 이에 대해서는 상반된 견해인 '윤리절대주의'와 '윤리상대주의'가 있다. 윤리절대주의에 따르면 윤리기준은 보편적이고 불변하다고 주장한다. 예를 들면 '다른 사람이 너에게 해주기를 원하는 대로 너도 그에게 그렇게 하라'라는 황금률은 모든 주요 세계적인 종교나 사회에서 수세기 동안 확고히 자리 잡고 있다.

한편, 윤리상대주의의 옹호자들은 도덕률은 시간에 따라 변하고 문화나 종교 그리고 정치체계에 따라 다르다고 주장한다. 예를 들면, 양성평등에 대한 관점은 문화에 따라 매우 다양하다. 많은 미국인은 성차별을 허용하는 국가를 폄하하지만 양성평등을 보편적으로 지지하는 것은 미국에서조차 매우 최근의 일임을 아는 사람은 많지 않다. 한 예로 미국의 여성들은 1920년까지 투표권을 보장받지 못했으며, 1800년 중반까지 아내들은 그들의 소득과 자산을 그들의 남편에게 원치 않아도 넘겨주어야만 했다.

대부분의 윤리학자들은 윤리적 가치가 사회의 특정한 변화에 따라 달라진다는 것에 동의하지 않는다. 반면에 그들은 기본이 되는 기준은 보편적이지만 사회가 윤리기준을 적용하는 방법에서 차이를 보인다고 주장한다. 예를 들면 거의 모든 사회가 사생활의 권리에 동의하지만 그중에서도 특히 유럽 사람들은 개인들의 인터넷 검색에서 얻은 개인 자료를 판매자들이 사용하는데 일반적으로 이 원칙을 더 엄격하게 적용하기를 원한다.

어떤 회계전문가들은 특정 사업관행이 윤리적인지에 대한 의견이 국가간에 그리고 문화간에 일치되지 못함을 보고 전문가들이 국제적으로 보편적인 윤리기준을 실천하는 것이 현실적으로 가능한지에 대해 의문을 제기한다. 국제 윤리기준에 대한 한 가지 비판은 문화가 다르고 경제발전 정도가 달라 많은 국가의 회계전문가들이 국제 윤리기준의 일부가 그들이 속한 사회나 경제 환경에 맞지 않다고 여긴다는 것이다.

1.2.4 윤리적 추론의 발전

심리학자인 Kohlberg의 연구는 사람들이 훈련이나 경험의 축적으로 시간이 지날수록 윤리적 추론을 고급단계로 발전시켜 나간다고 제시했다.

Level 1 : 자아에 집중

윤리 발전의 첫 단계에서는 사람들은 단지 자신들의 상벌에 관심을 가진다. 이는 '전통 이전의 수준(pre-conventional level)'이라고 부르는데, 다시 두 단계로 나뉜다.

- **단계 1** : 통상 어린아이와 관련된다. 성숙하기 전 어린이들은 자신의 행동이 벌을 받을 수 있을 것인가에 따라 의사결정을 한다. 어린이들은 단지 벌 받을 것과 부모님이나 선생님으로부터 인정받지 못할 것을 두려워하여 순종적이게 된다.
- **단계 2** : 이 단계에서도 사람들은 자신의 이익에 초점을 맞추지만 그들의 부당행위 정도에 따라 받는 벌이 달라짐을 주시하기 시작한다. 예를 들어 한 어린이가 근처에서 살고 있는 다른 어린이를 때리는 것을 생각하고 있다. 단계 1에서 그 어린이는 단순히 벌을 받을 가능성에 기초하여 행동을 정할 것이다. 그러나 단계 2에서는 악의적인 행동은 당연히 벌을 받게 되지만 다른 어린이를 보호한다는 명분으로 실행한 경우에는 작은 벌을 받든지 아

니면 벌을 면할 수 있음을 인지하는 것이다.

단계 2에서는 개인이 지금 하는 행동으로 장래에 보상을 받을 수 있다고 생각하는 것이다. 예를 들면, 합창단에 참여하고자 하는 행동은 어린이가 늦은 귀가시간에 대한 부모님의 벌을 두려워하는 것이 아니라 주말에 늦은 귀가시간을 허가받을 수 있다는 보상 기대에서 나오기도 한다.

비록 Level 1은 어린아이와 관련되어 있지만 많은 어른들도 이 단계의 의사결정을 한다. Level 1의 사람들은 그들의 고용주, 고객 또는 동료들에게 자기 자신의 초점을 맞추고 있어 조직 내에서 지도자의 위치에 올라서는 안 된다. 이런 사람들은 엄격한 행동규칙이 있거나 벌칙이 강력한 환경에서 일할 필요가 있다.

Level 2 : 집단의 기대에 초점을 맞춤

'전통수준(conventional level)'이라고 부르는 Level 2에서는 사람들은 벌을 받을 수 있다는 두려움이 아니라 다른 사람에게 만족을 주고자 하는 욕구에 따라 행동양식을 결정한다는 것이다. 이도 역시 두 단계로 나눌 수 있다.

- 단계 3 : 사람들이 사회에서 그들에게 가까운 사람들, 즉 친구나 가족들의 기대에 부응하기 위해서 도덕적 의사결정을 한다는 것이다. 예를 들면, 사람들이 음주운전을 하지 않고 시험에서 부정행위를 하지 않는 것은 이러한 행동이 적발되었을 때 그들의 가족이 굴욕감을 느낄 것을 생각하기 때문이다.
- 단계 4 : 사람들의 관심범위가 사회 전체를 향해 넓어진다는 것이다. 이 단계에서 사람들은 법이 중요한 사회적 가치의 표출이며, 사람들이 법을 준수해야 한다는 것을 인지하게 된다. 이 수준이 전통단계라고 불리는 이유는 많은 사람들이 보통 이 정도 수준의 단계에 있기 때문이다. 그러나 일부 사람들은 이 수준에 미치지

못하고 있으며, 상대적으로 매우 적은 사람들만이 다음 수준에 오르고 있다.

Level 3 : 내적원칙에 초점을 맞춤

'전통 이후의 수준(post-conventional level)'이라고 불리는 Level 3에서는 사람들이 높은 수준의 가치와 원칙을 추구하는데, 이도 역시 두 단계로 구분된다.

- **단계 5** : 법률이 다수에 의한 합의를 나타내지만 합리적인 사람들은 법률이 변경되어야만 하는지 아니면 준수되어야만 하는지에 대해 다양한 의견을 개진할 수 있다. 이 단계에서 사람들은 어떤 법률이 기초로 하고 있는 사회적 가치에 대해 지적 의문을 제기하고 민주적인 과정을 통해 필요한 변화를 추구해야 한다고 믿는다.

- **단계 6** : 이 단계는 사람들이 진실과 정의와 같은 추상적인 개념을 실현하기 위해서 법률이 아니라 그들 자신의 도덕적 추론에 따라 행동할 때 달성된다. 이 단계에서 사람들은 서로 다른 관점에서 기준을 평가할 때 다른 사람들의 입장에서 행동할 수 있는 능력을 가지게 된다. 또한 그들은 불복종이 벌금이나 처벌을 초래할 수 있음에도 불구하고 전통적인 사회적 가치를 거부할 수 있다. 1900년대 초기의 인종차별법을 반대했던 시민불복종이 단계 6을 나타낸다. 예를 들면 흑인 어린이가 목말라하자 아이의 건강을 최우선으로 여기는 아이의 아빠가 법에 따라 '오직 백인'이라고 붙어 있는 음수대에서 이 법을 어겨가며 아이에게 물을 마시게 한 것은 단계 6의 예이다. Kohlberg는 여러 가지 관찰에 근거하여 지속적으로 단계 6의 행동을 하는 사람은 거의 없다고 결론지었다.

높은 단계의 윤리적 추론은 회계전문가에게 필수적인데, 왜냐하면 그들은 규칙이 잘 정의되지 않거나 없는 상황에서 자주 '옳고 바른' 의사결정을 해야 하기 때문이다. 기업의 회계전문가들은 그들 상관의 주문에 따라 의사결정을 해서는 안 되고, 외부감사인들은 그들 고객의 요구를 그대로 따라서는 안 된다.

1.2.5 윤리의사결정

Kohlberg의 제자인 Rest는 윤리적 의사결정을 내리고 실행하는 네 가지 상세 단계를 제시했다.

단계 1 : 도덕적 민감성

윤리의사결정의 첫 단계는 특정 상황에서 도덕과 관련된 문제가 있음을 인지하는 것이다. 예를 들면 당신의 회사 동료가 회사의 자동차를 개인적인 목적으로 사용하는 것을 목격한 경우를 가정해 보자. 어떤 사람은 허가받지 않고 회사의 자동차를 이용하는 것은 도덕적인 문제를 제기한다고 보는 반면, 다른 사람은 개인적인 사용도 때로는 회사에 도움이 되는 것이기 때문에 도덕적으로 용인될 수 있다고 보기도 한다. 도덕적 민감성을 높이기 위해서는 다른 관점에서 보려고 노력하고 다른 관점을 가질 수 있는 사람들과 공개적으로 토론할 필요가 있다.

단계 2 : 도덕적 판단

일단 도덕적 문제가 인지되었으면 두 번째 단계는 그 행위가 옳은지를 결정하는 것이다. 예를 들면, 당신은 회사 주인이 가족 중심적이고 회사 자동차 사용은 큰 일이 아니기 때문에 회사 동료가 개인적으로 회사의 자동차를 사용하는 것이 허용가능한 것이라고 결정할 수도 있다. 반면에 분명한 허가 없이 개인적으로 사용하는 것은 옳지 않다고 결정할 수도 있다. 도덕적 판단을 향상시키기 위해서는 다른 문화나 집단에서 평가하는 방법을 고려하려고 노력해야 한다. 또한 원가-효익의 분석과 같은 특정 사고모형이 의사결정에 도움을 줄 수도 있다.

단계 3 : 도덕적 의도

도덕적으로 옳은 결과가 무엇인지 결정한 후에는 세 번째 단계로서 이러한 결과를 달성하기 위해 취해야만 하는 행동을 설정해야 한다. 보너스나 승진과 같은 인센티브가 도덕적 행동의 준수에 연관되어 있는 경우 이 단계는 비교적 쉽다. 그러나 많은 경우에 당신의 행위가 경력관리, 친구 및 경제적 문제에 부정적인 영향을 미친다면, 그 행위로 발생하는 원가와 현상을 유지하는 효익을 비교하여야만 한다. 만일 당신이 회사의 주인에게 알린다면 칭찬을 들을 수도 있거나 승진할지도 모르지만 당신의 경력관리나 작업배분에 영향을 미치는 동료가 이러한 행위로 인해 당신을 외면할 수도 있다. 행동을 결정하기 전에 당신의 감정을 억누르고, 놓여 있는 장애물을 생각하고, 당신이 성취할 수 있는 것과 성취할 수 없는 것에 대해 실용적이어야 한다.

단계 4 : 도덕적 인격

마지막 단계는 의도한 행동을 실행할 수 있는 도덕적 인격을 갖추는 것이다. 이는 지속성, 에너지, 전략에 대한 믿음, 반대를 이겨낼 수 있는 정신적인 견고함을 요구한다. 예를 들면, 만일 당신이 자신의 이익을 위해 회사의 자동차를 사적으로 사용한 동료를 두려워한다면 당신이 걱정하는 것을 나누고 당신에게 협조할 수 있는 다른 사람을 찾아내야 한다. 또한 불이익을 당한다 하더라도 옳은 일을 할 수 있도록 불굴의 용기를 갖도록 하여야 한다.

이제까지 논의한 의사결정방법은 사람들이 윤리적 딜레마를 평가하는 데 충분한 시간과 노력을 기울인다고 가정한 것이다. 그러나 최근의 연구에 의하면 많은 윤리적 의사결정이 한정된 시간과 노력을 절약하고자 자동적인 직관에 의존하여 급히 이루어지고 있다고 본다. 예를 들면, 노벨상을 탄 경제학자인 Kahneman은 우리의 뇌는 이중처리를 한다고 주장한다. 그는 우리의 뇌를 급히 직관적으로 처리하는 시스템 1과 사채상각표를 준비하는 것과 같은 신중하고 통제된 분석을 요구하는 시스템 2로 구분하였다. [그림 1-2]를 보자. Kahneman은 다음 질문을 통해 이러한 두 가지 사고방식을 제시한다. 아래의 선의 길이가 위의 선의 길이에 비해 얼마나 긴가?

[그림 1-2] 어느 선이 더 긴가?

당신의 첫 번째 뇌구조인 시스템 1에 따른 분석은 아래의 선이 위의 선보다 길다고 말할 것이다. 그러나 신중한 측량기구의 도움을 받는 시스템 2에 따른 분석은 두 선의 길이가 정확하게 동일하다고 증명할 것이다. 어떤 심리학자들은 윤리적 의사결정을 개선하기 위해서는 시스템 1의 감정적인 측면을 약화시킴으로써 시스템 1이 시스템 2의 합리적 결정을 지배하지 않도록 할 필요가 있다고 믿는다. 즉 정상적인 의사결정은 우리가 즉각적이고 직관적인 반응을 억누르고 신중히 분석하는 노력을 할 것을 요구한다.

1.2.6 윤리의 핵심이론

의류업계에서 어떤 디자이너는 파리 중심가에서 멋진 의상을 선보였으나 실용성은 없는 반면, 다른 디자이너는 원가와 효익을 비교하여 대중들을 위한 의상을 선보인다. 윤리철학도 이와 유사하다. 어떤 윤리체계는 멋지지만 실용적인 것 같지는 않고, 어떤 것은 윤리의사결정의 효익이 원가를 능가하는 효율적인 결과를 목표로 한다. 우리는 모두 옳은 것을 행하기를 원하지만 어떤 것이 옳은지 항상 알 수는 없다. 여기에서 두 가지 견해를 살펴보기로 하자.

(1) 결과론(Consequentialism)

경제학에서 선택은 그의 한계수익이 한계비용을 초과할 때 가치가 있다. 회계담당자들도 현재가치 문제를 풀 때 이 접근법을 사용한다. 예를 들면, 만일 새로운 기계로 인해 창출할 현금의 현재가치가 이에 필요한 현금지출액을 초과하면 기업은 당해 기계를 취득할 것이다.

결과론은 이와 약간 다르지만 이와 유사한 의사결정체계를 적용한다. 결과론에서는 일반적으로 의사결정이 특정 기업이 아니라 사회 전체에 미치는 한계효익과 한계비용을 고려한다. 가장 널리 이용되는 결과론은 공리주의(utilitarianism)이다. 공리주의 체계에서는 어떤 행위가 모든 것을 감안할 때 사회 모든 구성원의 전체적인 복지 또는 효용을 증가시킨다면 윤리적이라고 본다. 공리주의 최초의 주창자는 Bentham과 Mill인데, 그들은 최대다수의 최대행복을 달성하는 것이 공리주의 목표라고 언급했다.

공리주의의 주요 장점은 그것이 객관적이고 측정가능하다는 것이다. 행위의 장점과 단점이 기본적으로 윤리계산기에 입력되고 결과가 산출된다. 또한 공리주의는 우리로 하여금 의사결정을 내리기 전에 사회에 미치는 비용을 생각하도록 유도한다. 따라서 공리주의는 의사결정자로 하여금 그들 행위의 결과가 자기 자신에게 돌아오는 혜택만을 고려하는 것이 아니라 다른 사람들에게 미치는 잠재적인 부정적 영향을 고려하도록 강요한다. 구성원들의 부나 사회적 지위 또는 종교에 관계없이 모두의 효용이 고려되어야 한다.

이러한 장점에도 불구하고 공리주의에 대해서는 다음과 같은 몇 가지 중요한 비판이 있다.

① 사람들이 행위로부터 얻을 수 있는 만족 또는 효용을 측정하는 것이 극히 어렵다.
② 사용된 수단을 고려하지 않고 최종적인 결과의 입장에서만 평가한다.
③ 사회 전체의 효익만을 고려하기 때문에 다수의 효익을 위하여 소수의 권리를 기꺼이 희생하게 된다.
④ 사회에 미치는 순효익에 근거하여 의사결정을 하는데, 여기에서 사회를 구성하는 이해관계자는 누구인가? 의사결정자가 머무르고 있는 지역사회의 구성원만을 의미하는가? 아니면 문화가 다른 세계에 있는 사람들도 고려해야 하는가?

(2) 의무론(Deontology)

의무론은 우리 모두가 존엄성을 가지고 서로를 공경하고 다루어야만 하는 도덕적 의무를 가진다는 입장을 지지한다. 이 의무론은 Kant의 철학에 나타나는데, 그에 따르면 모든 사람은 타인에 대한 의무를 가지며, 이 의무는 절대적이다(categorical imperatives). 절대적 의무란 주위 환경에 관계없이 항상 지켜야만 하는 의무를 말한다.

이미 살펴보았듯이 결과론은 주로 원가-효익 분석을 통해 행위의 영향에 초점을 맞춘다. 반면에 의무론에서는 사회적인 영향에 관계없이 특정 방식으로 행할 의무가 있는지에 초점을 둔다. 의무론의 중심에는 결과에 관계없이 다른 사람에 대한 의무가 있다.

의무론은 두 가지 요소로 구성된다. 보편성의 원칙과 역진의 원리가 그것이다.

• 보편성의 원리(universality principle)

보편성의 원리에 따르면 어떤 의무와 관련된 권리는 모든 상황에서 모든 사람들에게 적용된다. 일반적으로 의무론자들은 다음과 같은 기본적인 의무가 보편적으로 받아들여지고 있다고 확신한다.

① 다른 사람에게 물리적인 해를 끼쳐서는 안 되는 의무
② 다른 사람의 사생활을 존중할 의무
③ 다른 사람의 자유로운 관계의 권리를 존중해야 할 의무
④ 다른 사람의 재산권이나 협정을 존중할 의무
⑤ 동등한 것을 동등하게 취급해야 할, 즉 모든 사람에게 공정해야 할 의무
⑥ 진실을 말해야만 하는 의무

• 역진의 원리(reversibility principle)

Kant는 윤리적 행위는 또한 역진의 원리를 만족시켜야 한다고 믿었다. 기본적으로 역진의 원리란 '다른 사람이 너에게 해주기를 원하는 대로 너도 그에게 그렇게 대하라'라는 잘 알려진 황금률을 나타낸다. 마음속으로 행위를 하는 입장에서 행위로 영향을 받는 입장으로 돌아가 자신의 행위를 평가하라는 것이다. 물론 의무론의 경우에도 다음과 같은 몇 가지 한계점이 있다고 지적을 받고 있다.

① 핵심 지상명령인 '사람들은 인간의 존엄성을 존중해야 한다'가 너무 간략하고 이를 가시화하기 어렵다.
② 상반된 도덕적 의무가 충돌하는 상황에서 이를 해결하는 기준을 제시하지 못한다.

1.3 재무부정(financial fraud)

1.3.1 부정의 3요소(fraud triangle)

감사인들은 회계부정의 3요소라고 불리는 분석체계를 적용하여 회계부정이 발생할 가능성을 평가한다. 여기에는 유인과 압력, 기회, 그리고 태도와 합리화라는 세 가지 요소가 있다.

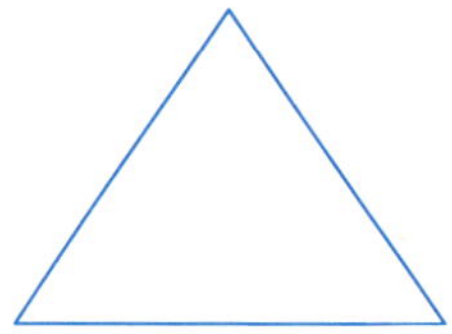

[그림 1-3] 사기의 삼각형

(1) 유인과 압력(incentives and pressures)

감사 전에 감사인은 감사대상회사의 경영자가 부정을 범할 유인이 있거나 그렇게 하도록 압력을 받고 있는지를 평가해야 한다. 연구에 의하면 특정 성장률을 달성해야만 연말상여금을 받는 경우 경영자가 부정을 범할 가능성이 높다. 변화하는 기업환경에 대응하고, 투자자의 기대에 부응하고, 도산을 방지하려 할 때 느끼는 압력이 이와 유사한 유인을 갖게 된다.

(2) 기회(opportunity)

생활의 모든 측면에서 기회가 번영을 성취하는 주요 수단이 된다. 철학자 Rand는 다음과 같이 말했다. "성공의 사다리는 기회의 사다리를 타고 올라가서 다다르게 된다." 그러나 재무회계의 분야에서 부정을 저지를 수 있는 기회는 처참한 결과를 초래한다. 따라서 감사인들은 부정재무보고의 기회가

되는 상황에 주의를 기울여야 한다.

복잡한 상황은 부정을 낳는 온상이 된다. 외국기업의 취득 또는 추정을 요하는 거래 등과 같은 복잡한 거래는 의도적으로 재무보고 정보를 부풀릴 수 있는 기회를 제공한다. 기업활동에 대한 느슨한 감시, 높은 이직률 그리고 감사법인의 변경 또한 부정을 조장하기에 좋은 보고 환경을 만든다. 기업과 주요 주주 간의 거래 역시 부정을 조장할 기회를 넓혀준다. 예를 들면, 어떤 주주가 회사 의사결정에 적극적으로 참여하고 있는 경우에 회사와 해당 주주 간에 자산매매나 보상계약이 있다면, 이러한 거래나 계약이 다른 주주에게 부당한 영향을 주지 않는지 면밀히 검토해야 한다. '기회는 단지 무도장에서 그들과 함께 춤출 뿐이다'라는 속담을 명심해야 한다.

(3) 태도와 합리화(attitude and rationalization)

포커게임 참가자들은 상대 참가자의 의도를 알아내는 방법을 배운다. 능력 있는 감사인도 부정을 찾아내기 위해서 이와 같이 해야 한다. 포커게임에서는 상대 참가자가 눈을 지속적으로 깜빡이거나 그의 입술을 탱탱하게 하거나 또는 숨을 크게 쉼으로써 무심코 상당히 좋은 카드를 쥐고 있음을 알려준다. 재무부정을 감지할 때도 이와 유사한 단서를 통해 감사인들은 그들 앞에 문제가 놓여 있음을 직감할 수 있다. 때로는 핵심 종업원이 부정행위의 열매를 향유할 수 있는 그들의 권리를 공개적으로 합리화한다. 어떤 사람들은 '그들은 자신의 가치만큼 보상받지 못한다'라고 또는 '단지 일시적으로 현금을 사용하지만 나중에 돌려줄 것이다'라고 주장한다.

그러나 경솔한 합리주의자들은 상대적으로 적다. 전형적으로는 경영자가 솔직함과 정직함에 무관심을 드러내는 단서를 찾아내야 한다. 여기에는 비현실적인 이익예측치를 공시하거나 회계담당자들에게 사소한 일까지 강제하거나 또는 극단적으로 공격적인 절세전략을 강요하는 경영자의 태도도 포함된다.

또 다른 경우는 경영자가 낭비벽이 심한 경우이다. 예를 들면 상장사 Tyco의 경영자인 Kotlowski는 회사소유 아파트에 $6,000에 달하는 욕실샤워커튼을 설치했다. 옛 속담에 '사치는 부정의 가장 가까운 친구이지만 절약은 부정을 고아로 만든다'라고 했다.

1.3.2 재무부정 기법

미국 작가인 Dr. Seuss는 한때 다음과 같이 말했다; '좌편을 생각하고, 우편을 생각하고, 아래편을 생각하고 위편을 생각하라. 그래, 네가 노력하기만 하면 네가 생각해 낼 수 있는 많은 것이 있다.' 재무부정을 저지르려고 하는 사람들은 그들의 목적을 달성하는 데 놀랄 정도로 창의적이다. 그러나 다행히도 감사인들은 재무부정을 저지르는 사람들이 지어낼지도 모르는 다양한 생각을 예측하는 데 잘 훈련되어 있다. 지난 회계부정 사례를 면밀히 분석하면, 아마도 가장 독특했던 기법이지만 프랑스 철학자 Voltaire가 한때 '신중한 모방일 뿐'이라고 불렀던 것들이다. 가장 널리 사용되는 '장부조작법'을 살펴보자.

(1) 수익의 조작

1) 일반적인 기법

연구결과에 의하면 회계부정으로 밝혀진 사건의 60% 이상이 보고된 수익의 조작이었다. 수익을 부풀리기 위해 가장 널리 사용되는 기법은 다음과 같다.

- 가공 고객과 가짜 판매 송장을 만든다(유통채널 채우기) : 의도적으로 고객의 필요 이상으로 더 많은 상품을 판매하고 고객의 협조에 대해 보상을 지급한다.

- 상품이 선적되기 전에 매출로 기록한다.
- 고객이 구매한 상품의 상당부분을 반품할 것으로 예상되는데, 전액을 매출로 기록한다.
- 경제적으로 볼 때 다음 기간에 실현될 장기계약에 대한 수익을 당기에 기록한다.
- 자산의 가치를 지나치게 높게 평가하여 평가손익을 과대하게 계상한다.
- 신용상태가 불량하여 뒤에 부실화될 가능성이 높은 고객에 대한 신용판매를 전액 수익으로 계상한다.

대부분 잘못 보고된 수익은 적어도 사후에 쉽게 밝혀진다. 예를 들면, 유럽 역사에서 가장 큰 회계사기는 이탈리아의 유제품회사인 Parmalat인데 그들은 쿠바에 엄청나게 많은 분유를 판매했다고 주장했다. 만일 Parmalat의 감사인이 단순히 보고된 판매수량을 적은 쿠바 인구에 비교했더라면 그 회사의 이익을 부풀리려는 갈망이 쿠바의 밀크에 대한 갈망을 넘어섰음을 식별할 수 있었을 것이다.

2) 양방향거래(round-trip transactions)

양방향거래도 정교한 판매자가 그들의 보고수익을 높이기 위해서 자주 사용하는 기법이다. 회계에서는 양방향이란 사전에 계획된 거래로서 회사가 수익을 부풀리기 위해 자산을 판매하고 그 뒤 곧바로 당해 자산을 다시 사들이는 것이다.

예를 들면, Enron사의 스캔들이 밝혀졌던 시점에 국제적인 두 개의 통신회사가 그들의 발전설비를 서로 판매하고 유사한 발전설비를 상대방 회사로부터 사들이는 기법으로 그들의 수익을 부정하게 부풀렸다.

실제로 두 회사는 자산 X를 서로에게 판매하여 이익을 계산하고, 동일한 자산 X를 그 상대편 회사로부터 취득하였던 것이다. Qwest Communication사와 Global Crossing사 간의 이러한 의심스런 자산의 상호교환이 밝혀지자, 두 회사의 주가는 곤두박질했고 Global Crossing사는 도산신청을 했다. Global Crossing사의 이전 e-mail에는 다음과 같은 예언적 문구가 있었다; '이러한 자산교환 거래는 우리를 멸망시킬 것이다.'

3) 이면협정(side agreement)

이면협정은 특히 감사에서 문제가 된다. 이면협정에서는 관련자들이 본 협정의 주요 내용을 뒤틀리게 만든다. 예를 들어보자. 판매자가 12월 27일에 상품을 1억 원에 판매했지만 이면협정으로 구매자가 원하면 3,000만 원은 차감 지급할 수 있도록 한 경우이다. 이 경우 판매자는 실제로 마지막에 7,000만 원만 회수할 수 있음에도 불구하고 1억 원의 판매를 정당화하기 위해서 감사인에게 본 협정의 내용만 보여주는 경우이다. 특히 구매자와 판매자가 모의한 경우 감사인은 이러한 형태의 사기를 적발하기가 매우 어렵다.

(2) 비용의 조작

1) 일반적인 기법

두 번째로 널리 사용되는 부정회계기법은 보고비용을 조작하는 것이다. 수익과는 달리 수익비용대응의 원칙과 발생주의회계를 충족하기 위해서 비용을 계상할 때 빈번하게 추정이 개입된다. 감가상각, 대손충당금 그리고 충당부채 등은 몇 가지 예에 불과하지만 모두 주관적인 판단에 상당히 달려있다. 그 결과로 많은 회계부정이 비용의 비현실적인 추정과 관련된다.

많은 경우에 기업은 이익을 부풀리기 위해서 비용을 낮게 계상한다. 예를 들면, Waste Management사의 경우를 보면 매년 계상되는 감가상각비를 낮추기 위해서 운반트럭의 기대내용연수를 비현실적으로 길게 잡았다.

좀 더 특이한 상황은 기업이 이익을 낮추기 위해서 비용을 과대계상하기도 한다는 것이다. 의도적으로 비용을 당해 연도에 많이 계상함으로써 당해 연도의 이익을 줄이되 이로 인해 이후 연도의 이익은 증가시킬 수 있게 된다. 이를 '과자단지회계(cookie jar accounting)'라고 하는데, 이는 이익을 증가시킬 필요가 있을 때 단순히 단지에서 저장해놓은 과자를 끄집어내기만 하면 되기 때문이다.

2) 빅배스 회계(big bath accounting)

'과자단지회계'의 변형으로 빅배스 회계가 있다. 이러한 보고전략에 의하면 기업은 비정상적 사건이 발생한 연도에 모든 손실을 목욕통에 집어넣고 하수구에 쓸어서 내버린다는 것이다.

예를 들면, 기업이 다른 사업을 취득했을 때 투자자들은 많은 경우 취득연도를 경영자가 비효율적인 시설을 정리하고 인력구조조정을 해야 하는 과도기로 이해한다. 따라서 투자자들은 경영자가 큰 규모의 구조조정손실을 인식하는 것을 허용하고 경영자가 당해 연도에 이익을 실현하지 못하더라도 크게 문제 삼지 않는다. 기업이 이렇게 상궤에서 벗어난 기간에는 투자자로부터 프리패스(free pass)를 얻을 수 있음을 알고 경영자는 가능한 한 많은 손실을 그리고 어떤 경우에는 미래에 예상되는 비용까지도 당해 연도에 인식해 버린다. 이를 빅배스 회계라고 한다. 이로써 기업은 이후의 기간에는 비교적 쉽게 이익을 실현할 수 있게 된다.

3) 지출의 부적절한 자본화(improper capitalization of expenditures)

몇몇의 대형 회계부정에서 회사는 비용을 부당하게 자산으로 자본화하여 이익을 부풀렸다. WorldCom사는 2002년 도산하기 전에 미국에서 두 번째로 큰 국제통신사였다. WorldCom사의 회계사기는 그 규모와 단순함에서 놀랄 만했다. 그들의 고객이 전화를 했을 때 WorldCom사는 이를 외국의 통신사 통신설비로 전송하지 않으면 안 된다. 따라서 WorldCom사는 외국의 다른 통신사에 회선사용료를 지급해야만 했다. 이러한 회선사용료가 당연히 비용임에도 불구하고 WorldCom사는 수십억 달러에 달하는 회선사용료를 자산으로 기록했다. 이는 우리가 매달 지급하는 전화료를 자산으로 기록하는 것과 같다.

결국 외부감사인과 내부감사팀이 이러한 부정을 발견하여 회사의 감사위원회에 보고하고, 감사위원회는 투자자에게 이를 공지했다. 이로 인해 당시로는 역사상 가장 큰 기업도산이 발생했고 60,000명에 달하는 종업원들이 일자리를 잃었다.

(3) 금액 배분의 조작

모든 회계전문가는 묶음거래에 대한 대가를 수령하면 그 금액을 그 묶음거래를 구성하는 각 항목에 배분해야 한다. 토지 위의 빌딩을 매도하면 판매자는 그 대가를 공정가치에 비례하여 토지와 건물에 배분하여야 한다. 구성항목의 공정가치를 쉽게 증명할 수 없으면, 회사는 그 배분을 부정한 방법으로 그들이 원하는 방향으로 배분하려는 경향이 있다. 예를 들면, 토지와 건물을 한 묶음으로 취득한 경우 가능한 한 많은 금액을 토지에 배분하면 건물에 대한 감가상각비가 적어지기 때문에 이후의 보고이익이 증가하게 된다.

(4) 부채를 감춤

투자자나 채권자 모두 기업의 부채가 지나치게 많으면 기업의 생존을 위협한다고 본다. 따라서 기업들은 그들이 부채에 의존하는 정도를 감추려고 시도한다.

감춘 부채를 '부외부채(off-balance financing)'라고 하는데, 이는 투자은행인 Lehman Brothers사 몰락의 핵심이 된다. 2007년 Lehman사는 Fortune 잡지에서 '가장 놀라운 증권회사'에서도 상위를 차지하는 세계에서 가장 큰 금융회사의 하나였다. 그러나 2008년 가을 가장 수치스러운 순위를 받는데, Lehman사의 해체는 미국 역사상 가장 큰 도산으로 기록된다.

Lehman사는 신비로운 이름인 'repo 105'로 그의 부채상태를 왜곡하려고 시도했다. 회사는 분기 재무상태표일 직전에 의도적으로 그의 신통치 않았던 부실금융자산을 현금으로 매도하고, 여기에서 받은 현금을 부채상환에 사용했다. 예를 들면, 금융자산 매각과 부채상환을 다음과 같이 기록했다.

(차) 현 금	100	(대) 부실금융자산	100
(차) 단 기 부 채	100	(대) 현 금	100

여기에서 보듯이 단지 현금이 회사의 은행계좌에 입금되었다가 출금되었고, 현금의 총잔고는 변함이 없다. 이 거래의 순효과는 Lehman사가 부실금융자산을 장부에서 제거할 수 있었고, 보고된 부채를 감소시켰다는 것이다. 투자자는 이 거래로 인해 안심하게 되었다.

Lehman사는 이 거래를 ‘repos(차환)’라고 불렀는데, 왜냐하면 재무상태표일이 지나자 즉시 이 거래를 역전시켜서 처분했던 자산을 다시 구입하고 부채를 증가시켰기 때문이다. 요약하면, Lehman사는 많은 신혼부부들이 결혼식 전에는 멋진 사진을 연출하기 위해서 다이어트를 하지만 사진을 촬영하고 난 후 그들의 일상생활로 돌아가는 것과 유사한 행위를 했다.

(5) 판단의 영역

원칙중심의 IFRS하에서는 재무정보 작성자가 판단을 내려야 하는 여러 영역이 존재하는데, 이러한 판단의 영역에서 의사결정의 기준은 재무보고 목적, 즉 정보이용자가 기업에 자원을 제공하는 것에 대한 의사결정을 할 때 유용한 보고기업 재무정보를 제공하는 것이어야 한다(K-IFRS 재무보고개념체계 OB2). 그러한 몇 가지 실무적인 사례를 보면 다음과 같다.

1) 재고자산 순실현가능가치(Net Realizable Value)

재고자산을 순실현가능가치로 평가하는 저가법은 항목별로 적용하는 것을 원칙으로 하나, 서로 유사하거나 관련 있는 항목들은 서로 통합하여 적용하는 것도 가능하다(K-IFRS 제1002호 문단 29).

회사가 A, B, C 세 가지 제품을 생산, 판매하고 있고, A, B, C 각각의 제품별로 기말 결산시 순실현가능가치를 평가해 보면, B제품의 순실현가능가치가 장부금액보다 작아 재고평가손실을 인식해야 하는 상황임에도 불구하고, 재무정보 작성자가 A, B, C 세 제품을 유사하거나 관련 있는 항목이라고 단정 짓고 통합해 순실현가능가치를 평가해 보면 smoothing 효과로 인해 평가손실이 인식되지 않은 결과를 초래할 수 있다.

2) 유형자산 재평가모형

유형자산의 취득 이후 후속측정은 원가모형 또는 재평가모형 중 회사가 선택하여 적용할 수 있다(K-IFRS 제1016호 문단 29).

채권단 자율협약 중인 어느 회사가 부채비율을 낮춰달라는 채권단의 요구에 따라, 단순히 회사의 유형자산을 재평가해서 부채비율을 낮출 수 있다. 재평가모형은 재평가 시점의 자산의 장부금액이 공정가치와 중요한 차이가 나지 않아야 그 의미가 있는 것인데, 과거에 공정가치와 중요한 차이가 있음에도 불구하고 원가모형을 유지하다가 채권단의 부채비율 감소의 요구사항으로 재평가모형을 적용하는 것은 일부 이해관계자들의 요구에 의해 재무정보가 재작성되어 기타 정보이용자의 의사결정에 유용하지 못한 정보를 생산할 수도 있는 것이다.

3) 현금창출단위(CGU : Cash Generating Unit)

회사 자산의 손상(impairment) 유무를 판단할 때 개별 자산별로 독립적으로 현금유입이 창출되지 않는다면 해당 자산이 속한 현금창출단위별로 회수가능액을 산정한다(K-IFRS 제1036호 문단 22).

예를 들어, 스마트폰과 선풍기 사업부를 통해 사업을 영위하는 회사가 거액의 이익이 발생한 스마트폰 사업부와 달리 선풍기 사업부에서 거액의 손실이 발생하여 선풍기 사업부 관련 자산의 회수가능가액이 장부가액보다 작아 손상차손을 인식해야 하는 상황을 가정해 보자. 이 경우 회사가 현금창출단위를 스마트폰 사업부와 선풍기 사업부 각각이 아니라 둘을 하나의 현금창출단위로 규정해 버리면, 이 또한 smoothing 효과로 인해 회사가 손상차손을 인식하지 않은 결과를 초래할 수 있다.

1.4 감사인의 독립성

회계윤리의 문제를 제기하는 영역으로는 이해의 상충(conflict of interests)을 포함해서 여러 분야가 있다. 여기에선 윤리문제를 일으키는 핵심사항 중의 하나인 독립성을 살펴보기로 한다. 특별히 현재의 외부감사를 살펴보기로 하자. 회사가 감사인을 선임하고, 감사인에게 보수를 지급하고, 정부의 승인이 없이도 지나치게 집요한 감사인을 해고할 수도 있다.

이러한 감사체계로부터 오는 위험에 대처하고자 사회는 감사인에게 엄중한 윤리적 책임을 부과한다. 감사인에게 부여된 '대중을 위한 감독자(public watchdog)'의 역할을 수행하기 위해서는 감사인은 고객으로부터 항상 독립적이어야 하고 공공의 신뢰를 유지할 수 있어야 한다. 감사인은 고객의 재무제표를 비판적으로 평가해야 하고, 관찰자들이 감사인의 객관성을 의심할 만한 상황을 제거해야 한다.

1.4.1 독립성이 어떻게 달성될까?

감사인들은 그들이 전문적 판단을 할 때 경제, 재무 그리고 다른 관계로 자유로워지는 것은 불가능하다는 것을 인식해왔다. 그 결과로 행위지침으로서 '위험기준 개념체계'가 채택되기에 이르는데, 이 개념체계는 감사인의 객관성을 위협하는 요소를 이러한 위협에 대처할 수 있는 안전보장조치와 연계하여 평가하도록 요구한다. 만일 독립성에 대한 위협이 모든 것을 감안할 때 외부의 이해관계자들에게 수용가능한 수준이라면 감사인은 감사의견을 제시할 수 있다. 반면에 독립성에 대한 위협이 수용가능할 정도가 아니라면 감사의견을 내서는 안 된다. 독립성을 달성하기 위해서 감사인은 두 갈래의 시험을 통과해야 한다.

시험 1 : 감사인은 마음상태(in state of mind)가 독립적이어야 한다. 이 요소는 진실성, 객관성 및 전문가로서의 의구심(skepticism)에 대해 확고한 정신적 헌신이 있어야 한다.

시험 2 : 감사인은 외관상으로 독립적이어야 한다. 이는 주위의 환경을 살펴볼 때 이해관계자들이 감사인의 진실성, 객관성 및 전문가로서의 회의에 대해 의심할 만한 이유를 가지지 않아야 한다는 것이다.

요약하면, 감사인에게는 실질상 독립성과 외관상 독립성 모두가 요구된다.

1.4.2 감사인의 독립성을 침해하는 요인

감사인의 독립성을 위협하는 모든 상황과 환경을 식별하는 것은 불가능할 것이다. 그러나 감사인의 행위지침에서는 감사인의 독립성을 해칠 수 있는 일곱 가지 위협을 제시하고 있다.

(1) 유착 위협(familiarity threat)

회계전문가들은 친밀한 관계에 있는 사람들에게 맞서는 것이 얼마나 어려운지 인지하고 있다. 감사인이 피감사회사를 위해 일하는 긴밀한 관계를 가지고 있을 때 특혜를 베풀거나 적어도 외관상으로는 그럴 가능성이 있다고 보인다.

(2) 역이해관계 위협(adverse interest threat)

감사를 수행하는 중에 논쟁거리가 되는 문제가 발생했을 때 고객이나 감사인은 때로는 관계종식을 위협받게 되고, 그들은 예외 없이 상호 이해관계를 생각하게 된다. 감사계약을 해지하는 것은 바보 같은 짓인데, 어느 회사도 감사인을 해고함으로써 진실하게 재무보고를 하고 있다는 자신의 명성이 훼손되길 원치 않기 때문이다. 대부분의 감사인-고객 간의 쟁점은 평온하게 해결되지만 명백한 적대감은 감사인으로 하여금 불편부당한 위치에 설 수 없게 한다. 따라서 이러한 역이해관계 위협으로 인해서 감사인과 고객 간에 소송을 시작하거나 소송이 시작될 위협이 있을 때 감사인의 독립성이 침해된다.

(3) 변호 위협(advocacy threat)

변호 위협은 감사인이 고객의 대리인으로서 서비스를 제공할 때 발생하고, 이 경우 다른 이해관계자들은 감사인이 불편부당할 수 없을 것이라고 여기게 된다. 따라서 감사인이 고객의 대변인이 된다면 감사인은 고객의 감사를 지속할 수 있는 독립성을 상실하게 된다.

(4) 부당한 압력의 위협(undue influence threat)

고객과 감사인의 논의는 궁전에서 여왕과 담화할 때처럼 우아할 필요는 없지만 럭비선수들이 주고받는 것처럼 사나워서도 안 된다. 부당한 압력의 위협은 고객들이 그들이 원하는 대로 감사인이 판단할 것을 강요할 때 발생한다. 이러한 위협은 다양한 형태로 나타날 수 있다.

- 고객의 위협 : 고객이 감사인에게 감사보수를 지급하는 현행의 회계감사 제도는 고객이 감사인의 생활에 영향을 미칠 수 있는 금전적 지렛대를

가지고 있다. 다행히도 고객이나 감사인 모두 이러한 경제적 실질을 이해하고 있음에도 불구하고 대부분의 감사인-고객의 관계는 평온하고 전문가적 행태를 유지한다. 그러나 때로는 고객들이 감사계약의 해지 등으로 감사인을 위협하기도 한다. 이러한 위협이 일정한 선을 넘을 때 감사인의 독립성이 훼손된다.

• 선물을 주고받음 : 고객이 감사인에게 비싼 선물을 준다면 그 의도가 완전히 순수하더라도 비판적인 사람들에게는 뇌물로 비칠 수 있다. 따라서 외관상의 독립성 훼손을 방지하기 위해서 감사인은 가치가 중요하지 않은 경우에만 선물을 수용해야 한다. 콘서트 티켓과 같이 단순히 호의에서 준 것이라 하더라도 그 상황에서 적정할 경우에만 허용된다.

(5) 자기검토 위협(self-review threat)

감사보고서를 보면 다음과 같이 언급하고 있다. '경영자는 재무제표의 작성과 공정한 표시를 할 책임이 있습니다.… 우리의 책임은 이 보고서에 의견을 제시하는 것입니다.' 즉 스포츠에 비유하자면 회사는 경기를 하는 선수이고 감사인은 심판인 것이다.

만일 감사인이 재무제표를 작성하고 다음에 이의 적절성을 검토하는 것이 허용된다면 책임의 구분이 불분명하다. 이러한 자기검토 위협을 제거하기 위해서 감사인은 일반적으로 고객의 회계기록, 송장, 구매발주서 또는 기타의 원천자료를 작성해서는 안 된다. 그러나 감사인은 고객이 회계정책을 채택하고 공시 요구사항을 충족하기 위해 일정 기준을 제시하는 등의 도움을 주어야 한다. 왜냐하면 감사과정에서 감사인은 고객의 경영진과 대화를 할 필요가 있기 때문이다.

(6) 경영참여 위협(management participation threat)

감사인이 고객을 인도하는 역할을 하게 되면 독립성이 훼손된다. 감사인이 고객을 위해 중요한 의사결정을 하고 후에 이 행위의 결과를 스스로 검토해서는 안 되기 때문에 감사인에 의한 경영의사결정은 적합하지 않다. 따라서 경영참여 위협은 일상적인 것이라기보다는 고위 의사결정과 관련된 것이다. 경영참여 위협과 자기검토 위협은 감사인은 자신이 관여한 업무에 대해서는 불편부당하게 평가할 수 없다는 기본 원칙에 근거를 하고 있다.

경영참여 위협을 제거하기 위해서 감사인은 고객의 책임자나 이사로 근무하거나 고객의 내부통제를 감독하거나 고객의 영업을 관리하거나 고객의 수표에 사인하거나 고객의 자금을 분배하거나 고객의 인사관리 의사결정을 해서는 안 된다. 그러나 이러한 폭넓은 금지사항에도 불구하고 고객이 최종적인 의사결정자라면 감사인은 컨설팅서비스를 제공할 수 있다.

회계법인이 감사를 받는 고객에게 세무서비스를 제공할 때 회계법인의 감사부서는 사실상 자신의 감사부서가 수행한 업무를 비판하는 것이다. 법인세비용이 손익계산서의 주요 항목이므로 어떤 사람들은 회계법인이 세무서비스를 제공하고 세금업무의 신뢰성을 감사하게 되면 독립성에 위협이 된다고 주장한다. 한편, 다른 사람들은 이러한 걱정을 할 필요가 없다고 주장하는데, 그들은 세무서비스를 감사업무와 동시에 하면 중요한 지식의 스필오버(spillover)가 있다고 보기 때문이다.

세무서비스의 경우와 유사하게 투자자들은 회계법인이 비감사서비스를 제공하는 데에 대해 유사한 우려를 제기한다. 그들은 감사법인이 조언을 하면 그 조언을 객관적으로 비판할 수 없게 된다고 주장한다.

여러 논란과정을 통해 다음과 같은 네 가지 요소를 모두 충족하는 경우 감사고객에게 비감사서비스를 제공할 수 있다고 결론내리고 있다.

- 감사법인이 고객의 경영의사결정을 하지 않는다.
- 고객이 비감사서비스를 감독하고 평가할 수 있는 기량을 지니고 있다.
- 고객이 제공된 모든 서비스에 대한 모든 책임을 수용한다.
- 쌍방이 제공되는 비감사서비스의 성격과 범위를 서면으로 문서화한다.

(7) 이기적 위협(self interest threat)

축구심판이 심판하고 있는 축구게임을 대상으로 한 도박에 참여했다면 당해 심판이 축구게임에서 공정한 심판을 할 수 없을 것이라고 여길 것이다. 감사인도 다른 사람들이 그들의 불편부당함을 의심할 수 있는 재무적 이해관계를 피감사회사와 유지해서는 안 된다. 개인적 이익의 위험을 초래할 네 가지 상황이 있다.

1) 독립성을 침해하는 소유권

감사인이 고객과 직접적인 재무적 이해관계나 중요한 간접적인 재무적 이해관계에 있는 경우 감사인의 독립성이 훼손될 수 있다. 직접적 이해관계는 관계자가 고객의 주식을 한 주라도 가지고 있는 경우에 존재한다. 반면 간접적인 이해관계는 관계자가 다른 조직에 지분을 가지고 있으나 그 조직의 투자의사결정을 통제하거나 지배할 수 없을 때 존재한다. 예를 들면, 관계자가 뮤추얼펀드에 소극적 소유권을 가지고 있을 때 간접적인 이해관계가 있다고 본다. 중요성은 관계자의 순자산과 관련하여 결정된다.

2) 독립성을 침해하는 채권자의 이해관계

독일에 다음과 같은 속담이 있다; '너의 친구가 너에게 돈을 빌려주고, 너의 적이 반환할 것을 요구한다.' 즉 빌린 사람이 부채를 갚지 않을 때 많은 다정한 관계가 상하게 된다. 이를 생각해 보면, 감사인과 고객 간의 채무관계는 감사인의 독립성을 침해한다.

고객으로부터 돈을 빌린 감사인은 좀 더 유리한 상환조건을 얻어내고자 고객을 관대하게 대하려는 경향이 있다. 이런 것을 방지하고자 일반적으로 감사인이 고객으로부터 차입을 하면 독립성을 상실한다고 본다. 그러나 관습적인 조건으로 자동차 구입자금을 빌린다든지 신용카드를 이용하는 것은 허용된다. 아파트담보대출과 같은 담보차입도 특별한 상황에서는 허용된다.

고객이 감사인에게 빚지고 있다면 감사인은 고객의 미래 발전에 관심을 갖게 된다. 비록 감사인이 고객에게 공개적으로 자금을 빌려 주는 경우는 없지만 기간 안에 서비스수수료를 받지 못한 경우는 있다. 만일 감사인이 그들이 제공한 서비스에 대한 수수료를 1년 이내에 받지 못한 경우에는 이를 대여금으로 보고 감사인의 독립성을 침해한다고 본다.

3) 고객과 사업관계

감사인과 그들의 고객은 일반적으로 상대방의 사업감각을 존중한다. 그 결과로 감사인은 때로는 팀을 이루어 공동소유자 또는 공동판매자가 되기도 한다. 그러나 이 경우 외부인들은 감사인이 고객의 주요 사업을 감사할 때 여전히 객관적일 수 있는지에 대해 의문을 가지게 될 것이다. 따라서 대부분의 경우 감사인이 그들의 고객과 함께 공동투자하는 중요한 사업을 체결한 경우 독립성이 훼손된다고 본다. 그러나 감사인과 고객 간의 리스계약은 리스료가 당시의 시장가격을 반영하는 한 독립성이 훼손되지 않는다고 본다.

4) 특정 고객에 지나치게 의존

감사인이 특정 고객이나 고객집단에 지나치게 재무적으로 의존한다면 그들은 지나치게 공손할 가능성이 있다. 이에 따라 감사인의 수익이 특정 감사대상회사에 지나치게, 예를 들어 15% 이상을 의존하면 독립성이 훼손된다고 본다.

지금까지 회계와 윤리에 대해 알아보고, 회계윤리 문제를 야기시키는 회계부정과 감사인의 독립성에 대해 살펴보았다.

기업현장에서의 투명하지 못한 회계처리 관행들은 사회적으로 많은 파장을 일으키고 있으며, 이는 기업을 존폐 위기에 처하게 만듦으로써, 국가 경제의 큰 걸림돌이 되고 있는 것이 사실이다. 이제 회계윤리는 단순히 기업이미지 제고 차원이 아니라 기업의 생존을 좌우할 수 있는 필수 사항으로 자리매김하고 있다. 따라서 회계윤리는 우리 경제시스템을 이끌어 가는 구성원 모두가 지켜야 할 덕목으로 이미 미국이나 영국 등에서는 회계윤리를 경영학이나 회계학을 공부하는 대학생들에게 필수적으로 가르쳐야 할 주제로 포함시키고 있으며, 공인회계사 응시자격 부여 조건으로 기업윤리 및 회계윤리 과목의 수강을 포함시키고 있다.

원칙에 충실하고(Principles), 전문가로서의 자세를 견지하며(Professionalism), 회계업무에 대한 자부심(Pride)을 가지는 윤리적인 회계전문가를 육성하는 것이 원칙중심의 국제회계기준을 우리나라에 성공적으로 정착시키는 데 있어 무엇보다 중요한 과제라 할 수 있겠다.

무엇보다 원칙에 충실하여 회계정보 이용자에게 유용한 정보를 객관적으로 제공해야 한다는 회계윤리가 밑바탕이 되어야 한다.

Chapter

2 종합사례

(주)하우스피아의 종합사례

배경

나대박 씨는 우리나라의 아파트 거주 인구가 점차 증가하고, 국민들의 소득수준이 높아짐에 따라 인테리어에 대한 관심이 증가할 것으로 보고 인테리어 사업이 앞으로 유망한 사업이 될 것으로 예상하였다.

나대박 씨는 다니던 조아건설을 퇴사하고, 고급 아파트가 밀집해 있는 행복동의 한 아파트 상가 1층 전체를 임차하여 인테리어 전문 업체를 운영하기 시작하였다. 나대박 씨가 인테리어 전문 업체를 운영하기 위해 임차한 상가 1층 전체의 임차보증금은 3억 원, 매월 임차료는 1천만 원으로 4년간 임차하였다. 사업장의 인테리어는 인테리어 전문가인 나대박 씨가 직접 하였으며, 1억 원의 인테리어 관련 지출이 발생하였다.

나대박 씨는 조아건설에서 아파트 분양과 관련된 업무를 10여 년간 담당해 왔기 때문에 아파트 인테리어 관련 업무 경험과 인적 네트워크가 풍부하였으며 이를 바탕으로 인테리어 사업이 성공할 수 있다고 판단하였다. 예상한 대로 인테리어에 대한 관심이 날로 높아지고 나대박 씨의 독창적인 인테리어 디자인 감각과 경영기법, 그리고 전반적인 경기 활성화로 인해 사업이 번창하였다.

나대박 씨는 사업을 확장시키기 위해 개인기업에서 주식회사 형태의 법인으로 변경할 것을 고려하고, 개인기업을 법인기업으로 전환하기 위해 창업지원센터에 자문을 구하였다. 자문 결과, 법인전환이란 개인기업주가 기업경영상 권리·의무의 주체가 되어 경영하던 기업을 법인이 주체가 되도록 기업의 조직형태를 변경하는 것이라는 설명을 들었다. 법인전환 절차가 다소 복잡하고 자금 인출에 제한이 따르는 등 몇 가지 제약이 있기는 하지만, 사업규모가 큰 개인기업의 경우에는 여러 가지 측면에서 법인전환이 유리하다는 자문을 받았다.

창업지원센터에서는 나대박 씨에게 현물출자 방식으로 법인전환할 것을 권장하였다. 현물출자 방식은 법인을 설립하면서 기존의 나대박 씨 개인사업을 폐업하고, 개인사업에 관한 나대박 씨의 권리와 의무를 법인으로 넘기는 방식이다. 나대박 씨는 개인기업의 법인전환으로 대규모 자금 조달도 가능해지고 세금 부담률이 낮아지는 등 다양한 이점이 있을 것으로 예상하고 법인전환을 실시하였다.

새로 설립된 법인명은 (주)하우스피아로 결정하였으며 (주)하우스피아는 2X01년 1월 1일 주식회사 법인형태로 설립되었다. (주)하우스피아는 사업목적을 가구, 인테리어 소품 및 침장류 등의 제조 및 판매로 명시하였다.

현재로서는 하우스피아가 비상장주식회사로서 「주식회사의 외부감사에 관한 법률」에 따라 일반기업회계기준을 적용하여야 한다. 그러나 하우스피아는 향후 유가증권시장에 상장할 계획을 가지고 있으며, 상장을 고려하여 한국채택국제회계기준에 따라 재무제표를 작성하기로 하였다. (주)하우스피아의 회계연도는 매년 1월 1일부터 12월 31일까지이다.

초기영업 : 2X01년~2X03년

1 자금 조달

1-1 주식발행

2X01년 1월 2일, (주)하우스피아 법인설립과 동시에 자금조달을 위해 보통주 2,000,000주(액면가 5,000원/1주, 발행가 6,000원/1주)를 발행하였다. 나대박 씨가 발행주식의 60%, 그의 아내가 10%, 그의 자녀가 20%, 그리고 그의 고등학교 후배들이 10%의 지분에 해당하는 금액을 현금으로 출자하여 (주)하우스피아는 120억 원의 자금을 확보하였다. (주)하우스피아는 주식발행시 법률자문비용, 법원등기수수료, 인건비 및 사무처리비 등으로 1억 원을 지급하였다.

토론을 위한 회계이슈

(1) (주)하우스피아가 주식발행으로 조달한 현금 120억 원은 (주)하우스피아의 부채인가? 또는 자본인가?

(2) (주)하우스피아가 주식을 발행하면서 법률자문비용, 법원등기수수료, 인건비 및 사무처리비 등으로 지급한 1억 원은 비용인가? 또는 조달한 자금에서 직접 차감하는가?

1-2 서민은행에서 차입

(주)하우스피아는 2X01년 1월 2일에 서민은행에서 60억 원을 5년 만기로 차입하기로 약정하고 현금을 수령하였다. (주)하우스피아는 매년 말 5%의 이자를 지급하여야 하며, 만약 (주)하우스피아가 원금과 이자에 대한 상환의무를 이행하지 못할 경우 (주)하우스피아의 경영자이면서 대주주인 나대박 씨가 대신 지급할 것을 보증하였다.

토론을 위한 회계이슈

(1) 서민은행으로부터 차입한 60억 원과 차입약정에 따라 매년 말 지급할 5%의 이자는 2X01년 1월 2일 현재 (주)하우스피아의 부채인가?

(2) (1)에서 60억 원이 부채로 식별된다면, 그 부채를 (주)하우스피아의 재무제표에 인식할 수 있는가?

(3) 나대박 씨가 (주)하우스피아를 위해서 한 지급보증에 대해 (주)하우스피아의 정보이용자는 어떤 정보를 필요로 할 것인가? (주)하우스피아는 이와 관련된 정보를 재무제표에 어떻게 표시하고 공시해야 하는가?

2 재고자산

2-1 인테리어 소품 수입

(주)하우스피아는 가구 강국인 스웨덴에서 인테리어 소품을 수입하기로 하였으며, 선적지 인도조건[1]으로 2X01년 3월 1일 스웨덴 말뫼항에서 대한상선에 선적하였다. 매매금액은 10억 원이었으나 현금을 조기 지급하는 조건으로 5%를 할인받고, 선적일에 9.5억 원을 현금 지급하였다.

이 수입소품은 2X01년 4월 1일 인천항에 도착하였고, 대한상선에 운임과 하역료로 0.4억 원을 지급하였으며, 수입관세 등으로 관세청에 0.6억 원을 납부하였다.

---

1) 선적지 인도조건(FOB, Free on Board) : 무역상거래조건의 일종으로, 매도인이 약속한 화물을 매수인이 지정한 선박에 적재, 본선 상에서 화물의 인도를 마칠 때까지의 일체의 비용과 위험을 부담한다. 그 이후에는 매수자의 책임이 된다. - 출처 : 네이버 지식백과, FOB [Free On Board] (NEW 경제용어사전, 2006. 4. 7, 미래와 경영)

수입과정에서 수입서류 미비로 인해 수입소품을 보세구역에서 60일간 보관해야만 했으며, 이로 인해 2X01년 5월 31일, 보관원가 0.5억 원을 추가로 지급하고 회사 창고로 입고하였다.

한편, 재고자산의 도난, 화재 등으로 인한 손실을 줄이기 위해 부보금액 10억 원의 보험에 가입하였으며, 20X1년 3월 1일부터 연간 1백만 원을 보험료로 매년 납부한다.

토론을 위한 회계이슈

(1) 대한상선에 선적되어 스웨덴 말뫼항에서 인천항까지 운송중인 소품은 (주)하우스피아의 자산인가? 자산이라면 어떤 자산으로 분류할 수 있는가?

(2) 운송중인 소품을 재무제표에 인식할 수 있는가? 인식할 수 있다면 측정은 어떻게 하는가?

(3) 도난, 화재 등으로 인한 손실을 막기 위한 보험가입으로 20X1년 3월 1일에 납부한 보험료 1백만 원은 (주)하우스피아의 자산으로 인식할 수 있는가? 재무제표에 어떻게 표시되고 공시되는가?

2-2 재고자산의 후속측정

2X02년 12월 31일 현재 (주)하우스피아의 재고자산 장부금액은 상품 10억 원, 원재료 20억 원, 제품 30억 원이다. (주)하우스피아는 일반적으로 재고자산 장부금액에 30%의 마진을 붙여 판매한다.

(주)하우스피아는 제조기간이 2년 지난 이월상품 및 제품에 대해 할인율 60~80%로 판매하는 정책을 유지하고 있다. 이는 인테리어 제품 특성상 유행에 민감하여 재고자산이 완전히 또는 부분적으로 진부화되기 때문이다.

회계연도 말 현재 제조기간이 2년 지난 상품의 장부금액은 6억 원, 제품의 장부금액은 10억 원에 해당한다.

토론을 위한 회계이슈

(주)하우스피아는 회계연도 말에 재고자산을 어떻게 측정해야 하는가? 재고자산 판매정책은 재고자산 측정에 어떠한 영향을 미치는가?

③ 수익의 인식(K-IFRS 제1115호)

3-1 묶음 판매(1)

2X01년 3월 1일, (주)하우스피아는 아파트 건설회사와 입주예정 500세대에 비치할 가구와 소품을 납품하기로 서면계약을 체결하였다.

가구는 6월 30일에 인도하고 소품은 8월 31일에 인도하기로 하였으며, 이후 계약대로 인도하였다.

가구와 소품의 각 판매가격은 8억 원과 2억 원이지만, 모두 9억 원에 납품하기로 계약하고 계약체결일에 현금 9억 원을 수령하였다.

토론을 위한 회계이슈

(1) 가구와 소품 납품 거래는 (주)하우스피아의 수익(Revenue)[2]을 발생시키는가?

(2) 수익거래에 해당할 경우 수익인식은 어떻게 하는가?(수익인식 5단계법을 이용하라)

3-2 묶음 판매(2)

2X01년 4월 1일, (주)하우스피아는 동계올림픽을 위해 신축하는 호텔에 고급 가구를 납품하기로 하였으며 동시에 납품된 가구를 매월 정기적으로 수선하고 재배치하는 용역을 2년간 제공하기로 하였다. 가구의 납품가격은 28억 원, 수선 · 재배치 용역 대가는 매월 5천만 원으로 2년간 총 12억 원을 받기로 하고 서면계약을 체결하였다.

이 호텔에 납품하는 고급가구는 (주)하우스피아의 매장에서 30억 원에 판매하고 있으며, 수선 · 재배치 용역은 (주)하우스피아가 최초로 시도하는 신사업으로 별도로 용역가격을 산정한 바 없다.

---

2) IFRS의 'Income'과 'Revenue'를 K-IFRS로 번역하면서 대응되는 용어를 찾기 어려워 둘 모두 '수익'으로 번역하였다. 그러나 개념체계 문단 4.29에서 서술하고 있는 것처럼, Revenue(수익)는 기업의 정상영업활동(또는 통상적인 활동)에서 생기는 좁은 범위의 수익이며, Income(수익)은 Revenue(수익)와 gain or loss(차손익)를 포함한 광의의 수익이다. 여기에서 사용하는 용어 '수익'은 좁은 범위의 '수익(Revenue)'에 해당한다.

토론을 위한 회계이슈

(1) 가구 납품거래와 가수 수선 · 재배치 용역 거래는 (주)하우스피아의 수익(Revenue)을 발생시키는가?

(2) 수익거래에 해당할 경우 수익인식은 어떻게 하는가?(수익인식 5단계법을 이용하라)

3-3 나전칠기 장롱 판매시 나전칠기 관리 훈련용역을 무상으로 제공

(주)하우스피아는 나전칠기 장인이 만든 장롱을 1채당 1억 원에 판매하고 있다.

이와 별도로, (주)하우스피아는 나전칠기의 수선과 관리를 위한 인재양성 프로그램을 진행하고 있으며(총 50시간의 훈련), 이용자는 이 프로그램을 이수하기 위해 250만 원(시간당 5만 원)을 지급해야 한다.

올해는 판매촉진의 일환으로 이 장롱을 구매하는 고객에게 나전칠기 가구의 관리방법에 대한 20시간의 훈련프로그램을 무상으로 제공하기로 하였다.

토론을 위한 회계이슈

(주)하우스피아의 수행의무는 몇 가지로 구분할 수 있는가?

3-4 소품용 향초 판매 - 계약 취소시 위약금을 과중하게 물릴 경우

(주)하우스피아는 2X01년 5월 1일 서울기업과 인테리어 소품용 향초 10,000개를 1억 원에 판매하는 계약을 체결하였다.

서울기업은 창립기념일인 6월 30일에 창립기념품으로 향초를 직원과 고객에게 배부할 예정이므로, (주)하우스피아는 6월 28일까지 향초를 인도하기로 하였다.

(주)하우스피아의 향초는 인기가 많아서 향초 납품 이전인 5월 31일에 서울기업이 향초 대금을 지급하기로 계약하였으나, 서울기업이 실제로 대금을 지급한 날은 6월 2일이었다.

향초에 서울기업의 창립기념일을 축하하는 문구를 인쇄할 예정이므로 (주)하우스피아가 다른 고객에게 이 향초를 판매하기는 어렵다. 따라서 서울기업의 변심으로 이 계약을 취소할 경우 (주)하우스피아는 거래가격의 90%에 해당하는 위약금을 받기로 하였다.

토론을 위한 회계이슈

(1) 이 계약은 취소불능계약인가?

(2) (주)하우스피아는 취소불능계약을 재무제표에 어떻게 반영해야 하는가?

(3) 이 거래가 취소가능계약이라면 어떻게 달라지는가?

3-5 제품 판매시 포인트 적립

(주)하우스피아는 구매금액 100원당 포인트 10점을 적립해 주는 제도를 운영한다. 포인트 1점은 기업의 제품을 미래에 구매할 때 1원 할인과 동일한 효과가 있다.

2X01년에 (주)하우스피아는 제품을 100억 원어치 판매하고 10억 점 포인트를 적립하였다. (주)하우스피아는 이 중 9.5억 점 포인트가 사용될 것으로 예상한다.

2X01년 말 고객은 다른 제품을 구입하면서 4.5억 점 포인트를 사용하였으며, (주)하우스피아는 계속하여 총 9.5억 점 포인트가 사용될 것으로 예상한다.

2X02년 말 고객은 다른 제품을 구입하면서 4억 점 포인트를 추가로 사용하였으며, (주)하우스피아는 이제 9.7억 점 포인트가 사용될 것으로 예상한다.

토론을 위한 회계이슈

(1) (주)하우스피아가 포인트(보상점수)제도를 운영하는 이유는 무엇인가? 구매고객에게 포인트 지급시 식별되는 수행의무는 무엇인가?

(2) (주)하우스피아의 포인트제도와 관련된 회계처리를 제시하라.

3-6 의자 120개를 납품하던 중 계약을 변경하여 30개를 추가로 납품하기로 한 경우(1)

(주)하우스피아는 세계대학교에 교수용 의자 120개를 12,000,000원(개당 100,000원)에 판매하기로 계약하였다. 의자는 6개월에 걸쳐 인도하기로 하였다.

의자 60개를 인도한 후, 세계대학교가 직원용 의자 30개를 더 납품해 줄 것을 요청하여 (주)하우스피아는 계약을 변경하였다.

계약을 변경할 때, 의자 30개 추가분에 대한 대가로 2,850,000원(개당 95,000원)을 받기로 하였다. 추가된 의자는 계약변경 시점에 그 의자의 개별 판매가격을 반영하여 가격이 책정되고 원래 제품과 구별된다.

토론을 위한 회계이슈

의자 30개 추가 납품 계약으로 (주)하우스피아의 수익인식은 어떻게 달라지는가?

3-7 의자 120개를 납품하던 중 계약을 변경하여 30개를 추가로 납품하기로 한 경우(2)

(주)하우스피아는 세계대학교에 교수용 의자 120개를 12,000,000원(개당 100,000원)에 판매하기로 계약하였다. 의자는 6개월에 걸쳐 인도하기로 하였다.

의자 60개를 인도한 후, 세계대학교가 직원용 의자 30개를 더 납품해 줄 것을 요청하여 (주)하우스피아는 계약을 변경하였다.

계약을 변경할 때, 의자 30개 추가분에 대한 대가로 2,400,000원(개당 80,000원)을 추가로 지급하기로 하였다.

그런데 세계대학은 이미 수령한 의자 60개에 사소한 결함이 있음을 알게 되었으며, (주)하우스피아는 그 결함에 대한 보상으로 고객에게 개당 15,000원씩(60개×15,000원=900,000원) 일부 공제를 약속하였다.

따라서 변경된 계약에서는 추가 제품 30개의 가격을 1,500,000원, 즉 개당 50,000원으로 정하였다. 이는 추가 제품 30개에 대한 원래가격 2,400,000원(80,000원×제품 30개)에서 900,000원을 공제하기로 합의한 가격으로 구성된다.

토론을 위한 회계이슈

의자 30개 추가 납품 계약으로 (주)하우스피아의 수익인식은 어떻게 달라지는가?

3-8 거래가격이 조건부인 경우

(주)하우스피아는 대학 도서관용 가구를 주문제작하는 계약을 체결하였다.

약속된 대가는 25억 원이지만, 가구의 완성 시기에 따라 변동될 수 있다. 특히 20X3년 3월 31일까지 가구가 완성되지 않는다면, 약속된 대가는 그 다음 날부터 매일 10,000,000원씩 감소한다. 20X3년 3월 31일 이전에 가구가 완성되면, 약속된 대가는 그 전날부터 매일 5,000,000원씩 증가한다.

그리고 도서관용 가구가 완성되면, 제삼자가 그 자산을 검사하고 계약에 규정된 바에 따라 평가를 할 것이다. 평가결과가 우수하면 (주)하우스피아는 추가로 150,000,000원을 장려금으로 받게 될 것이다.

토론을 위한 회계이슈

거래가격 결정시 변동대가 각 요소에 대해 어떠한 추정방법을 적용할 수 있는가?

3-9 제품 구매자에게 반품권이 있는 경우

(주)하우스피아는 제품 100개를 개당 100,000원에 현금 판매하였다. (주)하우스피아는 고객이 이 제품을 사용하지 않고 30일 이내에 영수증을 지참하여 반품을 요구하면 전액 환불하고 있다. 이 제품의 개당 원가는 60,000원이다.

(주)하우스피아는 그동안의 충분한 경험으로 판매수량의 약 3%가 반품될 것으로 추정하였다.

제품의 회수원가는 중요하지 않을 것으로 예상하고 제품의 특성상 반품되었더라도 정상적으로 다시 판매할 수 있다.

토론을 위한 회계이슈

(주)하우스피아는 거래가격을 어떻게 산정하는가? 예상하는 반품은 재무제표에 어떻게 표시되는가?

4 웹사이트 외주 개발

(주)하우스피아 설립 이후 2X01년 말까지는, 사업 초기여서 재고자산을 오프라인으로만 판매하였다. 이후 사업이 안정화되면서 2X02년에 (주)하우스피아는 내부적 사용 또는 외부 고객과 소통하기 위한 웹사이트를 외주 제작하고 그 대가로 현금 10억 원을 지급하였다.

웹사이트 내에서 인터넷 쇼핑몰도 함께 운영되므로 웹사이트에서 주문 및 접수가 이루어진다. 단순히 브랜드를 소개하는 웹사이트가 아니라 제품에 편리하게 접근하고 보다 신속하게 주문할 수 있도록 하여 고객의 쇼핑 편의성을 강화하는 웹사이트를 추구한다. 한편, 내부 인트라넷은 (주)하우스피아의 정책과 고객의 세부정보를 저장하고 관련 정보를 검색하기 위하여 사용된다.

외주 제작한 웹사이트는 활성시장이 존재하지 않고, 특성상 기술변화가 빠르며 기술적 진부화의 영향을 받기 쉬울 것으로 경영진은 판단하였다. 따라서 경영진은 3년에 한 번씩 주기적으로 웹사이트를 개편하기로 하였다.

웹사이트 외주 제작기간 동안 외주 제작업체와 함께 웹사이트 개발에 참여하는 전담 내부직원이 필요하다. 외부 개발업체가 (주)하우스피아의 전반적인 상황을 이해하는 데 전담 내부직원의 도움이 반드시 필요하기 때문이다. 이 직원은 1년 동안 웹사이트 개발 업무에만 전념하기로 하였으며, 1년 후 웹사이트 개발이 완료되면 (주)하우스피아의 원래 부서로 돌아가게 된다.

토론을 위한 회계이슈

(1) 외주 제작한 웹사이트 관련 지출은 자산인가? 자산이라면 어떤 자산으로 분류해야 하는가?

(2) 웹사이트 개발업무에 참여한 전담직원에 대한 개발기간 1년 동안의 인건비 지출액은 자산인가? 비용인가?

(3) 웹사이트 원가의 상각은 어떻게 하는가?

⑤ 토지, 건물, 설비의 취득과 자산의 교환

5-1 본사건물

경영진은 (주)하우스피아의 본사 사옥으로 사용하기 위해 경기도 일산에 있는 빌딩을 취득하였다. 빌딩 매입의 대가로 97억 원을 지급하였으며, 취득 당시 해당 빌딩에 부과된 미지급재산세 2억 원을 (주)하우스피아가 부담하는 조건으로 취득하였다.

취득시 매수가격의 적정성을 검증하기 위하여 한국감정평가법인에 감정을 의뢰하였으며, 감정 결과 빌딩에 포함된 건물의 감정가격은 33억 원, 토지의 감정가격은 77억 원인 것으로 나타났다. 당초 매도자가 제시한 매도가격은 105억 원이었으나 협상을 거쳐 최종 매입가격은 97억 원으로 결정되었다.

매입 대가 97억 원 외에 부동산중개수수료, 법무사수수료, 부동산등기비용, 취득세, 감정평가수수료로 1억 원이 발생하였다.

빌딩의 실제 사용일은 2X03년 4월 2일부터이고, 빌딩 구입대금의 잔금청산일은 2X03년 4월 10일, 소유권이전 등기일은 2X03년 4월 11일이다.

건물을 사용할 것으로 예상하는 기간은 50년이지만, 건물에 설치된 엘리베이터(취득시점 공정가치 3억 원)와 공조 및 냉난방설비(취득시점 공정가치 3억 원)는 10년마다 교체해야 한다.

건물 취득시점에 경영진은 건물의 잔존가치를 추정하였다. 경영진은 취득시점에 해당 건물과 유사한, 50년이 경과한 건물이 거래되는 금액에서 추정 처분부대원가를 차감한 금액이 4억 원 정도 될 것으로 예상하였다. 이는 인근 부동산 중개회사로의 50년이 경과한 유사 건물의 현재 실질 매매거래계약을 근거로 추정하였다. 10년마다 교체가 필요한 엘리베이터와 공조 및 냉난방설비의 잔존가치는 영(0)이다.

본사 사옥은 지하 3층, 지상 7층 규모이다. 매입 후 (주)하우스피아의 사옥으로 사용되어 오다가, 일부 유휴 공간이 생겨 지상 6층과 7층을 욕실인테리어 회사에 임대하였다. (주)하우스피아의 경영진은 욕실인테리어가 (주)하우스피아의 가구 인테리어와 상호 보완적인 역할을 할 수 있을 것으로 판단하여 전략적으로 욕실인테리어 회사에 임대하였다.

임대기간은 2년, 임대보증금 2억 원은 최초 입주시점에 현금으로 받았으며, 월 임대료 2천만 원은 매월 말 은행 계좌이체를 통해 받는다. 임대보증금은 임대기간 종료 후 임차인에 반환하는 조건이다. (주)하우스피아는 임차인에게 최소한의 보안과 건물 유지 용역을 제공하고 있으며 그 대가로 층별로 매달 관리비 100만 원씩을 별도로 받고 있다.

토론을 위한 회계이슈

(1) 본사 사옥은 자산의 정의를 충족하고, 자산으로 인식될 수 있다. 그렇다면 언제 (주)하우스피아의 자산으로 인식되어야 하는가? 그리고 최초인식시점에 어떻게 측정되어야 하는가?

(2) 본사 사옥의 회계단위는 어떻게 구분할 수 있는가? 최초인식시점에서 각 회계단위별로 어떻게 금액이 배분되어야 하는가?

(3) 건물의 감가상각단위는 어떻게 구별될 수 있는가? 내용연수와 잔존가치는 얼마로 추정하는가? 어떤 감가상각방법을 사용하여야 하는가?

(4) 건물 중 일부 임대하는 부분은 어떻게 분류하여야 하는가? 유형자산과 투자부동산의 후속측정은 어떻게 하여야 하는가?

5-2 공장건물

지금까지 (주)하우스피아는 제품의 전량을 외주 제작하여 판매하였다. 그러나 판매량이 급증하여 더 이상은 외주 제작에 의존할 수 없을 정도로 회사가 성장하였다. (주)하우스피아는 공장을 설립하여 제품을 직접 제조하기로 하였다.

(주)하우스피아는 공장을 설립하고 신규 채용시 지역주민을 우선 고용하기로 하였다. 이를 통해 지역주민의 고용창출과 세수확대 및 지역경제 활성화에 기여하는 점을 인정받아 경기도로부터 공장건물 매입대금의 일부인 10억 원을 현금으로 보조받았다.

공장용 토지는 경기도로부터 50년 동안 무상으로 사용할 수 있도록 허가받았다. 해당 계약은 리스계약은 아니며 계약에 따라 공장용 토지는 공장의 건설 및 운영에만 사용하도록 제한되어 있고, 토지에 대한 어떠한 양도나 임대는 불가능하다. 토지의 소유권은 경기도에 있으며, 50년의 계약기간 이후에는 어떠한 부담이나 조건 등에 관한 내용은 없다.

(주)하우스피아는 토지 위에 공장을 설립하여 이를 50년 동안 사용할 계획이다. 만약

경기도로부터 무상사용권을 부여받지 않았을 경우 (주)하우스피아는 토지를 유상으로 임차하여야 하며, 주변 시세를 감안해 볼 때 매년 1억 원의 임차료가 발생할 것으로 예상된다. 50년간 발생할 매년 1억 원의 임차료를 적정한 할인율로 할인한 현재가치는 40억 원으로 추정된다.

공장 설립의 대가로 99억 원을 지출하였다. 공장건물을 의도된 용도로 사용하는 데 상당한 기간을 필요로 하며, 공장건물을 취득하면서 자금을 차입한 결과, 이 기간 동안 차입금에서 차입원가가 1억 원 발생하였다.

공장건물의 예상생산능력은 50년간 유지될 수 있을 것으로 기대한다. 공장건물의 내용연수 종료시점에 처분을 통해 회수할 것으로 예상되는 금액은 2.2억 원 정도이고, 처분과 관련하여 발생할 것으로 예상되는 비용은 0.2억 원으로 추정한다. 처분을 통해 회수할 것으로 예상되는 금액 2.2억 원은 50년 후에 예상되는 판매금액이 아니라, 현재시점에서 50년이 지난 유사한 자산이 거래되는 금액을 판매예상가격으로 추정한 것이다.

(주)하우스피아의 경영진은 체계적이고 합리적인 방법에 따라 감가상각방법을 결정하기로 하였다.

토론을 위한 회계이슈

(1) 차입원가 1억 원은 어떻게 회계처리해야 하는가? 그리고 취득시 보조받은 정부보조금은 어떻게 회계처리해야 하는가? 정부보조금은 재무제표에 어떻게 표시되어야 하는가?

(2) 정부보조금이 있는 경우 후속측정은 어떻게 하는가?

(3) 50년 동안 무상으로 사용가능한 공장용 토지는 자산인가? 얼마로 측정되어야 하는가?

5-3 자동화설비

(주)하우스피아의 경영진은 첨단물류가 고객 만족의 필수요소라고 생각하고 있다. 이를 위해 5개의 라인을 갖춘 첨단물류 자동화설비를 갖추려고 한다. 입출고 담당 직원들이 나무 팰릿에 적재된 제품을 컨베이어 벨트 위로 올리면 센서가 바로 높이와 무게를

감지하고, 총 5개 라인에 설치된 스태커 크레인이 제품을 싣고 시속 5㎞의 속도로 입출고를 하는 자동화설비이다.

미리 신고된 제품 수량과 실제 수량이 불일치한 경우, 자동으로 모니터에 경고메시지가 뜨고 작업은 중단된다. 출차부터 제품보관까지 입고에 걸리는 시간은 평균 30분으로, 입출고 데이터는 모두 본사의 전사적 자원관리시스템(ERP)으로 전송되고 본사는 판매 현황과 재고 상황을 적시에 확인하여 생산량을 관리한다.

경영진은 철저한 재고관리를 통해 전 제품 익일배송이 가능하게 될 것이고, 신속한 배송이 고객 만족을 극대화하고 정가 판매율을 높일 수 있을 것으로 판단하였다.

2X03년 4월 2일에 경영진은 5개의 라인을 갖춘 첨단물류 자동화설비를 200억 원에 취득하였다. 구입가격 200억 원에는 환급할 수 없는 취득 관련 세금 1억 원이 포함되어 있다.

첨단물류 자동화설비는 물류자동화제어설비, 컨베이어설비, 분류설비, 적재설비로 구성되어 있다. 이 중 물류자동화제어설비의 원가는 140억 원, 컨베이어설비의 원가는 50억 원으로 이는 자동화설비의 전체 원가에 비교하여 유의적인 것으로 판단된다. 나머지 분류설비와 적재설비 원가 10억 원은 개별적으로 유의적이지 않다고 본다.

물류자동화제어설비는 20년마다 교체가 필요하고, 컨베이어설비는 재고의 입출고마다 사용되기 때문에 사용시간 20,000시간마다 교체가 필요하다. 분류설비와 적재설비는 적류와 적재 기술의 진부화가 빠르기 때문에 5년마다 교체가 필요하다.

물류자동화제어설비는 내용연수 동안 매년 일정하게 소비되고, 컨베이어설비는 사용시간에 비례하여 소비된다. 분류설비와 적재설비는 미래경제적효익이 소비되는 형태가 내용연수 초기에 많이 소비되고, 후반부로 갈수록 적게 소비된다.

첨단물류 자동화설비는 설치에 고도의 전문성이 필요하다. 따라서 자동화설비의 설치 업무를 위해 설치전문가를 독일에서 초빙하였다. 설치전문가의 독일-한국 왕복 비행기 요금, 한국 내에서의 체재비, 설치 기간 동안의 인건비 등으로 총 2억 원이 발생하였다. 설치전문가는 자동화설비의 설치 업무가 완료되면 독일로 귀국하는 조건이다.

첨단물류 자동화설비를 설치하는 데 필요한 설치장소 준비 원가가 1억 원, 자동화설비의 판매자로부터 회사 공장까지 최초로 운송하는 데 소요된 원가가 1억 원, 자동화설비를 설치하고 조립하는 데 소요된 원가가 2억 원, 자동화설비가 정상적으로 작동되는지를 시험하는 과정에서 발생한 원가가 5억 원 소요되었다. 다만, 시험과정에서 생산된 시제품을 매각한 금액(순액)은 1억 원이었다.

자동화설비 대금의 지급조건은 (주)하우스피아가 3개월 이내에 대금을 지급하는 경우 2억 원을 매입할인받는 조건이다. (주)하우스피아는 취득 후 2개월이 경과한 시점에 자동화설비 대금을 전액 지급하였다.

자동화설비의 설치가 완료되고 영업활동에 사용되기 직전, 자동화설비에 대한 화재보험을 안전화재보험(주)에 가입하였으며 보험기간은 가입 시점부터 향후 1년, 보험료는 1억 원을 지급하였다.

토론을 위한 회계이슈

최초인식시점에서 자동화설비는 어떤 금액으로 측정되어야 하는가? 자동화설비 설치 전문가에게 지급한 2억 원과 보험료로 지급한 1억 원은 자산인가? 비용인가?

5-4 자산의 교환

(주)하우스피아는 사용하고 있던 트럭이 가구 운반용으로는 크기가 작아서, 대형 트럭으로 교체하였다. 교체조건은 (주)하우스피아가 사용하던 트럭을 시대자동차(주)가 인수하고 새로 나온 대형 트럭 '트라고 엑시언트'를 (주)하우스피아에 납품하는 방식이다. 사용하던 트럭의 장부금액은 2억 원(취득원가 3억 원, 감가상각누계액 1억 원)이고, 공정가치는 1.5억 원이다. (주)하우스피아는 사용하던 트럭과 함께 현금 1억 원을 추가로 지급하였다.

대형 트럭과 관련된 현금흐름의 위험, 유출입시기, 금액이 사용하던 트럭과 관련된 현금흐름의 위험, 유출입시기, 금액과 다르며, 그 차이가 교환된 자산의 공정가치에 비하여 유의적이다.

토론을 위한 회계이슈

(1) 대형 트럭의 취득원가는 얼마인가? 트럭의 교환으로 인한 손익은 얼마인가?

(2) 만약, 사례에서 교환거래가 상업적 실질이 없는 것으로 판단된다면 대형 트럭의 취득원가는 얼마인가? 트럭의 교환으로 인한 손익은 얼마인가?

6 임야와 티크나무의 취득, 임야의 복구

6-1 임야와 티크나무 취득

티크(Teak)나무는 열대 낙엽수로 동남아시아와 남아시아가 원산지이다. 주로 인도, 인도네시아, 말레이시아, 타이, 미얀마에 많이 분포한다. 티크나무는 나무 자체에서 발생하는 오일 성분이 병충해를 막아서 현대적인 형태의 실내 가구 제작에 적합하다. 습기에도 강하여 수축과 팽창이 적어 뒤틀림이나 갈라짐이 적으며 가공하기도 쉽다. 벌레에 대해 저항력이 강하고 쇠붙이에 대한 부식이 없어 특히 원목가구 재료로 중요하다.

2X03년 11월 1일, (주)하우스피아는 가구의 주재료가 되는 고급원목을 확보하기 위하여 인도네시아 보르네오에 100,000그루의 티크나무가 자라고 있는 임야를 IDR10억에 취득하였다. 현재 국제 원목시장에서 티크나무 100,000그루의 공정가치는 IDR3.6억이고, 인도네시아 부동산 시장에서 감정하는 임야의 감정가격은 IDR8.4억인 것으로 조사되었다.

인도네시아 환경관련 법규에 따르면 산림자연환경을 보호하기 위해 티크나무를 20년간 벌목한 후에는 임야를 원상복구하여야 하는 의무가 있다. 인도네시아에서는 이러한 원상복구 의무를 반드시 이행하겠다는 약정서를 정부에 제출해야 임야 취득허가를 받을 수 있다.

벌목이 완료되는 20년 후에는 환경보호를 위해 임야를 정지(整地)한 후 배양토를 부어 놓아야 한다. 이러한 원상복구를 하는 데 소요될 것으로 추정되는 지출의 현재가치는 합리적으로 추정할 수 있다. 티크나무는 목재로 사용하기 위해 재배하는 식물로서 티크나무를 재배하는 활동은 생물자산의 생물적 변환과 수확을 관리하는 일련의 활동이다.

취득시점 이후 2X03년 12월 31일의 국제 원목시장에서의 100,000그루 티크나무의 공정가치는 IDR4.3억, 매각부대원가는 IDR0.3억으로 추정된다.

토론을 위한 회계이슈

(1) 임야와 티크나무는 자산의 정의를 충족하는가? 충족한다면 어떤 자산으로 분류하여야 하는가?

(2) 20년 후에 발생하는 임야의 원상복구비용을 인식해야 하는가? 만약 인식한다면 재무제표에 어떻게 인식해야 하는가? 얼마로 측정해야 하는가?

6-2 재무제표 표시

2X03년 11월 1일 임야와 티크나무 취득일의 환율은 IDR100=KRW10이었으며, 2X03년 12월 31일 결산일의 환율은 IDR100=KRW13으로 파악되었다.

토론을 위한 회계이슈

(주)하우스피아는 임야와 티크나무를 보고기간 말(2X03년 12월 31일)에 어떻게 표시해야 하는가?

6-3 임야와 티크나무 처분

2X04년 5월 1일에 (주)하우스피아는 티크나무를 가공하여 국내로 반입하기 위하여 인도네시아에 원목가공회사 (주)인디아우드를 설립하였다. (주)하우스피아는 (주)인디아우드의 지분 100%를 확보하여 지배력을 획득하였다. (주)하우스피아는 인도네시아 정부로부터 공장부지와 건물은 무상으로 제공받기로 하였으며, 인도네시아의 낮은 인건비와 인도네시아 정부의 정책적 지원에 힘입어 원목가공회사의 사업성이 좋을 것으로 예상하고 있다.

(주)하우스피아는 보유하고 있던 임야와 티크나무를 별도법인 (주)인디아우드에 2X04년 5월 2일자로 IDR12억에 처분하였다.

토론을 위한 회계이슈

(주)하우스피아는 임야와 티크나무를 재무제표에서 언제 제거해야 하는가?

6-4 환산 – 기능통화 vs 표시통화

(주)인디아우드는 가공한 원목 공급가격을 현지 통화인 IDR로 표시하고, 원목을 가공하는 데 필요한 재료를 결제할 때나 현지 직원들에게 인건비를 지급할 때도 IDR을 사용한다. 그리고 인도네시아의 법규 및 시장 환경에 따라 제품의 공급가격도 결정된다. (주)하우스피아의 영업활동을 통해 유입되어 (주)하우스피아가 통상적으로 보유하는 통화도 IDR이다. 한편, 인도네시아에서는 법규에 따라 재무제표를 보고할 때 해외에 본사가 있는 기업인 경우에는 본사의 통화에 따라 재무제표를 표시할 수 있도록 규정하고 있다. 본사인 (주)하우스피아의 기능통화와 표시통화는 모두 원화이다.

토론을 위한 회계이슈

(1) (주)인디아우드의 기능통화는 무엇인가? 기능통화가 있음에도 왜 표시통화가 필요한가?

(2) 기능통화와 표시통화가 다르다면 환산하는 방법은 무엇인가?

7 사업의 초기 운영

7-1 티크나무 운반용 특수선박 Bulk Carrier E-300의 리스

2X03년 1월 2일 (주)하우스피아는 선주인 글로벌해운(주)와 티크나무 운반용 특수선박을 리스하기로 하는 계약을 체결하였다. (주)하우스피아가 글로벌해운(주)와 체결한 계약의 주요 내용은 다음과 같다.

- 리스기간 : 5년(2X03년 1월 2일부터 2X07년 12월 31일까지)
- 리스료 : 매년 말 1억 원 지급
- 계약 시점 현재 리스대상 자산의 공정가치 : 500억 원
- 리스대상 : 원목 운반용 선박인 Bulk Carrier E-300
- (주)하우스피아가 리스계약을 해지할 경우 잔여 리스기간 동안 지급할 리스료의 90%를 지급해야 함

리스기간 동안 (주)하우스피아는 Bulk Carrier E-300을 독점적으로 사용하며, 글로벌해운(주)는 Bulk Carrier E-300을 다른 선박으로 대체할 수 없다. 또한, 선박을 통해 운반될 화물, 운송시기, 도착항 등은 (주)하우스피아가 결정하나, 글로벌해운(주)는 선박의 안전한 보호를 위하여 위험지역 항해를 제한할 수는 있다. (주)하우스피아는 Bulk Carrier E-300의 운항거리를 연간 400,000마일 이내로 예상하며, 운항거리가 400,000마일을 초과하는 경우에는 초과 운항하는 10,000마일마다 1천만 원의 리스료를 추가로 지급하기로 하였다.

토론을 위한 회계이슈

(1) (주)하우스피아가 글로벌해운(주)로부터 Bulk Carrier E-300을 리스하기로 한 계약은 어떤 기준서를 적용하여 회계처리해야 하는가?

(2) (주)하우스피아는 글로벌해운(주)로부터 Bulk Carrier E-300을 리스하기로 한 계약을 어떻게 회계처리해야 하는가?

7-2 차입금의 결제수단으로 자기지분증권 발행

2X03년 5월 2일에 (주)하우스피아는 특수관계자로부터 현금 5억 원을 차입하였다. 차입금 중 2억 원은 2년 후 현금으로 상환하기로 하고, 나머지 3억 원에 대해서는 3년 후 3억 원에 해당하는 (주)하우스피아의 주식을 제공하는 방법으로 상환하기로 하였다. (주)하우스피아는 2년 내에 주식을 상장할 계획을 갖고 현재 상장 준비과정에 있으므로 3년 후 3억 원에 해당하는 주식을 제공하는 시점에서는 이미 주식이 상장되었을 것으로 기대하고 있다.

토론을 위한 회계이슈

(주)하우스피아는 특수관계자로부터 차입한 차입금을 어떻게 회계처리해야 하는가?

7-3 자동화라인의 추가 설치

(주)하우스피아는 자동화설비 취득 후에 3개의 자동화라인을 추가로 설치하고 6억 원을 지급하였다. 자동화라인의 추가 설치로 자동화설비의 물류처리능력이 증대될 것으로 예상되며, 내용연수도 당초 20년에서 30년으로 연장될 것으로 예상된다. 또한, (주)하우스피아는 자동화설비의 일상적인 수선유지를 위해 1억 원을 지출하였다.

토론을 위한 회계이슈

자동화라인을 설치하기 위해 지출한 금액과 자동화설비의 일상적인 수선유지를 위한 지출액은 어떻게 회계처리해야 하는가?

7-4 토지의 후속측정

최근 (주)하우스피아는 WB은행과 본사사옥 부지를 담보로 한 담보차입을 논의중에 있다. 은행의 대출담당자는 대출조건 중 하나로 (주)하우스피아의 감사받은 재무제표를 요구하였다.

(주)하우스피아는 은행 제출용 재무제표를 작성하기 위해 보유중인 토지의 평가모형을 검토하고 있다. (주)하우스피아는 토지에 대해 취득시점부터 원가모형을 적용해 왔다. 그런데 최근 본사사옥 주변 지역에 새로운 산업단지의 조성계획이 발표되면서 토지가격이 크게 상승하였으며, (주)하우스피아의 본사사옥 부지도 취득원가에 비하여 최소한 3배 이상 상승한 것으로 추정된다.

(주)하우스피아는 토지의 평가모형을 재평가모형으로 변경하는 경우 독립적이고 전문적인 자격이 있는 감정평가법인을 이용하여 토지의 공정가치를 측정할 계획이다.

토론을 위한 회계이슈

(1) 은행 대출담당자의 대출 의사결정과정에서 경제적 현상에 대한 유용한 정보는 무엇인가?

(2) (주)하우스피아가 토지의 측정모형을 선택할 때 고려해야 할 사항은 무엇인가?

(3) (주)하우스피아가 재평가모형을 선택하는 경우 재평가손익은 어떻게 회계처리하여야 하는가?

7-5 자동화설비의 침수로 인한 물리적 손상 발생

2X03년 여름 태풍으로 인하여 (주)하우스피아의 공장이 있는 지역이 침수되었다. (주)하우스피아 공장의 자동화설비 장치의 일부도 침수되어 물리적 손상이 발생하였다. 따라서 (주)하우스피아는 2X03년 말 재무제표 작성시 자동화설비 장치의 손상 여부를 검토하고 있다.

토론을 위한 회계이슈

(1) 자동화설비의 침수로 인한 물리적 손상은 자산의 손상을 시사하는 징후에 해당하는가?

(2) 자동화설비의 손상을 시사하는 징후가 확인되었다면 손상을 인식해야 하는가?

7-6 판매하는 제품에 대한 무상보증

(주)하우스피아는 새로 출시하는 침대의 판매촉진을 위해 무상보증제도를 시행하고 있다. (주)하우스피아는 고객이 침대를 구입한 후 1년간 제품에 결함이 있을 경우 제품을 무상으로 수리 또는 교환해 주겠다는 보증서를 고객에게 침대를 배송할 때 동봉하고 있다. 무상보증의 대상이 되는 침대는 (주)하우스피아가 새로 출시하는 제품으로 해당 제품의 결함에 대한 과거 자료는 없다.

토론을 위한 회계이슈

(1) (주)하우스피아는 새로 출시하는 침대에 대한 무상보증을 부채로 인식해야 하는가?

(2) (주)하우스피아가 침대에 대한 무상보증을 부채로 인식한다면 어떻게 측정해야 하는가?

7-7 손해배상청구소송의 제기

2X03년 9월 30일 경쟁업체인 인테리아(주)는 (주)하우스피아를 피고로 하여 상표권 사용과 관련된 손해배상청구소송을 제기하였다. 2X03년 12월 31일로 종료되는 회계연도의 재무제표가 승인되는 시점까지 (주)하우스피아의 고문변호사는 (주)하우스피아가 소송에 패할 가능성은 높지 않다는 의견을 제시하였다.

그러나 2X04년 12월 31일로 종료되는 회계연도의 재무제표를 작성하는 시점에서는 고문변호사는 소송이 (주)하우스피아에게 불리하게 진행되고 있어 (주)하우스피아가 소송에 패할 가능성이 높다는 의견을 제시하였다. 고문변호사는 (주)하우스피아가 소송에 패할 경우 부담하게 될 손해배상금을 약 2억 원으로 추정하였다.

고문변호사가 예상한 대로 2X05년 3월 31일 (주)하우스피아는 1심에서 패소하였으며, 2X05년 7월 1일에 고문변호사를 통해 항소하였다. 그러나 2X05년 11월 30일 2심에서도 (주)하우스피아가 원고에게 3억 원을 지급하라는 판결이 났으며, (주)하우스피아는 3심에서 판결이 번복될 가능성이 낮다고 보아 상고하지 않기로 하였다. (주)하우스피아는 2X06년 2월 1일 인테리아(주)에게 3억 원의 손해배상금을 지급하였다.

토론을 위한 회계이슈

(1) 위의 경제적 현상과 관련하여 재무정보이용자에게 유용한 정보는 무엇인가?

(2) (주)하우스피아는 인테리아(주)가 제기한 소송을 어떻게 회계처리하여야 하는가?

7-8 부과된 재산세

2X04년 1월 2일에 (주)하우스피아는 재산세 과세대상인 유형자산을 매각하였다. 유형자산에 대한 재산세 부과기준일은 2X03년 6월 1일이었다. (주)하우스피아는 2X03년 12월 20일에 과세당국으로부터 재산세 납부고지서를 받았으며 납부기한은 2X04년 1월 31일이다. (주)하우스피아는 2X04년 1월 30일에 재산세를 납부하였다.

토론을 위한 회계이슈

(주)하우스피아는 부과된 재산세를 2X03년 말 재무제표에 부채로 인식해야 하는가?

7-9 신종자본증권의 발행

(주)하우스피아는 2X04년 1월 2일 장기사업자금 조달을 위해 액면금액 200억 원의 신종자본증권을 발행하였다. 신종자본증권 발행의 세부조건은 다음과 같다.

- 원금의 만기는 20년이지만, 발행자는 20년 단위로 횟수 제한 없이 만기를 연장할 수 있는 옵션을 가진다.
- 이자율은 발행 후 7년간은 연 5%이고, 그 후부터는 연 7%이며, 매 이자지급일마다 이자지급을 계속 연기할 수 있다. 단, 이자지급을 연기하는 경우에는 주주에게 배당금을 지급할 수 없다.
- 발행자는 발행 후 7년부터는 이자지급일마다 원금과 누적이자를 상환할 수 있는 콜옵션을 가진다.
- 발행자가 청산하는 경우 이 신종자본증권을 보유한 투자자는 다른 보통주보다 우선하는 선순위를 가진다.
- 발행자가 신종자본증권을 발행하면서 특수목적회사인 SPC와 투자자는 풋옵션계약을, SPC와 은행은 대출약정을, 발행자와 SPC는 주식교부청구권 계약을 체결하였으며, 세부 계약조건은 다음과 같다.
  ① SPC와 투자자 간 풋옵션계약 : 발행자가 신종자본증권 발행 후 7년이 경과한 시점에 중도상환하지 않는 경우 투자자는 SPC에게 신종자본증권을 매입하도록 청구(풋옵션 행사)할 수 있다. 이때 SPC는 신종자본증권을 원금과 누적이자를 합한 금액으로 매입해야 한다.
  ② SPC와 은행 간 대출약정 : 투자자가 풋옵션을 행사할 때 SPC가 신종자본증권을 취득하기 위하여 투자자에게 지급하는 대금은 은행대출을 통해 조달한

다. 투자자의 풋옵션 행사로 SPC가 보유하게 되는 신종자본증권과 주식교부청구권에 대한 의사결정권은 은행이 가진다.

③ 발행자와 SPC 간 주식교부청구권 계약 : 발행자는 SPC가 투자자로부터 신종자본증권을 매입하는 경우 이 신종자본증권을 발행자에게 이전하고 그 대가로 확정수량의 발행자의 주식을 교부받을 수 있는 주식교부청구권을 SPC에게 부여한다. 이 경우 발행자는 주식을 교부하는 대신에 신종자본증권의 원리금을 현금으로 상환할 수 있는 콜옵션을 가진다.

– SPC는 발행자의 종속기업이 아니다.

(주)하우스피아의 신종자본증권 발행구조를 요약하면 다음과 같다.

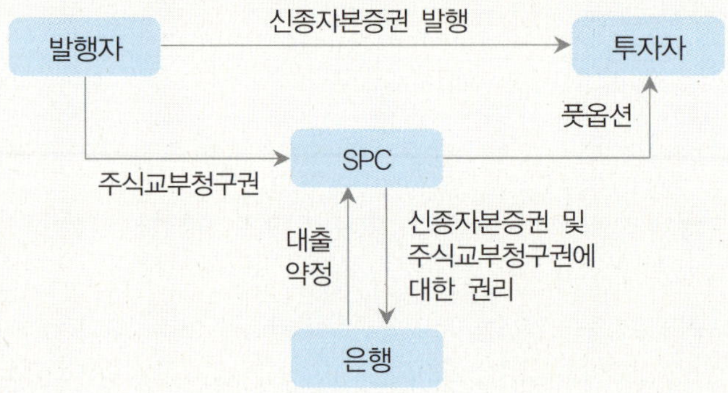

토론을 위한 회계이슈

(주)하우스피아는 신종자본증권을 부채로 분류해야 하는가 아니면 자본으로 분류해야 하는가?

7-10 이연법인세

2X04년 12월 31일 (주)하우스피아는 1억 원의 제품보증비용과 제품보증충당부채를 인식하였으며, 제품보증비는 실제로 2X05년 중에 지급되었다. 세무상 제품보증비는 지급되기 전에는 손금으로 인정되지 아니한다. (주)하우스피아의 법인세율은 25%이며 향후에도 법인세율은 동일한 수준으로 유지될 것으로 예상된다.

토론을 위한 회계이슈

(주)하우스피아는 2X04년 12월 31일에 이연법인세자산을 인식할 수 있는가?

사업확장 : 2X04년~2X06년

8 사업결합

2X04년 1월 2일, (주)하우스피아는 주택 인테리어 경험을 바탕으로 종합 인테리어 컨설팅 용역을 제공하고자 (주)공간건축연구소를 인수하여 회사 내에 연구사업부로 하우스-LAB를 출범시켰다.

하우스-LAB는 (주)하우스피아의 주거공간연구소(House Laboratory)의 준말로 리모델링 서비스, 프리미엄 맞춤 설계서비스, 기업체를 대상으로 한 종합 비즈니스 인테리어 컨설팅 용역을 제공한다.

(주)하우스피아(취득자)는 (주)공간건축연구소(피취득자)의 자산과 부채를 모두 승계하고 (주)공간건축연구소는 해산하여 법률적 실체가 소멸한다. (주)공간건축연구소의 세계적인 명성을 지닌 디자이너와 숙련된 전문 직원들도 모두 승계하기로 하였다.

(주)하우스피아가 (주)공간건축연구소를 승계하기로 한 것은 다음과 같은 이유 때문이다.

첫째, (주)공간건축연구소가 기존에 진행하던 인테리어 관련 기술개발 프로젝트가 국내외에서 유일하고 독보적인 기술력을 창출할 것이며, 해외시장에서도 동 프로젝트의 성공 가능성을 확신하고 기술력 구매에 대한 문의가 활발하게 이루어지고 있다.

둘째, 기술개발 프로젝트가 성공할 경우 (주)하우스피아가 연매출 1조 원 달성을 통해 국내시장 1위를 차지함과 동시에 연매출 100조 원 달성을 위한 중국시장 진출에도 도움이 될 것으로 판단하였다.

셋째, (주)공간건축연구소가 보유하고 있는 세계적인 명성을 지닌 디자이너와 숙련된 전문 직원들은 동종 업종에 있는 많은 기업들이 스카우트하기 원하는 인적자원들이다. (주)하우스피아도 이러한 인적자원을 확보하길 원한다.

(주)하우스피아는 (주)공간건축연구소의 공정가치를 측정하기 위하여 독립된 당사자인 정념회계법인에게 실사(Due Diligence)를 의뢰하였다. 실사 결과, (주)공간건축연구

소의 자산 및 부채의 장부금액과 공정가치는 다음과 같이 보고되었다.

자산 및 부채 현황표

(주)공간건축연구소 (단위 : 억 원)

자산	장부금액	공정가치	부채	장부금액	공정가치
현금및현금성자산	10	10	매입채무	10	10
매출채권	5	5	차입금	20	20
투자부동산	15	10			

정념회계법인이 작성한 실사보고서에 의하면 투자부동산의 공정가치는 국토교통부 실거래가 공개시스템에서 최근 거래된 주변 부동산의 실거래가를 기준으로 산정한 것으로 나타났다.

(주)공간건축연구소의 재무제표에는 나타나지 않았으나 운행되고 있는 차량운반구를 승계하였다. 차량운반구는 영업용으로 사용되는 특수 트럭 2대이며, 모두 내용연수가 종료하여 (주)공간건축연구소의 장부에서 이미 제거되었다. 그러나 현재 잘 운행되고 있으며, 동일 차종의 다른 차량 운행 경험으로 볼 때 앞으로 100,000km 정도는 더 운행될 수 있을 것으로 본다. (주)하우스피아는 사업결합 이후에도 이 특수 트럭을 더 운행할 계획이며, 현재 중고차시장에서 형성된 시장가격이 존재한다.

8-1 진행중인 개발 프로젝트

사업결합시 (주)공간건축연구소에서 진행중인 기술개발 프로젝트가 있었다. 그동안 (주)공간건축연구소는 동 프로젝트를 위해 지출한 금액을 전액 비용으로 인식하였다. 실사보고서에 의하면 개발중인 프로젝트는 현금흐름할인법을 이용하여 공정가치를 추정한 것으로 나타났다.

토론을 위한 회계이슈

(1) 경제적 현상은 무엇인가? 주요 재무정보이용자는 의사결정과정에서 이 경제적 현상과 관련하여 어떤 정보가 유용한가?

(2) (주)하우스피아는 (주)공간건축연구소의 자산과 부채를 어떻게 측정하여야 하는가? 특히, (주)공간건축연구소의 재무제표에 기록되지 않은 특수 트럭과 진행중인 기술개발 프로젝트에 대해 어떻게 인식하고 측정하여야 하는가?

8-2 고객목록과 영업권

사업결합 과정에서 (주)하우스피아는 (주)공간건축연구소가 보유하고 있던 고객목록을 이전받았다. 고객목록에 있는 고객들은 (주)하우스피아의 제품 홍보 및 판매를 위한 주요 거래처로 이용될 예정이다. 개인정보보호법에 따라 고객들로부터 정보이용에 관한 포괄적인 동의를 얻었기 때문에 고객목록에 있는 고객들의 정보는 (주)공간건축연구소가 건당 일정 금액으로 외부에 판매할 수도 있다.

(주)하우스피아는 사업결합의 대가로 (주)공간건축연구소 주주들에게 순자산의 공정가치보다 더 많은 금액을 지급하였다.

토론을 위한 회계이슈

(1) (주)하우스피아는 고객목록을 자산으로 인식할 수 있는가? 만약 자산으로 인식한다면 어떻게 분류되는가?

(2) 순자산 공정가치를 초과하여 지급한 대가는 자산인가? 비용인가? 만약 지급한 대가가 순자산 공정가치보다 적다면 어떻게 회계처리해야 하는가?

(3) 순자산 공정가치를 초과하여 지급한 대가는 이후 기간에 어떻게 측정해야 하는가?

9 내부창출 무형자산

9-1 연구사업부의 활동(1)

최근 스마트 오피스나 스마트 홈을 요구하는 기업과 가정이 늘어나고 있는 추세이다. (주)하우스피아는 이러한 시장 수요에 맞추어 사물인터넷(IoT) 기술을 접목한 가구 제품을 개발하고 있다. 이 과정에서 상당한 금액을 지출하게 되었다.

연구사업부인 하우스-LAB에서는 무선으로 스마트폰이 충전되는 협탁, 피부상태 측정과 의상코디 기능이 있는 매직미러, 머리 받침에 블루투스 스피커 기능이 탑재된 의자 등 스마트 제품 개발을 위한 연구활동을 하고 있다.

먼저, 하우스-LAB 소속 연구원은 라스베가스에서 열리는 세계 최대 전자제품 박람회(CES)에 참가하여, 스마트 제품과 관련된 최근 트랜드와 신기술을 이해하기 위한 다양한 정보를 수집하였다. 또한 시장조사와 제품기획을 하기 위해 해당 직원이 국내외 출장을 여러 차례 다녀왔으며, 디자인 콘셉트를 기획하기 위해 연구하고 있다.

스마트 제품을 구현하기 위한 핵심기술은 사물정보를 수집하기 위한 환경센서이다. 하우스-LAB에서는 사물정보 자동수집 환경센서의 저전력과 초소형화를 위한 연구를 하고 있으며, 연구결과를 바탕으로 환경센서를 가구에 접목했을 때 고기능, 고정밀, 고편의성을 추구할 수 있는 가장 우수한 기술이 무엇인지를 평가하고 있다.

(주)하우스피아의 경영진은 지속적인 성장을 위해서는 신기술이 접목된 신제품 개발이 필수적이라고 판단했으며, 연 매출의 10%를 연구개발 활동에 투자할 계획이다.

토론을 위한 회계이슈

연구사업부의 활동에서 발생한 지출은 자산인가? 비용인가?

9-2 연구사업부의 활동(2)

아직 스마트 제품을 상업적으로 생산하는 단계는 아니다. 그러나 본격적으로 스마트 제품을 생산하기 이전에 연구과정에서 획득한 저전력, 초소형화 환경센서의 기술을 적용하여 실용성과 심미성을 두루 갖춘 제품을 시험적으로 생산하려고 한다.

시험 생산을 위해 환경센서가 장착된 제품 모형의 내부와 외형을 설계하고, 외부 전문제작업체에 제작을 의뢰하였다. 제품의 안전성과 전자파의 인체 무해성을 검증하기 위하여 국가공인인증기관에 품질인증도 의뢰하였다. 이러한 시험 생산과정에서 상당한 금액을 지출하였다.

품질인증 결과, 합격으로 판정되었다. 시험 생산된 제품은 본격적인 제품 생산 전에 소비자의 반응을 살펴보기 위해 시중에 판매되었으며 소비자의 반응은 뜨거웠다. 이후 본격적으로 상업용 제품을 생산하기로 하였다.

토론을 위한 회계이슈

(1) 연구사업부의 활동에서 발생한 지출은 어떻게 인식되고, 어떤 금액으로 측정해야 하는가?

(2) 연구사업부의 활동에서 생산된 시제품의 판매금액은 어떻게 회계처리하여야 하는가?

⑩ 수익의 인식(K-IFRS 제1115호)

10-1 용역의 제공(1)

2X05년 5월 1일, 연구사업부 하우스-LAB는 환상갤러리와 전시관 인테리어 컨설팅 용역계약을 체결하였다. (주)하우스피아는 갤러리 인테리어 경험이 다양하게 축적되어 있고, 좋은 사업평판을 유지하고 있다. 용역계약서의 주요 내용은 다음과 같다.

- 계약금액 6억 원
- 공사계약기간 2년
- 계약불이행시 불이행의 당사자는 다른 당사자에게 계약금액의 두 배를 위약금으로 지불한다.
- (주)하우스피아는 매년 말 수행 완료된 컨설팅 용역의 진행률에 따라 환상갤러리에 지급청구권을 행사할 수 있다.
- 중도에 계약이 종료되는 경우, 종료된 시점까지 수행 완료된 컨설팅 용역에 대해서는 (주)하우스피아가 지급청구권을 행사한다.
- 환상갤러리는 계약금액 지급에 대한 담보로 환상갤러리 소유의 유명작가작품을 (주)하우스피아에 제공한다.

(주)하우스피아가 인테리어 컨설팅 용역을 제공한 부분에 대해 다른 업체가 추가 용역을 제공할 필요는 없고, (주)하우스피아의 전문가 의견을 바로 반영하여 인테리어 시공 작업이 수행될 수 있다. (주)하우스피아가 제공하는 컨설팅 용역은 환상갤러리에게만 국한해서 적용되는 것이기 때문에 다른 갤러리에 적용되기는 어렵다.

과거에 (주)하우스피아가 수행했던 갤러리 인테리어 컨설팅 용역 경험을 바탕으로 이번 용역계약의 예상 계약원가를 총 4억 원으로 추정하였다. 전문가 의견을 제공하는 컨설팅 용역의 특성상 계약원가의 대부분은 전문가 인건비가 될 것으로 예상한다.

(주)하우스피아는 연도별로 발생한 계약원가를 집계하고 있으며, 컨설팅 용역과 관련된 총 계약원가를 매년 재추정할 수 있다.

토론을 위한 회계이슈

(1) 전시관 인테리어 컨설팅 용역은 기간에 걸쳐 수익을 인식할 수 있는가? 즉, 진행기준을 적용할 수 있는가?

(2) 진행기준을 적용할 때, 진행률은 어떤 방법으로 측정가능한가?

10-2 용역의 제공(2)

(주)하우스피아의 인테리어 컨설팅에 대한 고객들의 평가가 우수한 것으로 나타났다. 이러한 인기에 힘입어 다나아병원에서 병원 인테리어 컨설팅을 의뢰해 왔다. (주)하우스피아는 골조를 제외한 인테리어 컨설팅 및 인테리어 시공 전체에 대한 용역계약을 체결하였다.

병원 건물은 사물인터넷을 접목한 최첨단 인텔리전스 빌딩이며, (주)하우스피아는 설립 이후 이러한 용역을 처음으로 제공하는 것이다. 또한 병원측 요구에 따라 건물의 설계변경이 예상되며, 설계변경에 따른 인테리어 변경도 예상된다.

토론을 위한 회계이슈

병원 인테리어 컨설팅 용역에 진행기준을 적용할 수 있는가?

11 지분 투자

국내 주거환경 트렌드를 이끌어 온 (주)하우스피아는 아파트 모델하우스에서 전시되는 가구와 소품 인테리어를 통해 (주)하우스피아의 브랜드 이미지를 강화하겠다는 전략을 가지고 있다.

이를 위해 모델하우스 조립시공 회사인 (주)모델러의 지분 10%를 2X06년 7월 1일에 취득하였다. (주)하우스피아의 대표이사가 (주)모델러의 이사회에 참여하기로 하였다. (주)모델러의 지분 중 51%는 (주)한양건설이 보유하고 있으며, (주)하우스피아와 (주)한양건설 이외의 (주)모델러 주주는 모두 개인투자자들이다.

경영진은 (주)모델러가 시공하는 전국의 모델하우스에 (주)하우스피아의 가구와 인테리어 소품을 전시하여 쇼룸 형식으로 꾸미고 고객들이 (주)하우스피아 제품을 체험하고, 일상에서 벗어난 감성을 충전할 수 있는 공간이 될 수 있도록 할 계획이다.

토론을 위한 회계이슈

(1) (주)모델러 주식은 어떻게 분류하여야 하는가?

(2) (주)모델러 주식은 보고기간 말 어떻게 측정하여야 하는가?

(3) (주)모델러 주식과 관련하여 재무제표에 어떻게 표시, 공시되어야 하는가?

사업매각 및 사업지속 : 2X07년~2X10년

⑫ 창고보관 사업부문 매각

(주)하우스피아는 총 5개의 사업부문으로 구분하여 사업을 관리하고 있으며, 이 중 하나가 창고보관 사업이다. (주)하우스피아의 창고보관 사업은 물류센터로 활용하던 창고를 리모델링하여 일반 가정이나 기업에게 대여해 주는 사업으로 기존의 창고보관 사업과는 차별화되는 새로운 차원의 사업모형이다.

기존의 창고보관 사업은 단순히 수납공간만 제공하는 반면, (주)하우스피아는 공간의 대여에서 나아가 실시간으로 보관된 물품의 현황 파악과 자동화된 입출고가 가능한 관리시스템을 구축하여 운영해 왔다.

그런데 (주)하우스피아는 비주력 사업부문을 정리하고 주력 사업부문에 집중하기로 함에 따라 2X07년 1월 2일 이사회에서 창고보관 사업을 매각하기로 결의하였다.

최근 노후 아파트의 리모델링이 본격화되면서, 리모델링 기간 중에 일시적으로 창고보관 서비스를 이용하고자 하는 가구가 증가하고 있다. 창고보관 서비스에 대한 수요 증가로 이러한 창고보관 사업에 대한 투자가 증가되고 있으며 창고보관 사업부문에 대한 사업수요는 큰 것으로 예상된다. (주)하우스피아의 경우에도 외부 회계법인을 통해 창고보관 사업의 매각을 진행하고 있는데 매각공고가 나간 즉시 여러 업체가 관심을 보이고 있다. (주)하우스피아의 창고보관 사업은 현재의 상태로 즉시 매각이 가능하며 (주)하우스피아가 현재 보관하고 있는 고객의 물품은 별다른 조치 없이 해당 사업부를 매입하는 기업에게 그대로 이전할 수 있다.

창고보관 사업부문의 비유동자산은 순공정가치와 장부금액을 알 수 있으며, 동 사업부문에 귀속되는 유동자산과 유동부채, 비유동부채는 없다.

토론을 위한 회계이슈

(1) 창고보관 사업부문은 어떻게 분류해야 하는가?

(2) 창고보관 사업부문은 어떻게 측정되어야 하는가?

⑬ 재화의 인도(K-IFRS 제1115호)

(주)하우스피아는 직영점, 대리점, 백화점을 통해 제품을 판매하고 있다. 대리점에서는 제품의 판매가격을 결정하고 있으며 재고부담이나 물리적 손상에 대한 책임도 대리점이 부담한다. (주)하우스피아는 대리점에 인도한 제품에 대해서는 반환을 요구하거나 제삼자에게 이전할 수 없다.

백화점 판매의 경우 (주)하우스피아가 사전에 판매가격과 할인율을 정해주고, 백화점에 전시된 제품 중 유행이 지난 제품이나 반품되는 제품은 (주)하우스피아로 재입고된다. 특정 백화점에서 고객이 찾는 제품이 없을 경우, (주)하우스피아의 관리하에 다른 백화점에서 제품을 가져와서 판매할 수도 있다.

백화점의 고객확보를 위한 판매정책에 따라 고객이 제품에 대해 불만족할 경우 구입 후 7일 이내에 영수증과 함께 제품을 가져오면 전액 환불해 주는 규정이 있다.

(주)하우스피아의 가구나 인테리어 소품은 주로 신혼부부나 젊은 세대의 주부들에게 인기가 많다. 이에 따라 (주)하우스피아는 영국의 프리미엄 유아용품 제조회사인 스투키(주)와 아기침대, 유모차 등의 위탁 판매 계약을 체결하였다. 스투키(주)는 자사의 아기침대와 유모차를 (주)하우스피아의 전시장에 전시 · 판매하고, 판매가격은 스투키(주)가 결정한다. 고객이 스투키(주)의 제품을 구입하면 (주)하우스피아가 고객에게 제품을 배송하지만 해당 제품의 결함이나 반품은 스투키(주)의 고객만족센터에서 직접 처리한다. 또한, 고객이 (주)하우스피아의 전시장에서 스투키(주)의 제품을 신용카드로 구매한 후 결제하지 않더라도 (주)하우스피아가 고객을 대신하여 지급할 의무는 없다. (주)하우스피아는 스투키(주)의 제품을 위탁판매하는 대가로 판매금액의 20%를 수수료로 받기로 하였다.

토론을 위한 회계이슈

(1) (주)하우스피아는 대리점 판매와 백화점 판매에 대해 언제 수익을 인식해야 하는가? 그리고 수익은 어떻게 측정하는가?

(2) 백화점 판매시 발생할 수 있는 반품에 대해서는 어떻게 회계처리하여야 하는가?

(3) (주)하우스피아가 스투키(주)의 아기침대와 유모차를 판매하는 경우 (주)하우스피아는 언제, 얼마만큼의 수익을 인식해야 하는가?

⑭ 회계추정의 변경과 회계오류의 수정

2X05년, (주)하우스피아의 주요 판매 거래처 중 하나가 법정관리를 신청하게 되었다. 이로 인해 (주)하우스피아가 계상하고 있는 매출채권은 채권채무 재조정을 하게 되었으며, 매출채권에 대한 상환유예를 해 주게 되었다. 2X05년 말부터 2X07년 말까지 (주)하우스피아는 매출채권에 대한 채권채무 재조정을 반영하여 대손충당금을 설정해 오고 있었다.

그러나 2X08년 말 결산시점에, (주)하우스피아는 상기 상환유예 매출채권에 대한 대손충당금 관련 추정치가 변경되었다고 주장하며 2X08년 말 대손충당금을 기존의 잔액보다 3배 가까이 증액시켰다.

토론을 위한 회계이슈

(1) 2X08년 말 대손충당금 조정이 회계추정의 변경인가? 회계오류의 수정인가?

(2) 회계추정의 변경과 회계오류의 수정은 어떻게 회계처리되어야 하는가?

⑮ 사회공헌활동

경영진은 우리 사회의 주역이자 미래를 이끌어갈 인재들이 꿈을 펼치는 데 도움을 주고자 대학생들이 학업에 몰두할 수 있는 환경을 마련해 주기 위해 대학교 기숙사 리모델링과 가구교체를 해 주는 사회공헌활동을 진행하고 있다.

(주)하우스피아는 2X08년에 이명대학교의 노후화된 기숙사를 모던 스타일의 인테리어로 리모델링하고, 수납공간이 효율적인 가구들을 설치해 주었으며 이를 위해 총 5억원이 소요되었다. 이러한 활동들이 지역 방송사의 특별다큐멘터리로 제작되어 전국적으로 방송되었다. 이를 통해 기업이미지와 브랜드가치가 크게 높아졌다.

또한, (주)하우스피아의 제품은 가구 부분 우수디자인으로 선정되어 2X08년 한국디자인 대상을 수상하였으며, 회계투명성에 대한 공로를 인정받아 정부로부터 기업경영투명 대상을 수상하기도 하였다.

토론을 위한 회계이슈

사회공헌활동 관련 지출은 자산의 정의에 부합하는가? 만약, 자산의 정의에 부합한다면 자산으로 인식할 수 있는가?

16 직원의 훈련, 인재의 스카우트, 자가생산 제품 제공

2X08년, 매장 판매직원들을 대상으로 서비스교육을 실시하였다. 교육은 외부 교육 전문업체에 위탁하였으며 위탁교육의 대가로 1억 원을 지출하였다.

전체적인 영업 및 관리를 담당할 경력직원과 디자인 총괄 임원을 스카우트하였다. 스카우트 과정에서 경력직원 및 임원에게 지급하는 급여와 별도로 전문 인력을 소개해 주는 업체인 휴먼리소스네트워크(주)에 1억 원을 지급하였다. 디자인 총괄 임원에게는 계약금 5억 원을 지급하고, 5년 동안 근무할 것을 계약하였다.

2X09년, (주)하우스피아는 자체 생산 제품을 다음과 같이 제공하였다. 제공한 제품의 제조원가는 10억 원이고, 판매가격은 15억 원이다.

- 직원에게 근로의 대가로 가구 제공
- 직원의 복리후생을 위하여 사내 휴게실에 비치할 가구 제공
- 거래처와의 원만한 관계를 유지하기 위하여 거래처에 인테리어 소품 제공
- 불특정 다수인에게 제품 홍보를 위해 인테리어 소품 제공
- 대학 기숙사 리모델링을 위해 가구와 인테리어 소품 제공

(주)하우스피아는 내규에 급여 및 정기 상여금 지급 규정이 명문화되어 있다. 내규에 정해진 정기 상여금 외에 (주)하우스피아는 종업원의 사기 진작을 위하여 관행적으로 특별상여금을 지급해 오고 있다. 그러나 특별상여금을 (주)하우스피아가 지급할 법적 의무는 없다. 2X09년 결산 종료 후 재무제표 발행 승인 전에 지급할 특별상여금 금액을 결정하였다.

토론을 위한 회계이슈

(1) 직원교육을 위해 지출한 금액은 자산인가? 비용인가?

(2) 스카우트 과정에서 휴먼리소스네트워크(주)에게 지급한 금액과 디자인 총괄 임원에

부록 토론

1 자금 조달

1-1 주식발행

토론을 위한 회계이슈

(1) (주)하우스피아가 주식발행으로 조달한 현금 120억 원은 (주)하우스피아의 부채인가? 또는 자본인가? [2단계 식별]

재무보고를 위한 개념체계

4.4 재무상태의 측정에 직접 관련되는 요소는 자산, 부채 및 자본이다. 이러한 요소의 정의는 다음과 같다.

(1) 자산은 과거사건의 결과로 기업이 통제하고 있고 미래경제적효익이 기업에 유입될 것으로 기대되는 자원이다.

(2) 부채는 과거사건으로 생긴 현재의무로서, 기업이 가진 경제적효익이 있는 자원의 유출을 통해 그 이행이 예상되는 의무이다.

(3) 자본은 기업의 자산에서 모든 부채를 차감한 후의 잔여지분이다.

4.22 재무상태표에 표시되는 자본의 금액은 자산과 부채 금액의 측정에 따라 결정된다. 일반적으로 자본총액은 그 기업이 발행한 주식의 시가총액, 또는 순자산을 나누어서 처분하거나 계속기업을 전제로 기업전체를 처분할 때 받을 수 있는 총액과 우연한 경우에만 일치한다.

K-IFRS 제1032호 금융상품 : 표시

11. 이 기준서에서 사용하는 용어의 뜻은 다음과 같다.
지분상품 : 기업의 자산에서 모든 부채를 차감한 후의 잔여지분을 나타내는 모든 계약

(주)하우스피아는 주식발행으로 조달한 현금 120억 원을 부채로 식별할지, 자본으로 식별할지 검토해야 한다. 교수자는 개념체계 문단 4.4의 부채의 정의를 충족하는지 다음 세 가지 관점에서 토론하도록 유도한다.

① 과거사건으로 발생하였는가?
② 경제적효익을 갖는 자원이 유출될 것인가?
③ 현재의무인가?

토론 주식발행으로 조달한 현금 120억 원은

① (주)하우스피아가 주식을 발행함으로써 유입되었다.
② (주)하우스피아는 이 금액을 주주에게 반환하지 않을 것이므로 경제적효익을 갖는 자원이 유출되지 않는다.
③ (주)하우스피아는 자신의 주식을 보유하고 있는 주주에게 현재 반환의무가 없다.

즉, 주식발행으로 조달한 현금 120억 원은 미래에 자원을 유출할 반환의무가 현재 없어 부채의 정의를 충족하지 못하므로 (주)하우

스피아는 자본으로 식별한다.

토론을 위한 회계이슈 |

(2) (주)하우스피아가 주식을 발행하면서 법률자문비용, 법원등기수수료, 인건비 및 사무처리비 등으로 지급한 1억 원은 비용인가? 또는 조달한 자금에서 직접 차감하는가? [3단계 분류]

K-IFRS 제1032호 금융상품 : 표시

11. 이 기준서에서 사용하는 용어의 뜻은 다음과 같다.
지분상품 : 기업의 자산에서 모든 부채를 차감한 후의 잔여지분을 나타내는 모든 계약

35. 금융부채인 금융상품이나 금융부채인 구성요소와 관련하여 생기는 이자, 배당, 손익은 수익이나 비용으로 당기손익에 인식한다. 지분상품의 보유자에 대한 분배는 자본으로 직접 인식한다. 자본거래의 거래원가는 자본에서 차감하여 회계처리한다.

37. 일반적으로 자기지분상품을 발행하거나 취득하는 과정에서 다양한 원가가 발생한다. 이러한 원가는 등록 및 그 밖의 감독과 관련된 수수료, 법률, 회계, 그 밖의 자문수수료, 주권인쇄비, 인지세 등을 포함한다. 이러한 자본거래의 거래원가 중 해당 자본거래가 없었다면 회피할 수 있고 해당 자본거래에 직접 관련하여 생긴 증분원가는 자본에서 차감하여 회계처리한다. 중도에 포기한 자본거래의 원가는 비용으로 인식한다.

39. 회계기간에 자본에서 차감하여 회계처리한 거래원가 금액은 기업회계기준서 제1001호에 따라 별도로 공시한다.

BC33. 개정된 이 기준서는 국제회계기준해석서 제17호(SIC 17) '자본 : 자본거래의 원가(Equity-Costs of an Equity Transaction)'의 지침을 포함한다. 자본거래의 완료에 필수적인 부분으로 발생되는 거래원가는 관련되는 거래의 일부로 회계처리한다. 자본거래와 거래원가의 관련성으로 총 거래원가를 자본에 반영하는 것이다.

주식발행 거래를 진행하면서 거래의 속성상 또는 법률적으로 고려해야 할 사항이 많다면 경영진은 거래에 대한 법률자문, 회계자문, 세무자문 등을 받을 수 있고 이에 따른 수수료를 지급할 것이다. 또한 거래 중 일부는 법률적 등기절차를 따라야 할 수 있으며 이때 인지세, 채권매입할인 등 제반 원가(cost)가 발생할 것이다.

주식발행과 관련하여 발생한 거래원가에 대해 K-IFRS 제1032호 '금융상품 : 표시' 문단 35와 37에서는 자본거래와 직접 관련하여 발생한 원가를 자본에 반영(즉, 자본에서 차감)하도록 규정하고 있다. 이는 자본거래와 거래원가의 관련성을 중시한 것이므로 만약 자본거래와 직접 관련성이 없는 원가라면 비용으로 처리해야 할 것이다.

교수자는 법률자문비용, 법원등기수수료, 인건비 및 사무처리비 등이 주식을 발행하지 않았더라면 지출하지 않을 수 있는 원가이었는지 토론하도록 유도한다.

- 법률자문비용은 주식발행 거래를 위해 필수적으로 발생하는가?
- 법원등기수수료는 주식발행 거래를 위해 필수적으로 발생하는가?
- 인건비 및 사무처리비는 주식발행 거래의 완료에 필수적으로 발생하는가?

토론 기업의 주식발행은 다수의 투자자를 대상으로 하므로 법령에서 엄격한 규정과 절차를 두고 있다. 일반적인 기업의 경영진이 이러한 법령을 모두 파악하기는 어려울 것이므로 주식발행시 전문 법률자문을 받는 것은 불가피할 것이다. 또한 법원등기수수료는 주권 등기를 위해 필수적으로 발생하므로 이 또한 주식발행을 위한 필수적 원가에 해당할 것이다.

인건비 및 사무처리비 등의 경우 구성항목을 살펴보아 필수적인 원가인지 판단해야 한다. 예를 들어, 인건비가 주식을 발행하기 위해 제반 절차를 진행하는 직원을 일시적으로 별도 고용하여 지급한 것이라면 이는 자본거래를 위해 필수적으로 발생하는 원가이지만, 기존 고용관계에 있는 직원이 일시 주식발행 절차 업무에 투입된 경우라면 이 인건비는 자본거래가 발생하지 않았더라도 지급해야 할 인건비이었을 것이므로 이때에는 자본거래와 직접적인 관련성을 두기 어려워 비용으로 처리해야 한다.

즉, 법률자문비용, 법원등기수수료는 주식발행을 위한 필수적 원가에 해당하므로 조달한 자금에서 직접 차감한다. 인건비 및 사무처리비 등은 자본거래와 직접 관련성이 있다면 조달한 자금에서 직접 차감하고 그렇지 않은 경우 비용으로 인식한다.

1-2 서민은행에서 차입

토론을 위한 회계이슈 |

(1) 서민은행으로부터 차입한 60억 원과 차입약정에 따라 매년 말 지급할 5%의 이자는 2X01년 1월 2일 현재 (주)하우스피아의 부채인가? [2단계 식별]

차입한 60억 원

(주)하우스피아는 2X01년 1월 2일에 서민은행에서 받은 현금 60억 원을 부채로 식별할 것인지, 자본으로 식별할 것인지를 검토해야 한다. 교수자는 60억 원이 부채에 해당하는지 재무보고를 위한 개념체계 문단 4.4(2)에 따라 다음 세 가지 관점에서 토론하도록 유도한다.

① 과거사건으로 발생하였는가?
② 경제적효익이 있는 자원이 유출될 것인가?
③ 현재의무인가?

토론 서민은행에서 받은 현금 60억 원은

① 계약을 체결하고 (주)하우스피아가 현금으로 수령하였다.
② 계약에 따라 5년 후 상환해야 하므로 미래에 자원이 유출될 것이다.
③ 계약을 체결하고 현금을 수령하였으므로 상환의무가 현재 있다.

따라서 (주)하우스피아는 2X01년 1월 2일 현재 서민은행에서 수령한 60억 원을 부채로 식별한다.

차입약정에 따른 이자 5%

(주)하우스피아는 2X01년 1월 2일 차입약정을 하면서, 60억 원에 대한 5%의 이자를 매년 말 지급하기로 하였으므로 교수자는 이 계약상 의무가 부채에 해당하는지를 위에서와 같이 세 가지 관점에서 토론하도록 유도한다.

토론 이자는 금전을 사용한 대가로서, 원금액과 사용기간에 비례하여 지급되는 대가이다. 2X01년 1월 2일 현재 이자는

① 5%의 이자를 지급하기로 계약하였으나, 원금 60억 원에 대한 사용기간이 '0'이므로 아직 이자가 발생하지 않았다.
② 원금 60억 원에 대한 5%의 이자가 매년 말 지급될 것이다.
③ 이자는 원금의 사용기간에 따라 발생하므로 2X01년 1월 2일 현재 사용기간이 '0'이므로 의무가 현재 없다.

따라서 매년 말 지급하기로 한 이자 5%는 2X01년 1월 2일 현재 원금사용 기간이 경과되지 않아 기업에 이자지급 의무가 없으므로 2X01년 1월 2일 시점에서는 (주)하우스피아의 부채가 아니다. 그러나 이자는 원금액과 사용기간에 비례하여 발생하므로 기간의 경과

에 따라 지급의무가 발생한다.

토론을 위한 회계이슈 |

(2) (1)에서 60억 원이 부채로 식별된다면, 그 부채를 (주)하우스피아의 재무제표에 인식할 수 있는가? [4단계 인식]

재무보고를 위한 개념체계

4.38 재무제표 요소의 정의에 부합하는 항목이 다음 기준을 모두 충족한다면 재무제표에 인식되어야 한다.

(1) 그 항목과 관련된 미래경제적효익이 기업에 유입되거나 기업으로부터 유출될 가능성이 높다.

(2) 그 항목의 원가 또는 가치를 신뢰성 있게 측정할 수 있다.

(1)에서 살펴본 바와 같이 서민은행으로부터 받은 현금 60억 원이 부채의 정의를 충족함에 따라, 교수자는 현금 60억 원을 (주)하우스피아의 재무제표에 인식할 수 있는지에 대해 재무보고를 위한 개념체계 문단 4.38의 두 가지 관점에서 토론하도록 유도한다.

① 미래경제적효익이 유출될 가능성이 높은가?

② 원가를 신뢰성 있게 측정할 수 있는가?

토론 (주)하우스피아는 현금 60억 원을

① 계약에 따라 5년 후에 상환해야 하므로 현금 유출 가능성이 높고

② 현금으로 수령하였고 5년 후 현금으로 상환하므로 신뢰성 있게 측정할 수 있다.

따라서 (주)하우스피아는 서민은행에서 차입 즉시 재무제표에 부채로 인식한다(한편, 차입금은 금융부채이므로 K-IFRS 제1039호에 따라 최

초인식시점에 공정가치로 측정해야 하며, 일반적인 경우 차입일 현재 차입금은 공정가치로 간주되므로 아마도 60억 원일 가능성이 높을 것이다).

토론을 위한 회계이슈 |

(3) 나대박 씨가 (주)하우스피아를 위해서 한 지급보증에 대해 (주)하우스피아의 정보이용자는 어떤 정보를 필요로 할 것인가? (주)하우스피아는 이와 관련된 정보를 재무제표에 어떻게 표시하고 공시해야 하는가? [1단계 경제적 현상과 유용한 정보, 7단계 표시와 공시]

재무보고를 위한 개념체계

OB2. 일반목적재무보고[1]의 목적은 현재 및 잠재적 투자자, 대여자 및 기타 채권자가 기업에 자원을 제공하는 것에 대한 의사결정을 할 때 유용한 보고기업 재무정보를 제공하는 것이다. 그 의사결정은 지분상품 및 채무상품을 매수, 매도 또는 보유하는 것과 대여 및 기타 형태의 신용을 제공 또는 결제하는 것을 포함한다.

QC4. 재무정보가 유용하기 위해서는 목적적합해야 하고 나타내고자 하는 바를 충실하게 표현해야 한다. 재무정보가 비교가능하고, 검증가능하며, 적시성 있고, 이해가능한 경우 그 재무정보의 유용성은 보강된다.

QC6. 목적적합한 재무정보는 정보이용자의 의사결정에 차이가 나도록 할 수 있다. 정보는 일부 정보이용자가 이를 이용하지 않기로 선택하거나 다른 원천을 통하여 이미 이를 알고 있다고 할지라도 의사결정에 차이가 나도록 할 수 있다.

QC7. 재무정보에 예측가치, 확인가치 또는 이 둘 모두가 있다면 그 재무정보는 의사결정에 차이가 나도록 할 수 있다.

QC12. 재무보고서는 경제적 현상을 글과 숫자로 나타내는 것이다. 재무정보가 유용하기 위해서는 목적적합한 현상을 표현하는 것뿐만 아니라 나타내고자 하는 현상을 충실하게 표현해야 한다. 완벽하게 충실한 표현을 하기 위해서는 서술에 세

1) 특정하여 달리 언급하지 않는 한, 이 '개념체계' 전반에 걸쳐 재무보고서 및 재무보고는 각각 일반목적재무보고서 및 일반목적재무보고를 말한다.

가지의 특성이 있어야 할 것이다. 서술은 완전하고, 중립적이며, 오류가 없어야 할 것이다. 물론 완벽함은 달성하기 어렵다. 회계기준위원회의 목적은 가능한 정도까지 그 특성을 극대화하는 것이다.

K-IFRS 제1001호 재무제표 표시

112. 주석은 다음의 정보를 제공한다.

(3) 재무제표 어느 곳에도 표시되지 않지만 재무제표를 이해하는 데 목적적합한 정보

113. 주석은 실무적으로 적용가능한 한 체계적인 방법으로 표시한다. 체계적인 방법을 결정할 때, 재무제표의 이해 가능성과 비교 가능성에 미치는 영향을 고려한다. 재무상태표, 포괄손익계산서, 자본변동표 및 현금흐름표에 표시된 개별 항목은 주석의 관련 정보와 상호 연결시켜 표시한다.

K-IFRS 제1024호 특수관계자 공시

9. 이 기준서에서 사용하는 용어의 정의는 다음과 같다.

특수관계자 : 재무제표를 작성하는 기업(이 기준서에서는 '보고기업'이라 한다)과 특수관계에 있는 개인이나 기업

(1) 개인이 다음 중 어느 하나에 해당하는 경우, 그 개인이나 그 개인의 가까운 가족은 보고기업과 특수관계에 있다.

(가) 보고기업에 지배력 또는 공동지배력이 있는 경우

특수관계자거래 : 대가의 부담 여부에 관계없이 보고기업과 특수관계자 사이의 자원, 용역 또는 의무의 이전

18. 회계기간 내에 특수관계자거래가 있는 경우, 기업은 이용자가 재무제표에 미치는 특수관계의 잠재적 영향을 파악하는 데 필요한 거래, 약정을 포함한 채권 · 채무 잔액에 대한 정보뿐만 아니라 특수관계의 성격도 공시한다. 공시는 최소한 다음 내용을 포함한다.

(1) 거래 금액

(2) 약정을 포함한 채권 · 채무 잔액과 다음 사항

(가) 그 채권 · 채무의 조건(담보 제공 여부 포함)과 결제할 때 제공될 대가의 성격

(나) 그 채권 · 채무에 대하여 제공하거나 제공받은 보증의 상세 내역

(3) 채권 잔액에 대하여 설정된 대손충당금

(4) 특수관계자 채권에 대하여 당해 기간 중 인식된 대손상각비

(주)하우스피아의 정보이용자가 필요로 하는 정보는 무엇일까? [1단계 경제적 현상과 유용한 정보]

교수자는 나대박 씨의 (주)하우스피아에 대한 '지급보증'에 대하여 (주)하우스피아의 정보이용자(투자자, 대여자)가 필요로 하는 정보가 무엇일지 생각하고 토론하도록 유도한다.

재무보고를 위한 개념체계에서는 유용한 재무정보의 근본적 질적특성으로 목적적합성과 충실한 표현을 들고 있다.

① (목적적합성) 정보이용자가 의사결정을 할 때 차이가 나도록 할 수 있는가? 예측가치, 확인가치가 있는 정보는 무엇인가?

② (충실한 표현) 완전하고, 중립적이며, 오류가 없는 표현방법은 무엇인가?

토론 (주)하우스피아의 정보이용자는 나대박 씨의 지급보증 정보를 모르고 있을 때와 알고 있을 때 의사결정이 달라지는가? 달라진다면 나대박 씨의 지급보증 정보는 유용한 정보이다.

① (목적적합성) 정보이용자는 나대박 씨의 지급보증 정보를 몰랐다면 (주)하우스피아의 부채가 과다하다고 생각하여 추가 대출이나 투자를 꺼렸을 수 있다. 이때 나대박 씨가 (주)하우스피아의 차입금에 대해 지급보증하였다는 사실을 제공하면, 좀 더 적극적으로 대출이나 투자를 결정할 수 있다. 이와 반대로 정보이

용자는 (주)하우스피아가 제삼자의 지급보증을 받아야만 차입할 수 있으므로 (주)하우스피아의 신용이 낮거나 유동성에 문제가 있다고 판단하여 추가 대출이나 투자를 하지 않을 수도 있을 것이다.

② (충실한 표현) 정보가 유용하기 위해서는 나타내고자 하는 현상을 충실하게 표현해야 한다. 정보이용자들은 나대박 씨의 지급보증 사실 자체뿐만 아니라 지급보증에 대한 대가로 무언가 제공한 것이 있는지, 나대박 씨가 (주)하우스피아에 대해 구상권을 가지는지, 이 구상권을 언제 행사할 수 있는지, 지급보증과 관련하여 기간에 따른 이자지급이 있는지 등과 관련하여 완전하고, 중립적이며, 오류가 없는 정보를 필요로 할 것이다.

나대박 씨로부터 받은 지급보증에 대해 (주)하우스피아는 재무제표에 어떻게 표시하고 공시해야 하는가? [7단계 표시와 공시]

나대박 씨의 지급보증은 서민은행과 나대박 씨 간의 거래로 (주)하우스피아의 자산이나 부채를 발생시키지 않는다. 따라서 (주)하우스피아의 재무제표 본문에 표시할 사항은 없지만, 나대박 씨의 지급보증은 정보이용자의 의사결정에 유용한 정보를 제공하므로 K-IFRS 제1001호 '재무제표 표시' 문단 112의 (3)에 따라 지급보증에 관한 사항을 주석으로 공시해야 할 것이다. 또한, 나대박 씨는 (주)하우스피아의 지분 60%를 보유하고 있는 지배주주로서 K-IFRS 제1024호에서 정의한 특수관계자에 해당하므로 교수자는 두 기준서에 따라 구체적으로 공시할 사항에 대해 토론하도록 유도한다.

토론 (예)

① 제공받은 보증의 상세 내역

- 지급보증 대상 부채 및 금액

- (주)하우스피아에게 지급보증을 해준 기관(개인)과 금융기관
- 보증 기간

…

…

② 기타 내용

- 구상권 여부
- 구상권 행사시기
- 구상권 행사 이후 지급이자 관련 정보

…

…

2 재고자산

2-1 인테리어 소품 수입

토론을 위한 회계이슈 |

(1) 대한상선에 선적되어 스웨덴 말뫼항에서 인천항까지 운송중인 소품은 (주)하우스피아의 자산인가? 자산이라면 어떤 자산으로 분류할 수 있는가? [2단계 식별, 3단계 분류]

재무보고를 위한 개념체계

4.4 재무상태의 측정에 직접 관련되는 요소는 자산, 부채 및 자본이다. 이러한 요소의 정의는 다음과 같다.

(1) 자산은 과거사건의 결과로 기업이 통제하고 있고 미래경제적효익이 기업에 유입될 것으로 기대되는 자원이다.

운송중인 소품은 (주)하우스피아의 자산인가? [2단계 식별]

(주)하우스피아는 운송중인 소품 실물을 창고에 보관하고 있지 않다. 실물 자산을 회사가 '보관'이라는 형태로 통제하고 있지 않음에도 불구하고 과연 운송중인 소품을 회사의 자산으로 식별할 수 있는가에 대한 질문이다.

교수자는 재무보고를 위한 개념체계 문단 4.4(1) 자산의 정의에 해당하는지 다음 세 가지 관점에서 토론하도록 유도한다.

① 과거사건의 결과인가?
② 통제하는가?
③ 미래경제적효익이 유입될 것인가?

토론 운송중인 소품은

① 매매계약상 선적지 인도조건으로, 현재 선적되어 운송중에 있다.
② 선적지 인도조건 매매계약에 따라 (주)하우스피아는 운송중인 소품의 가격등락, 파손, 멸실, 도난 등에 대한 위험을 부담하고 있을 뿐만 아니라 아무런 제약을 받지 않고 처분이 가능하다.
③ (주)하우스피아는 소품을 판매하거나 다른 자산과 교환하여 경제적효익을 얻을 수 있다.

따라서 (주)하우스피아는 선적지 인도조건에 따라 소품이 스웨덴 말뫼항에서 선적되는 그때부터 자신의 자산으로 식별한다.

K-IFRS 제1001호 재무제표 표시

9. 재무제표는 기업의 재무상태와 재무성과를 체계적으로 표현한 것이다. 재무제표의 목적은 광범위한 정보이용자의 경제적 의사결정에 유용한 기업의 재무상태, 재무성과와 재

무상태변동에 관한 정보를 제공하는 것이다. 또한 재무제표는 위탁받은 자원에 대한 경영진의 수탁책임 결과도 보여준다. 이러한 목적을 충족하기 위하여 재무제표는 다음과 같은 기업 정보를 제공한다.

(1) 자산

(2) 부채

(3) 자본

(4) 차익과 차손을 포함한 광의의 수익과 비용

54. 재무상태표에는 다음에 해당하는 금액을 나타내는 항목을 표시한다.

(1) 유형자산

(2) 투자부동산

(3) 무형자산

(4) 금융자산(단, (5), (8) 및 (9)는 제외)

(5) 지분법에 따라 회계처리하는 투자자산

(6) 기업회계기준서 제1041호 '농림어업'의 적용범위에 포함되는 생물자산

(7) 재고자산

(8) 매출채권 및 기타 채권

(9) 현금및현금성자산

(10) 기업회계기준서 제1105호 '매각예정비유동자산과 중단영업'에 따라 매각예정으로 분류된 자산과 매각예정으로 분류된 처분자산집단에 포함된 자산의 총계

(11) 매입채무 및 기타 채무

(12) 충당부채

(13) 금융부채(단, (11)과 (12)는 제외)

(14) 기업회계기준서 제1012호 '법인세'에서 정의된 당기 법인세와 관련한 부채와 자산

(15) 기업회계기준서 제1012호에서 정의된 이연법인세부채 및 이연법인세자산

(16) 기업회계기준서 제1105호에 따라 매각예정으로 분류된 처분자산집단에 포함된 부채

(17) 자본에 표시된 비지배지분

(18) 지배기업의 소유주에게 귀속되는 납입자본과 적립금

K-IFRS 제1002호 재고자산

6. 이 기준서에서 사용하는 용어의 정의는 다음과 같다.
재고자산 : 다음의 자산을 말함
(1) 통상적인 영업과정에서 판매를 위하여 보유중인 자산
(2) 통상적인 영업과정에서 판매를 위하여 생산중인 자산
(3) 생산이나 용역제공에 사용될 원재료나 소모품

K-IFRS 제1016호 유형자산

6. 이 기준서에서 사용하는 용어의 뜻은 다음과 같다.
유형자산 : 재화나 용역의 생산이나 제공, 타인에 대한 임대 또는 관리활동에 사용할 목적으로 보유하는 물리적 형태가 있는 자산으로서 한 회계기간을 초과하여 사용할 것이 예상되는 자산

운송중인 소품이 (주)하우스피아의 자산이라면 어떤 자산으로 분류하는가? [3단계 분류]

K-IFRS 제1001호 '재무제표 표시'에서는 광범위한 정보이용자의 경제적 의사결정에 유용한 기업의 재무상태, 재무성과와 재무상태 변동에 관한 정보를 제공하기 위해 재무제표를 작성하는 것이며, 재무제표는 기업의 재무상태와 재무성과를 체계적으로 표현해야 한다고 규정하고 있다.

이러한 목적에 따라 K-IFRS 제1001호 '재무제표 표시'에서는 자산을 유형자산, 투자부동산, 무형자산, 금융자산, 투자자산, 생물자산, 재고자산, 채권, 현금, 처분자산집단 등으로 나누어 재무제표에 표시하도록 요구하고 있다.

따라서 교수자는 운송중인 소품을 (주)하우스피아가 어떤 자산으로 분류하여야 하는지 학습자가 판단할 수 있도록 각 항목의 정의를 학습하도

록 유도한다.

- 재고자산 : 통상적인 영업과정에서 판매를 위하여 보유(생산)중인가?
- 유형자산 : 재화생산에 사용하는가? 용역제공에 사용하는가? 타인에 임대하기 위해 보유하는가? 관리활동에 사용하는가? 한 회계기간을 초과하여 사용하는가?

토론 이 단계에서는 (주)하우스피아가 수입하는 소품을 어떤 목적으로 어떻게 사용할지가 중요하다. 만약, (주)하우스피아가 이 소품을 개별 판매하거나 다른 가구와 함께 판매할 목적이라면, 재고자산으로 분류하는 것이 적절할 것이다. 그러나 수입하는 소품을 재화의 생산이나 용역의 제공에 사용하거나, 타인에게 임대할 목적이거나 관리활동에 사용하면서 한 회계기간에 초과하여 사용한다면 유형자산으로 분류하여야 한다.

(주)하우스피아의 사업목적은 가구, 인테리어 소품 및 침장류 등의 제조 및 판매이므로, 인테리어 소품을 재고자산으로 분류한다.

토론을 위한 회계이슈

(2) 운송중인 소품을 재무제표에 인식할 수 있는가? 인식할 수 있다면 측정은 어떻게 하는가? [4단계 인식, 5단계 측정]

재무보고를 위한 개념체계

4.38 재무제표 요소의 정의에 부합하는 항목이 다음 기준을 모두 충족한다면 재무제표에 인식되어야 한다.

(1) 그 항목과 관련된 미래경제적효익이 기업에 유입되거나 기업으로부터 유출될 가능성이 높다.

(2) 그 항목의 원가 또는 가치를 신뢰성 있게 측정할 수 있다.

운송중인 소품을 재무제표에 인식할 수 있는가? [4단계 인식]

운송중인 소품이 (주)하우스피아의 자산으로 식별됨에 따라, 교수자는 이 자산을 재무제표에 인식할 수 있는지에 대해 재무보고를 위한 개념체계 문단 4.38의 두 가지 관점에서 토론하도록 유도한다.

① 미래경제적효익이 유입될 가능성이 높은가?
② 자산의 원가 또는 가치를 신뢰성 있게 측정할 수 있는가?

토론 최근 TV프로그램의 집방 열풍으로 북유럽풍 셀프인테리어에 관심을 갖고 있는 소비자가 많아

① (주)하우스피아는 소품 판매에 따른 경제적효익의 유입 가능성이 높을 것으로 추정한다.
② 소품의 매입금액 및 관련 부대원가를 현금으로 지급하였으므로 신뢰성 있게 측정할 수 있다.

따라서 (주)하우스피아는 선적지 인도조건에 따라 소품이 스웨덴 말뫼항에서 대한상선에 선적될 때 재무제표에 재고자산으로 인식한다.

재무보고를 위한 개념체계

4.55 재무제표를 작성하기 위해서는 다수의 측정기준이 다양한 방법으로 결합되어 사용된다. 그러한 측정기준의 예는 다음과 같다.

(1) 역사적 원가. 자산은 취득의 대가로 취득 당시에 지급한 현금 또는 현금성자산이나 그 밖의 대가의 공정가치로 기록한다. 부채…

(2) 현행원가. 자산은 동일하거나 또는 동등한 자산을 현재시점에서 취득할 경우에 그 대가로 지불하여야 할 현금이나 현금성자산의 금액으로 평가한다. 부채…

(3) 실현가능(이행)가치. 자산은 정상적으로 처분하는 경우 수취할 것으로 예상되는 현금이나 현금성자산의 금액으로 평가한다. 부채는…

(4) 현재가치. 자산은 정상적인 영업과정에서 그 자산이 창출할 것으로 기대되는 미래 순현금유입액의 현재할인가치로 평가한다. 부채는…

K-IFRS 제1002호 재고자산

10. 재고자산의 취득원가는 매입원가, 전환원가 및 재고자산을 현재의 장소에 현재의 상태로 이르게 하는 데 발생한 기타 원가 모두를 포함한다.

11. 재고자산의 매입원가는 매입가격에 수입관세와 제세금(과세당국으로부터 추후 환급받을 수 있는 금액은 제외), 매입운임, 하역료 그리고 완제품, 원재료 및 용역의 취득과정에 직접 관련된 기타 원가를 가산한 금액이다. 매입할인, 리베이트 및 기타 유사한 항목은 매입원가를 결정할 때 차감한다.

12. 재고자산의 전환원가는 직접노무원가 등 생산량과 직접 관련된 원가를 포함한다.…

15. 기타 원가는 재고자산을 현재의 장소에 현재의 상태로 이르게 하는 데 발생한 범위 내에서만 취득원가에 포함된다.…

16. 재고자산의 취득원가에 포함할 수 없으며 발생기간의 비용으로 인식하여야 하는 원가의 예는 다음과 같다.

(1) 재료원가, 노무원가 및 기타 제조원가 중 비정상적으로 낭비된 부분

(2) 후속 생산단계에 투입하기 전에 보관이 필요한 경우 이외의 보관원가

(3) 재고자산을 현재의 장소에 현재의 상태로 이르게 하는 데 기여하지 않은 관리간접원가

(4) 판매원가

운송중인 소품을 재무제표에 인식할 때 측정은 어떻게 하는가? [5단계 측정]

재무보고를 위한 개념체계에서는 측정기준의 예로 역사적 원가, 현행원가, 실현가능(이행)가치, 현재가치를 들고 있을 뿐 구체적 적용에 대한 언급은 없다. 따라서 개별기준서인 K-IFRS 제1002호 '재고자산'의 취득원가 규정에 따라 측정금액을 산출해야 한다.

교수자는 사례에서 발생한 여러 원가들이 K-IFRS 제1002호 '재고자산' 문단 10의 재고자산 취득원가에 해당하는지를 토론하도록 유도한다.

① 매입원가는 10억 원인가? 9.5억 원인가?
② 운임과 하역료 0.4억 원은 취득원가에 해당하는가?
③ 수입관세 0.6억 원은 취득원가에 해당하는가?
④ 수입서류 미비로 발생한 보세구역에서의 보관원가 0.5억 원은 취득원가에 해당하는가?

토론 수입 소품의 취득원가에는

① 명목상 매매금액은 10억 원이나 조기결제로 9.5억 원의 현금만 지급하기로 하였으므로 실제 거래금액인 9.5억 원을 취득원가에 포함한다.
② 운임과 하역료 0.4억 원은 매입원가에 가산하여 취득원가에 포함한다.
③ 관세청에 납부한 관세(환급불능) 0.6억 원은 매입원가에 가산하여 취득원가에 포함한다.
④ 보세구역에서 60일간의 보관이 소품 수입 과정에서 반드시 필요한 상황이었는지 판단해야 한다. 만약 수입업무를 철저히 준비하여 서류의 미비가 없었다면 보세구역에서 보관은 불필요했을 것이다. 따라서 보관원가 0.5억 원은 재고자산의 취득원가에

포함하지 않고, 발생기간의 비용으로 인식하여야 한다.

수입 소품의 취득원가는 발생순서에 따라 인식하며, 최종 10.5억 원으로 측정된다.

- 2X01년 3월 1일 선적시 : 9.5억 원
- 2X01년 4월 1일 하역시 : 운임과 하역료 0.4억 원+수입관세 0.6억 원

토론을 위한 회계이슈

(3) 도난, 화재 등으로 인한 손실을 막기 위한 보험가입으로 20X1년 3월 1일에 납부한 보험료 1백만 원은 (주)하우스피아의 자산으로 인식할 수 있는가? 재무제표에 어떻게 표시되고 공시되는가? [2단계 식별, 4단계 인식, 7단계 표시와 공시]

재무보고를 위한 개념체계

4.4 재무상태의 측정에 직접 관련되는 요소는 자산, 부채 및 자본이다. 이러한 요소의 정의는 다음과 같다.

(1) 자산은 과거사건의 결과로 기업이 통제하고 있고 미래경제적효익이 기업에 유입될 것으로 기대되는 자원이다.

보험료는 자산인가? [2단계 식별]

(주)하우스피아는 20X1년 3월 1일부터 매년 지급하는 보험료 1백만 원이 자산인지 비용인지 구분해야 한다. 교수자는 재무보고를 위한 개념체계 문단 4.4(1) 자산의 정의에 해당하는지 다음 세 가지 관점에서 토론하도록 유도한다.

① 과거사건의 결과인가?
② 통제하는가?
③ 미래경제적효익이 유입될 것인가?

토론 (주)하우스피아가 향후 1년간 재고자산의 도난, 화재 등으로 인한 손실을 보전받기 위해 지급한 보험료는

① 보험계약에 따라 1백만 원을 납부하였다.

② 1년의 보험기간에 계약을 유지하거나 해지할 수 있는 권한이 (주)하우스피아에 있으므로 (주)하우스피아가 보험계약을 통제할 수 있다.

③ 계약을 해지할 경우 잔여기간에 해당하는 보험료를 환급받을 수 있고, 계약을 유지하는 동안 도난이나 화재가 발생하면 그에 대한 보상(보험금)을 받을 수 있다.

따라서 (주)하우스피아가 지급한 1백만 원의 보험료는 납부시점에서 자산의 정의를 충족하므로 자산으로 식별한다.

재무보고를 위한 개념체계

4.38 재무제표 요소의 정의에 부합하는 항목이 다음 기준을 모두 충족한다면 재무제표에 인식되어야 한다.

(1) 그 항목과 관련된 미래경제적효익이 기업에 유입되거나 기업으로부터 유출될 가능성이 높다.

(2) 그 항목의 원가 또는 가치를 신뢰성 있게 측정할 수 있다.

K-IFRS 제1038호 충당부채, 우발부채, 우발자산

10. 이 기준서에서 사용하는 용어의 뜻은 다음과 같다.

우발자산 : 과거사건으로 생겼으나, 기업이 전적으로 통제할 수는 없는 하나 이상의 불확실한 미래사건의 발생 여부로만 그 존재 유무를 확인할 수 있는 잠재적 자산

31. 우발자산은 재무제표에 인식하지 아니한다.

32. 일반적으로 우발자산은 사전에 계획하지 않았거나 다른 예상하지 못한 사건으로 생기며, 그 사건은 경제적효익의 유입 가능성을 불러온다. 기업이 제기하였으나 그 결과가 불확실한 소송을 예로 들 수 있다.

33. 미래에 전혀 실현되지 않을 수도 있는 수익을 인식하는 결과를 가져올 수 있기 때문에 우발자산은 재무제표에 인식하지 아니한다. 그러나 수익의 실현이 거의 확실하다면 관련 자산은 우발자산이 아니므로 해당 자산을 재무제표에 인식하는 것이 타당하다.

보험료는 자산으로 인식할 수 있는가? [4단계 인식]

교수자는 자산의 정의를 충족하는 보험료를 재무제표에 인식할 수 있는지 다음 두 가지 관점에서 토론하도록 유도한다.

① 미래경제적효익이 유입될 가능성이 높은가?
② 자산의 원가 또는 가치를 신뢰성 있게 측정할 수 있는가?

토론 보험계약으로 미래경제적효익이 유입되는 경우는 보험계약을 해지(이미 지급한 보험료 중 기간 미경과분의 환급)하거나 보험기간에 도난이나 화재가 발생(보험금의 수령)한 때이다. (주)하우스피아가 영업을 중단하지 않는 한 이미 가입한 보험계약을 해지하는 경우는 매우 드물 것이므로 계약 해지로 인한 경제적효익이 유입될 가능성은 높지 않을 것이다. 그리고 보험계약을 유지하는 기간 동안 도난이나 화재라는 미래 불확실한 사건이 발생해야만 미래경제적효익이 유입될 것이므로 이 또한 가능성이 높지 않다고 판단할 수 있다. 즉 지급한 보험료는 K-IFRS 제1037호 '충당부채, 우발부채, 우발자산'의 우발자산의 특성을 지닌다. 동 기준서 문단 31에서는 우발자산을 재무제표에 인식하지 않도록 규정하고 있다.

따라서 납부한 보험료 1백만 원은 비록 자산의 정의에 충족한다 하더라도, 자산의 인식기준은 충족하지 못하므로 보험료는 기간비용으로 인식한다. 다만, 보험료를 보험기간에 따라 기간비용으로 인식하는 과정에서 선급한 부분은 비용을 이연하여야 하므로 선급보험료라는 자산을 인식할 수 있다.

K-IFRS 제1001호 재무제표 표시

112. 주석은 다음의 정보를 제공한다.
    (3) 재무제표 어느 곳에도 표시되지 않지만 재무제표를 이해하는 데 목적적합한 정보

113. 주석은 실무적으로 적용가능한 한 체계적인 방법으로 표시한다. 체계적인 방법을 결정할 때, 재무제표의 이해 가능성과 비교 가능성에 미치는 영향을 고려한다. 재무상태표, 포괄손익계산서, 자본변동표 및 현금흐름표에 표시된 개별 항목은 주석의 관련 정보와 상호 연결시켜 표시한다.

보험료는 재무제표에 어떻게 표시되고 공시되는가? [7단계 표시와 공시]

지급한 보험료 1백만 원은 위에서 살펴본 바와 같이 자산으로 인식하기 어려우므로 손익계산서에 비용으로 표시한다. 그리고 재고자산에 대한 보험은 정보이용자의 의사결정에 유용한 정보를 제공하므로 K-IFRS 제1001호 '재무제표 표시' 문단 112의 (3)에 따라 재고자산에 대한 보험 관련 계약내용을 주석으로 공시해야 할 것이다. 교수자는 구체적으로 공시할 사항에 대해 토론하도록 유도한다.

토론 (예) 보험계약금액
보험계약기간
보험료
보험회사
…

2-2 재고자산의 후속측정

토론을 위한 회계이슈 |

(주)하우스피아는 회계연도 말에 재고자산을 어떻게 측정해야 하는가? 재고자산 판매 정책은 재고자산 측정에 어떠한 영향을 미치는가? [5단계 측정]

K-IFRS 제1002호 재고자산

9. 재고자산은 취득원가와 순실현가능가치 중 낮은 금액으로 측정한다.

28. 다음의 경우에는 재고자산의 원가를 회수하기 어려울 수 있다.
    (1) 물리적으로 손상된 경우
    (2) 완전히 또는 부분적으로 진부화된 경우
    (3) 판매가격이 하락한 경우
    (4) 완성하거나 판매하는 데 필요한 원가가 상승한 경우
    재고자산을 취득원가 이하의 순실현가능가치로 감액하는…

33. 매 후속기간에 순실현가능가치를 재평가한다.…

재고자산이 진부화되었을 때 어떻게 측정하는 것이 정보이용자에게 유용한 정보를 제공할 수 있는지에 대한 토론이 필요하다. 교수자는 어떤 기준서를 적용하여, 어떻게 재고자산을 측정해야 하는지, 그리고 적용한 측정방법이 정보이용자에게 유용한 정보를 제공하는지에 대해 토론하도록 유도한다.

K-IFRS 제1002호 '재고자산'에서는 재고자산을 취득원가와 순실현가능가치 중 낮은 금액으로 측정하도록 규정하고 있다. 따라서 교수자는 재고자산의 측정과 관련하여 다음 두 가지에 대해 학습자가 토론하도록 유도한다.

① 순실현가능가치가 무엇인가?

② 재고자산은 취득원가와 순실현가능가치(예상판매가격－예상추가완성원가－판매비용) 중 낮은 금액으로 측정(저가법)하여야 한다. 그렇다면 재고자산의 후속측정시 공정가치를 이용하지 않고 저가법을 이용하는 이유는 무엇인가?

순실현가능가치란 예상판매가격에서 예상추가완성원가와 판매비용을 차감한 금액이다. (주)하우스피아가 이월상품 할인율에 대한 정책을 수립하고, 지속적으로 실행하고 있기 때문에 이러한 할인율이 재고자산의 순실현가능가치를 추정할 때 추정일 현재 사용가능한 가장 신뢰성 있는 증거가 될 수 있다.

토론 (주)하우스피아는 제조기간이 2년 지난 상품과 제품의 할인율을 60~80%로 유지하고 있으나, 과거에 80%의 할인율로 대부분 판매한 경험이 있다면, (장부금액×1.3×20%)를 순실현가능가치(예상판매가격)로 추정할 수 있다. 사례에서 예상추가완성원가와 판매비용에 대한 언급이 없으므로 이들은 순실현가능가치 산정에서 고려하지 않는다. 이를 요약하면 다음과 같다.

구 분	평가 전 (가)	2년 미만 (A)	2년 경과 (B)	평가 후 (나=A+B)	평가손실 (가-나)
상품	10억 원	4억 원	6×1.3×20%=1.56억 원	5.56억 원	4.44억 원
원재료	20억 원	20억 원	－	20억 원	－
제품	30억 원	20억 원	10×1.3×20%=2.6억 원	22.6억 원	7.4억 원

전통적으로 회계에서 취하고 있는 기본원칙 중 하나가 취득원가주의이다. 취득원가주의는 회계정보의 신뢰성을 강조한다. 그러나 회계정보의 목적적합성을 중요시하는 최근 추세에 따라 공정가치 회계가 널리 도입되기 시작하였다.

재고자산을 취득원가 이하의 순실현가능가치로 감액하는 저가법에 의한 후속측정 금액 정보는 정보이용자에게 보다 목적적합한 정보를 제공할 수 있는 공정가치 회계의 일환으로 볼 수 있다.

저가법은 평가손실과 평가이익을 모두 인식하는 공정가치 회계와 달리 평가손실만 인식하는 방법으로, 저가법이 비대칭적이라는 일부의 비판이 있기는 하지만 재고자산과 관련한 미래 현금흐름을 예측하는데 있어서 보다 목적적합한 재무정보가 될 수 있다. 또한 저가법은 불확실성이 존재할 때는 자산의 과대평가를 방지하는 회계처리방법을 선택해야 한다는 신중성의 개념에 비추어 볼 때도 타당한 방법이 될 수 있다.

재고자산은 취득원가와 순실현가능가치(예상판매가격－예상추가완성원가－판매비용) 중 낮은 금액으로 측정(저가법)하여야 한다. (주)하우스피아의 재고자산 판매정책은 순실현가능가치를 추정할 때 사용가능한 가장 신뢰성 있는 증거를 제공한다.

3 수익의 인식(K-IFRS 제1115호)

3-1 묶음 판매(1)

토론을 위한 회계이슈 |

(1) 가구와 소품 납품 거래는 (주)하우스피아의 수익(Revenue)을 발생시키는가? [2단계 식별]

재무보고를 위한 개념체계

4.25 수익과 비용은 다음과 같이 정의한다.

(1) 수익은 자산의 유입이나 증가 또는 부채의 감소에 따라 자본의 증가를 초래하는

특정 회계기간 동안에 발생한 경제적효익의 증가로서, 지분참여자에 의한 출연과 관련된 것은 제외한다.

4.29 광의의 수익의 정의에는 수익과 차익이 모두 포함된다. 수익은 기업의 정상영업활동의 일환으로 발생하며 매출액, 수수료수익, 이자수익, 배당수익, 로열티수익 및 임대료수익 등 다양한 명칭으로 구분된다.

K-IFRS 제1115호 수익(Revenue)

수익 : 기업의 통상적인 활동에서 생기는 수익

(주)하우스피아의 가구와 소품 납품 거래가 수익거래에 해당하는지 파악해야 한다. 교수자는 (주)하우스피아의 통상적인 활동(또는 정상영업활동)에 대해 토론하도록 유도한다. 또한 (주)하우스피아를 설립한 목적이 무엇인지? 〈배경〉 정보를 통해 파악하도록 유도한다.

토론 (주)하우스피아에 대한 〈배경〉 설명에 의하면 (주)하우스피아는 '가구, 인테리어 소품 및 침장류 등의 제조 및 판매를 목적'으로 하고 있다.

따라서 가구와 소품을 납품하는 거래는 (주)하우스피아의 통상적인 활동(또는 정상영업활동)에 해당하므로 수익(Revenue)거래에 해당한다.

토론을 위한 회계이슈 |

(2) 수익거래에 해당할 경우 수익인식은 어떻게 하는가? (수익인식 5단계법을 이용하라) [4단계 인식, 5단계 측정]

K-IFRS 제1115호 고객과의 계약에서 생기는 수익

수익 : 기업의 통상적인 활동에서 생기는 수익

IN7. 이 기준서의 핵심 원칙은 기업이 고객에게 약속한 재화나 용역의 이전을 나타내도록 해당 재화나 용역의 대가로 받을 권리를 갖게 될 것으로 예상하는 대가를 반영한 금액으로 수익을 인식해야 한다는 것이다. 핵심 원칙에 따라 수익을 인식하기 위해서는 다음의 단계를 적용해야 한다.

(1) **1단계 : 고객과의 계약을 식별.** 계약은 둘 이상의 당사자 사이에 집행가능한 권리와 의무가 생기게 하는 합의이다. IFRS 15의 요구사항은 정해진 조건을 충족하는, 고객과 체결한 계약에만 적용한다. 어떤 경우에는 이 기준서에서 여러 계약을 결합하여 하나의 계약으로 회계처리할 것을 요구하기도 한다. 이 기준서에서는 계약 변경의 회계처리에 관한 요구사항도 제공한다.

(2) **2단계 : 수행의무를 식별.** 하나의 계약은 고객에게 재화나 용역을 이전하는 여러 약속을 포함한다. 그 재화나 용역들이 구별된다면 약속은 수행의무이고 별도로 회계처리한다. 고객이 재화나 용역 그 자체에서나 쉽게 구할 수 있는 다른 자원과 함께하여 효익을 얻을 수 있고, 그 약속을 계약 내의 다른 약속과 별도로 식별해 낼 수 있다면 재화나 용역은 구별된다.

(3) **3단계 : 거래가격을 산정.** 거래가격은 고객에게 약속한 재화나 용역을 이전하고 그 대가로 기업이 받을 권리를 갖게 될 것으로 예상하는 금액이다. 거래가격은 고객이 지급하는 고정된 금액일 수도 있으나, 어떤 경우에는 변동대가를 포함하거나 현금 외의 형태로 지급될 수도 있다. 거래가격은 계약에 유의적인 금융요소가 포함된다면 화폐의 시간가치 영향을 조정하며, 고객에게 지급하는 대가가 있는 경우에도 거래가격에서 조정한다. 대가가 변동된다면, 고객에게 약속한 재화나 용역을 이전하고 그 대가로 받을 권리를 갖게 될 것으로 예상하는 금액을 추정한다. 변동대가는 변동대가와 관련된 불확실성이 나중에 해소될 때, 인식된 누적 수익 금액 중 유의적인 부분을 되돌리지(환원하지) 않을 가능성이 매우 높은 정도까지만 거래가격에 포함한다.

(4) **4단계 : 거래가격을 계약 내 수행의무에 배분.** 거래가격은 일반적으로 계약에서 약속한 각 구별되는 재화나 용역의 상대적 개별 판매가격을 기준으로 배분한다. 개별 판매가격을 관측할 수 없다면 추정해야 한다. 거래가격에 계약의 일

부분에만 관련되는 할인액이나 변동대가(금액)가 포함되는 경우가 있다. 이 기준서에서는 할인액이나 변동대가를 일부 수행의무에만 배분하는 경우를 구체적으로 규정하고 있다.

(5) **5단계 : 수행의무를 이행할 때(또는 기간에 걸쳐 이행하는 대로) 수익을 인식.** 기업이 약속한 재화나 용역을 고객에게 이전하여 수행의무를 이행할 때(이행하는 대로)(고객이 재화나 용역을 통제하게 되는 때) 수익을 인식한다. 인식하는 수익 금액은 이행한 수행의무에 배분된 금액이다. 수행의무는 한 시점에 이행하거나(일반적으로 고객에게 재화를 이전하는 약속의 경우), 기간에 걸쳐 이행한다(일반적으로 고객에게 용역을 이전하는 약속의 경우). 기간에 걸쳐 이행하는 수행의무의 수익은 그 수행의무의 진행률을 적절하게 측정하는 방법을 선택하여 기간에 걸쳐 인식한다.

(주)하우스피아는 하나의 계약으로 복수의 재화를 판매하기로 하였으므로, 각 재화의 판매에 대해 수익을 언제 인식하고 금액은 어떻게 측정해야 하는지 K-IFRS 제1115호 '고객과의 계약에서 생기는 수익'에 따라 검토하여야 한다.

K-IFRS 제1115호 '고객과의 계약에서 생기는 수익'에서는 수익을 인식하기 위해서 다음 5단계를 거쳐 적용하도록 규정하고 있다. 교수자는 각 단계에 대한 내용을 학습자가 이해할 수 있도록 하고, 사례에서 제시하는 거래에 적용할 수 있도록 유도한다.

- 1단계 : 고객과의 계약을 식별
- 2단계 : 계약 내 수행의무를 식별
- 3단계 : 계약의 거래가격을 산정
- 4단계 : 거래가격을 계약 내 수행의무에 배분
- 5단계 : 수행의무를 이행할 때(또는 기간에 걸쳐 이행하는 대로) 수익을 인식

토론 각 단계별로 살펴보면

① (1단계 : 고객과의 계약 식별) 건설회사와 판매계약을 서면으로 체결하였으며 계약서상에 가구와 소품을 묶어서 현금 판매한다는 내용, 구체적인 제품 인도일, 계약상 총 거래가격 등이 표시되어 있다. 또한 계약체결일에 현금을 수령하였으므로 제품 인도 대가의 회수가 먼저 이루어졌다.

② (2단계 : 수행의무 식별) 가구 인도와 소품 인도라는 수행의무를 각각 식별해 낼 수 있다.

③ (3단계 : 거래가격 산정) 가구와 소품을 인도하고 그 대가로 (주)하우스피아가 9억 원을 받기로 하였다.

④ (4단계 : 거래가격을 계약 내 수행의무에 배분) 가구와 소품의 상대적 개별 판매가격은 각각 8억 원과 2억 원이므로, 이에 따라 거래가격 9억 원을 각 개별판매가격으로 배분한다.

* 가구 : 9억 원×8/10＝7.2억 원
소품 : 9억 원×2/10＝1.8억 원

⑤ (5단계 : 수행의무 이행시 수익인식) 가구는 6월 30일에 인도하였으므로 이때 7.2억 원을 수익으로 인식하며, 소품은 8월 31일 인도하였으므로 이때 1.8억 원을 수익으로 인식한다.

3-2 묶음 판매(2)

토론을 위한 회계이슈 |

(1) 가구 납품거래와 가수 수선 · 재배치 용역 거래는 (주)하우스피아의 수익(Revenue)을 발생시키는가? [2단계 식별]

(주)하우스피아의 가구 납품과 가구 수선・재배치 용역 거래가 회사의 수익거래에 해당하는지 파악한다. 교수자는 가구 수선・재배치 용역이

(주)하우스피아의 통상적인 활동에 해당하는지에 대해 토론하도록 유도한다.

토론 (주)하우스피아에 대한 〈배경〉 설명에 의하면 (주)하우스피아는 '가구, 인테리어 소품 및 침장류 등의 제조 및 판매를 목적'으로 하고 있다. 가구 수선·재배치 용역은 명시되어 있지 않으나, 가구 제조 및 판매업의 특성을 고려할 때 수선·재배치 용역도 (주)하우스피아의 통상적인 활동에 해당한다고 볼 수 있다.

따라서 고급가구 납품거래와 가구 수선·재배치 용역 거래는 (주)하우스피아의 수익거래에 해당한다.

토론을 위한 회계이슈 |

(2) 수익거래에 해당할 경우 수익인식은 어떻게 하는가? (수익인식 5단계법을 이용하라) [4단계 인식, 5단계 측정]

K-IFRS 제1115호 고객과의 계약에서 생기는 수익

IN7. …수익을 인식하기 위해서는 다음의 단계를 적용해야 한다.

1단계 **고객과의 계약을 식별**

2단계 **수행의무를 식별**

3단계 **거래가격을 산정**

4단계 **거래가격을 계약 내 수행의무에 배분.** 거래가격은 일반적으로 계약에서 약속한 각 구별되는 재화나 용역의 상대적 개별 판매가격을 기준으로 배분한다. 개별 판매가격을 관측할 수 없다면 추정해야 한다.…

5단계 **수행의무를 이행할 때 또는 기간에 걸쳐 이행하는 대로 수익을 인식**

(주)하우스피아는 고급가구 납품과 가구의 수선·재배치 용역을 제공하기로 하였으므로, 재화 판매와 용역 제공에 대해 수익을 언제 인식하고 금액은 어떻게 측정해야 하는지 K-IFRS 제1115호 '고객과의 계약에서 생기는 수익'에 따라 검토하여야 한다.

교수자는 K-IFRS 제1115호 '고객과의 계약에서 생기는 수익'에 따라 수익인식 5단계를 적용할 수 있도록 각 단계에 대한 내용을 학습자가 이해할 수 있도록 하고, 사례에서 제시하는 거래에 적용할 수 있도록 유도한다.

- 1단계 : 고객과의 계약을 식별
- 2단계 : 수행의무를 식별
- 3단계 : 거래가격을 산정
- 4단계 : 거래가격을 계약 내 수행의무에 배분
- 5단계 : 수행의무를 이행할 때(또는 기간에 걸쳐 이행하는 대로) 수익을 인식

토론 각 단계별로 살펴보면

① (1단계 : 고객과의 계약 식별) 호텔과 가구 판매와 수선·재배치 용역을 제공하기로 서면으로 계약 체결하였다.

② (2단계 : 수행의무 식별) 고급가구 인도와 가구의 수선·재배치 용역 제공이라는 수행의무를 각각 식별해 낼 수 있다.

③ (3단계 : 거래가격 산정) 고급가구 인도와 용역제공으로 총 40억원을 받기로 하였다(이자율은 0%로 가정한다).

④ (4단계 : 거래가격을 계약 내 수행의무에 배분) 고급가구 인도와 가구의 수선·재배치 용역 제공에 배분해야 한다. (주)하우스피아는 수선·재배치 용역에 대한 개별적인 가격이 없고 추정하기 어려워 3단계에서 산정한 거래가격에서 고급가구의 판매가

격을 차감한 금액을 수선 · 재배치 용역에 배분하기로 하였다.

* 고급가구 : 30억 원

가구 수선 · 재배치 용역 : 40억 원 − 30억 원 = 10억 원

⑤ (5단계 : 수행의무 이행시 수익인식) 가구는 4월 1일에 인도하였으므로 이때 30억 원을 수익으로 인식하며, 가구의 수선 · 지배치 용역서비스는 24개월에 걸쳐 10억 원을 안분하여 수익으로 인식한다.

3-3 나전칠기 장롱 판매시 나전칠기 관리 훈련용역을 무상으로 제공

토론을 위한 회계이슈

(주)하우스피아의 수행의무는 몇 가지로 구분할 수 있는가? [4단계 인식]

K-IFRS 제1115호 고객과의 계약에서 생기는 수익

27. 다음 기준을 모두 충족한다면 고객에게 약속한 재화나 용역은 구별되는 것이다.
  (1) 고객이 재화나 용역 그 자체에서 효익을 얻거나 고객이 쉽게 구할 수 있는 다른 자원과 함께하여 그 재화나 용역에서 효익을 얻을 수 있다(그 재화나 용역이 구별될 수 있다).
  (2) 고객에게 재화나 용역을 이전하기로 한 약속을 계약 내의 다른 약속과 별도로 식별해 낼 수 있다(그 재화나 용역은 계약상 구별된다).

교수자는 (주)하우스피아의 수행의무를 식별하기 위해, K-IFRS 제1115호 '고객과의 계약에서 생기는 수익'의 관련 문단을 학습자에게 제공하고 판단할 수 있도록 유도한다.

① 고객이 장롱을 인도받음으로써 또는 훈련프로그램을 이수하면서 각각 효익을 얻을 수 있는가?

② 훈련프로그램 이수를 장롱 인도와 별도로 식별할 수 있는가?

토론 (주)하우스피아는 보통 훈련프로그램과 별도로 나전칠기 가구를 판매하며, 장롱구입과 무관하게 훈련프로그램을 운영하고 있다. 그러므로

① 고객은 나전칠기 장롱 자체로 효익을 얻고, 또한 고객에 따라 훈련프로그램 이수 자체로 효익을 얻을 수 있으며,
② 훈련프로그램 이수와 장롱 인도가 별도로 식별된다.

따라서 (주)하우스피아는 장롱 인도 의무와 훈련프로그램 제공 의무, 두 가지의 수행의무가 생긴다. 거래가격을 두 가지 수행의무(장롱 인도와 훈련프로그램 제공)에 배분하고 각 수행의무를 이행할 때(또는 이행하는 대로) 수익을 인식한다.

3-4 소품용 향초 판매 - 계약 취소시 위약금을 과중하게 물릴 경우

토론을 위한 회계이슈

(1) 이 계약은 취소불능계약인가? [1단계 경제적 현상과 유용한 정보]

상거래에서 계약은 의무이행(재화 공급) 전에 해지할 수 있는 것이 보통이며, 이때 소정의 위약금이 있을 수 있다. 교수자는 이러한 일반적인 계약해지와 본 사례에서의 해지가 어떻게 다른지 학습자들이 토론할 수 있도록 유도한다.

토론 (주)하우스피아는 서울기업과의 계약이 취소될 경우 향초에 인쇄되는 문구 등으로 인해 다른 고객에게 판매할 수 없어 폐기를 해야 할 것으로 예상된다면, 그 경제적 손실을 서울기업에게 지급하도록 요구하는 것이 손실을 최소화하는 방법일 것이다.

계약서에 계약 취소시 거래금액의 90%를 위약금으로 지급해야 한

다는 조건은 서울기업이 이 계약을 유지하거나 취소하는 것이 경제적으로 차이가 거의 없을 것이므로, 이 계약을 취소할 가능성이 거의 없다고 판단하는 것이 적절할 것이다. 즉, 이 계약을 취소불능 계약으로 보는 것이 합리적이다.

토론을 위한 회계이슈 |

(2) (주)하우스피아는 취소불능계약을 재무제표에 어떻게 반영해야 하는가? [1단계 경제적 현상과 유용한 정보, 4단계 인식, 5단계 측정]

재무보고를 위한 개념체계

4.4 재무상태의 측정에 직접 관련되는 요소는 자산, 부채 및 자본이다. 이러한 요소의 정의는 다음과 같다.

(1) 자산은 과거사건의 결과로 기업이 통제하고 있고 미래경제적효익이 기업에 유입될 것으로 기대되는 자원이다.

(2) 부채는 과거사건으로 생긴 현재의무로서, 기업이 가진 경제적효익이 있는 자원의 유출을 통해 그 이행이 예상되는 의무이다.

K-IFRS 제1032호 금융상품 : 표시

11. 이 기준서에서 사용하는 용어의 뜻은 다음과 같다.

금융자산은 다음의 자산을 말한다.

(3) 다음 중 어느 하나에 해당하는 계약상 권리

(가) 거래상대방에게서 현금 등 금융자산을 수취할 계약상 권리

금융부채는 다음의 부채를 말한다.

(1) 다음 중 어느 하나에 해당하는 계약상 의무

(가) 거래상대방에게 현금 등 금융자산을 인도하기로 한 계약상 의무

K-IFRS 제1115호 고객과의 계약에서 생기는 수익

부록 A. 용어의 정의

계약자산 : 기업이 고객에게 이전한 재화나 용역에 대하여 그 대가를 받을 기업의 권리로 그 권리에 시간의 경과 외의 조건(예 : 기업의 미래 수행)이 있는 자산

계약부채 : 기업이 고객에게서 이미 받은 대가(또는 지급기일이 된 대가)에 상응하여 고객에게 재화나 용역을 이전하여야 하는 기업의 의무

BC325. 많은 경우에 대가를 받을 무조건적인 권리는 기업이 수행의무를 이행하고 고객에게 청구할 때 생긴다. 예를 들면 기업이 고객에게 재화나 용역을 이전하였을 때 일반적으로 재화나 용역에 대한 지급청구권이 생기고 청구서를 발행한다. 그러나 고객에게 지급을 청구하는 것이 기업에 대가를 받을 무조건적인 권리가 있는지를 나타내지는 않는다. 예를 들면 시간만 경과하면 대가 지급받을 수 있는 날이 오는 경우에는 기업은 청구 전에 대가를 받을 무조건적인 권리를 갖게 될 수 있다(미청구 수취채권). 어떤 경우에는 기업이 수행의무를 이행하기 전에 대가를 받을 무조건적인 권리를 갖게 될 수 있는 경우가 있다. 예를 들면 기업은 재화나 용역을 공급하기 한 달 전에 고객이 대가를 지급하도록 요구하는 취소불능계약을 체결할 수 있다. 그 경우에 지급기일이 되면 기업은 대가를 받을 무조건적인 권리가 있다(그러나 그 경우에 기업은 재화나 용역을 이전한 다음에만 수익을 인식해야 한다).

일반적으로 판매자는 재화를 인도할 때 수익을 인식하고, 이에 대한 대가를 즉시 수령하지 못할 때 매출채권(금융자산)이 발생한다. 어떠한 형태로 계약을 체결하였더라도 수행의무를 이행하지 않았다면 수익으로 인식할 수는 없다.

한편, K-IFRS 제1032호 '금융상품 : 표시'에서는 '거래상대방에게서 현금 등 금융자산을 수취할 계약상 권리'를 금융자산으로 정의하고 있으며, '거래상대방에게 현금 등 금융자산을 인도하기로 한 계약상 의무'를 금융

부채로 정의하고 있다.

교수자는 사례에서와 같이 재화를 인도(인수)하기 전에 대가 수령일이 계약상에 명시된 경우, 대가 수령일에 (주)하우스피아와 서울기업에게 각각 금융자산과 금융부채가 발생할 수 있는지 학습자가 토론할 수 있도록 유도한다.

① 취소불능계약의 경우, (주)하우스피아는 계약상 대가 수령일(5월 31일)에 거래금액을 자산으로 인식해야 하는가?
② 취소불능계약의 경우, 서울기업은 계약상 대가 지급일(5월 31일)에 거래금액을 부채로 인식해야 하는가?

토론 (주)하우스피아는 6월 28일, 향초를 인도할 때까지 수익을 인식할 수 없다. 그러나 대가는 5월 31일에 수수하기로 계약서에 명시되었고 (1)에서 살펴본 바와 같이 이 계약이 취소불능계약이므로 5월 31일에 (주)하우스피아와 서울기업에게 각각 현금 등 금융자산을 수취(지급)할 계약상 권리(의무)가 발생한다. 이와 일관되게 K-IFRS 제1115호 '고객과의 계약에서 생기는 수익' 문단 BC325에서도 지급기일이 되면 기업은 대가를 받을 무조건적인 권리(의무)가 있다고 지침을 제공하고 있다.

따라서

① 취소불능계약에 따라 (주)하우스피아는 5월 31일에 서울기업에게서 현금을 수취할 계약상 권리가 생기므로 이때 금융자산(예 : 매출채권)을 인식해야 한다. 이로 인해 향초를 인도해야 할 계약상 의무도 생기게 되므로 동시에 계약부채(예 : 선수금)를 인식해야 한다. 구체적인 회계처리를 살펴보면 다음과 같다.

계약상 대가 수령일(5월 31일)

(차) 수 취 채 권 1억 원 (대) 계약부채(선수금) 1억 원

현금 수령일(6월 2일)

(차) 현 금 1억 원 (대) 수 취 채 권 1억 원

향초 인도일(6월 28일)

(차) 계약부채(선수금) 1억 원 (대) 수 익 1억 원

② 상대적으로 서울기업은 5월 31일에 (주)하우스피아에게 현금을 인도하기로 한 계약상 의무가 생기므로 금융부채(예 : 지급채무)로 인식하고, 이로 인해 향초를 수령할 계약상 권리(예 : 선급금)도 생기므로 동시에 계약자산으로 인식해야 할 것이다. 구체적인 회계처리를 살펴보면 다음과 같다.

계약상 대가 지급일(5월 31일)

(차) 계약자산(선급금) 1억 원 (대) 지 급 채 무 1억 원

현금 지급일(6월 2일)

(차) 지 급 채 무 1억 원 (대) 현 금 1억 원

향초 인수일(6월 28일)

(차) 향 초 1억 원 (대) 계약자산(선급금) 1억 원

한편, 정보의 유용성 측면에서도 취소불능계약이고 계약상 대가 수수일(5월 31일)을 재화의 인도(수령) 전으로 결정하였다면, 대가 수수일에 (주)하우스피아의 자산과 부채로 인식하는 것이 계약으로 인한 미래 현금흐름을 더 잘 예측할 수 있기 때문에 재무정보의 예측가치 측면에서 보다 유용하고 목적적합한 정보가 될 수 있다.

토론을 위한 회계이슈 |

(3) 이 거래가 취소가능계약이라면 어떻게 달라지는가? [1단계 경제적 현상과 유용한 정보, 4단계 인식, 5단계 측정]

만약 이 사례가 취소가능계약이 될 경우 향초 인도(인수) 전인 5월 31일에 대금을 수수하기로 계약서상 명시된 사실이 재무제표에 어떻게 영향을 미치는지에 대해 토론할 수 있도록 유도한다.

① 취소가능계약이더라도, 계약상 대가 수령일에 (주)하우스피아는 계약상 거래금액을 자산으로 인식해야 하는가?

② 취소가능계약이더라도, 계약상 대가 지급일에 서울기업은 계약상 거래금액을 부채로 인식해야 하는가?

토론 취소가능계약이라면 (주)하우스피아가 향초를 인도(6월 28일)하기 전에 서울기업이 언제든지 취소할 수 있다. 즉, 계약상 대가 수령일이 명시되어 있다 하더라도 향초 인도(인수) 전에는 (주)하우스피아나 서울기업에게 무조건적인 권리나 의무가 발생하지 않는다.

이에 따라 각각의 회계처리를 살펴보면, 다음과 같다.

① (주)하우스피아

계약상 대가 수령일(5월 31일) – 회계처리 없음

현금 수령일(6월 2일)

(차) 현 금	1억 원	(대) 계약부채(선수금)	1억 원

향초 인도일(6월 28일)

(차) 계약부채(선수금)	1억 원	(대) 수 익	1억 원

② 서울기업

계약상 대가 지급일(5월 31일) – 회계처리 없음

현금 지급일(6월 2일)

(차) 계약자산(선급금) 1억 원 (대) 현 금 1억 원

향초 인수일(6월 28일)

(차) 향 초 1억 원 (대) 계약자산(선급금) 1억 원

3-5 제품 판매시 포인트 적립

토론을 위한 회계이슈 |

(1) (주)하우스피아가 포인트(보상점수)제도를 운영하는 이유는 무엇인가? 구매고객에게 포인트 지급시 식별되는 수행의무는 무엇인가? [1단계 경제적 현상과 유용한 정보, 2단계 식별]

K-IFRS 제1115호 고객과의 계약에서 생기는 수익

27. 다음 기준을 모두 충족한다면 고객에게 약속한 재화나 용역은 구별되는 것이다.

(1) 고객이 재화나 용역 그 자체에서 효익을 얻거나 고객이 쉽게 구할 수 있는 다른 자원과 함께하여 그 재화나 용역에서 효익을 얻을 수 있다(그 재화나 용역이 구별될 수 있다).

(2) 고객에게 재화나 용역을 이전하기로 한 약속을 계약 내의 다른 약속과 별도로 식별해 낼 수 있다(그 재화나 용역은 계약상 구별된다).

74. 거래가격 배분의 목적에 맞게, 거래가격은 문단 76~80에 따라 상대적 개별 판매가격을 기준으로 계약에서 식별된 각 수행의무에 배분한다. 다만 문단 81~83(할인액의 배분)과 문단 84~86(변동금액이 포함된 대가의 배분)에서 정한 경우는 제외한다.

B42. 문단 74에서는 상대적 개별 판매가격에 기초하여 거래가격을 수행의무에 배분하도록 요구한다. 추가 재화나 용역을 구매할 수 있는 고객의 선택권의 개별 판매가격을 직접 관측할 수 없다면 이를 추정한다. 그 추정에는 고객이 선택권을 행사할 때 받을 할인을 반영하되, 다음 모두에 대해 조정한다.

(1) 고객이 선택권을 행사하지 않고도 받을 수 있는 할인액

(2) 선택권이 행사될 가능성

B43. 다음 모두에 해당하는 선택권의 개별 판매가격을 추정하기 위한 실무적 대안으로 기업이 제공할 것으로 예상되는 재화나 용역과 이에 상응하는 예상 대가를 참조하여, 선택권이 있는 재화나 용역에 거래가격을 배분할 수 있다. 보통 그 유형의 선택권은 계약을 갱신하기 위한 것이다.

(1) 고객에게 미래 재화나 용역을 취득할 수 있는 중요한 권리가 있다.

(2) 이 재화나 용역은 원래 계약의 재화나 용역과 비슷하다.

(3) 원래 계약 조건에 따라 제공된다.

포인트(보상점수)제도 운영이유는 무엇인가?

(주)하우스피아는 포인트(보상점수)제도 운영을 통해 고객이 보상점수에 따른 보상을 청구하는 경우 할인된 금액으로 제품을 제공해야 한다. 교수자는 포인트제도를 운영하는 이유가 무엇인지를 학습자가 토론할 수 있도록 유도한다.

토론 일반적으로 기업의 포인트제도 운영에 대해 두 가지 관점이 있다.

① 포인트제도가 매출액을 증대시키기 위하여 고안된 마케팅 기법이라는 주장이다. 따라서 포인트제도 운영으로 발생하는 원가는 마케팅비용에 해당한다. 마케팅비용은 그것이 확보하고자 목표로 하고 있는 매출거래와는 독립적으로 발생한다. 즉, 이미 인도된 항목과 직접 관련된 원가(예 : 품질보증비)와 유사하다.

② 두 번째 관점은 포인트제도는 매출거래의 결과로 고객에게 부여하는 것이며 기업과 고객 간의 경제적효익의 시장교환으로서 거래 자체를 구성하는 요소라는 것이다. 따라서 포인트는 고객에게 부여된 권리를 의미하며 고객은 암묵적으로 그 대가를 지급하고 있는 것이다. 포인트는 매출의 일부분으로 고객에게 부여되기 때문에 마케팅비용과는 구별될 수 있다.

K-IFRS 제1115호 '고객과의 계약에서 생기는 수익'에서는 두 번째 관점에 따라 포인트 적립을 매출의 일부분으로 보고 있다.

구매고객에게 포인트 지급시 식별되는 수행의무는 무엇인가?

포인트제도는 매출거래에 따른 일종의 고객보상제도이다. 즉, 포인트는 매출의 일부로서 고객에게 부여한다. 교수자는 K-IFRS 제1115호 '고객과의 계약에서 생기는 수익' 문단 27의 기준을 제공하고, 학습자가 포인트 제공을 별도의 수행의무로 식별할 수 있는지 토론할 수 있도록 유도한다.

① 고객이 적립된 포인트로 효익을 얻을 수 있는가?
② 고객이 제품 구매로 받은 포인트로 다른 제품을 구입할 수 있는가?

토론 제품을 구입하면서 적립되었던 포인트로, 고객은

① 다른 제품을 구입할 때 적립된 포인트에 해당하는 금액을 할인받으므로 효익을 얻는다.
② 다른 제품을 구매할 수 있다.

따라서 (주)하우스피아가 고객에게 포인트를 제공하는 약속은 수행의무라고 결론지을 수 있다.

토론을 위한 회계이슈 |

(2) (주)하우스피아의 포인트제도와 관련된 회계처리를 제시하라. [4단계 인식, 5단계 측정]

교수자는 수익인식 5단계를 학습자에게 다시 인지시키고 수익인식의 5단계법을 적용하는 과정에 대해 토론을 유도한다.

- 1단계 : 고객과의 계약을 식별
- 2단계 : 수행의무를 식별
- 3단계 : 거래가격을 산정
- 4단계 : 거래가격을 계약 내 수행의무에 배분
- 5단계 : 수행의무를 이행할 때(또는 기간에 걸쳐 이행하는 대로) 수익을 인식

토론 각 단계별로 살펴보면

① (1단계 : 고객과의 계약 식별) 2X01년 중에 100억 원어치 판매

② (2단계 : 수행의무 식별) 제품 인도, 포인트 적립

③ (3단계 : 거래가격 결정) 100억 원

④ (4단계 : 거래가격을 계약 내 수행의무에 배분) 제품과 포인트의 상대적 개별 판매가격은 각각 100억 원과 9.5억 원이므로, 이에 따라 거래가격 100억 원을 각 개별판매가격으로 배분한다.

* 제품 : 100억 원×100/109.5＝91.324억 원

포인트 : 100억 원×9.5/109.5＝8.676억 원

⑤ (5단계 : 수행의무 이행시 수익인식) 제품은 인도 즉시 수익으로 인식하고, 포인트는 사용시점에 각각 수익으로 인식한다.

즉, 2X01년 말 현재 4.5억 점 포인트가 사용되었으므로,

- 4.11억 원[(4.5억 포인트/9.5억 포인트)×8.676억 원]을 수익으로 인식

하고
- 아직 사용하지 않은 포인트에 대해 4.566억 원(8.676억 원−4.11억 원)을 계약부채로 인식한다.

2X02년 말 현재 (주)하우스피아는 사용 추정치를 총 9.7억 점 포인트로 재추정하고, 8.5억 점 포인트가 누적 사용되었으므로,

- 3.492억 원{[(총 상환 포인트 8.5억/교환될 총 예상 포인트 9.7억)×최초 배분액 8.676억 원]−첫 번째 보고기간에 인식한 4.11억 원}을 수익으로 인식하고,
- 계약부채 잔액은 1.0764억 원(최초 배분액 8.676억 원−이미 인식한 누적 수익 7.602억 원)이다.

3-6 의자 120개를 납품하던 중 계약을 변경하여 30개를 추가로 납품하기로 한 경우(1)

토론을 위한 회계이슈 |

의자 30개 추가 납품 계약으로 (주)하우스피아의 수익인식은 어떻게 달라지는가? [2단계 식별, 4단계 인식, 5단계 측정]

K-IFRS 제1115호 수익

20. 다음 두 조건을 모두 충족하는 경우에 계약변경은 별도 계약으로 회계처리한다.
    (1) 문단 26~30에 따라 구별되는 약속한 재화나 용역이 추가되어 계약의 범위가 확장된다.
    (2) 계약가격이 추가로 약속한 재화나 용역의 개별 판매가격에 특정 계약 상황을 반영하여 적절히 조정한 대가(금액)만큼 상승한다. 예를 들면 기업은 기존 고객이 받는 할인을 고려하여 추가 재화나 용역의 개별 판매가격을 조정할 수 있는데, 이는 새로운 고객에게 비슷한 재화나 용역을 판매할 때 들 판매관련원가를 들일 필요가 없기 때문이다.

의자 30개 추가 납품 계약을 이전계약의 연장으로 보아 이전계약과 동일한 계약으로 볼 것인지, 아니면 별개의 계약으로 볼 것인지는 수익의 인식에 영향을 미치게 된다. 따라서 교수자는 의자 30개를 추가하는 계약 변경이 별도 계약인지에 대해 학습자가 판단할 수 있도록 토론을 유도한다.

별도의 계약으로 보기 위해서는 다음의 두 가지 요건을 충족하는지 검토한다.

① 의자 30개 추가로 계약의 범위가 확장되었는가?
② 계약가격이 추가 의자 30개의 개별 판매가격을 반영하였는가?

토론 추가로 납품하기로 한 의자 30개는

① 계약의 범위를 확장(120개→150개)시켰으며,
② 추가분에 대한 대가 2,850,000원에는 추가되는 의자의 개별 판매가격이 반영되었다.

(주)하우스피아는 의자 30개 추가 납품계약을 사실상 별도의 새로운 계약으로 판단하여, 각각 수익인식 5단계법에 따라 수익을 인식한다. 즉, 회사는 원래 계약의 의자 120개에 5단계법을 적용하여 개당 100,000원씩 수익을 인식하고, 새로운 계약의 의자 30개에 별도의 5단계법을 적용하여 개당 95,000원씩 수익을 인식한다.

3-7 의자 120개를 납품하던 중 계약을 변경하여 30개를 추가로 납품하기로 한 경우(2)

토론을 위한 회계이슈

의자 30개 추가 납품 계약으로 (주)하우스피아의 수익인식은 어떻게 달라지는가?
[2단계 식별, 4단계 인식, 5단계 측정]

K-IFRS 제1115호 수익

20. 다음 두 조건을 모두 충족하는 경우에 계약변경은 별도 계약으로 회계처리한다.
    (1) 문단 26~30에 따라 구별되는 약속한 재화나 용역이 추가되어 계약의 범위가 확장된다.
    (2) 계약가격이 추가로 약속한 재화나 용역의 개별 판매가격에 특정 계약 상황을 반영하여 적절히 조정한 대가(금액)만큼 상승한다. 예를 들면 기업은 기존 고객이 받는 할인을 고려하여 추가 재화나 용역의 개별 판매가격을 조정할 수 있는데, 이는 새로운 고객에게 비슷한 재화나 용역을 판매할 때 들 판매관련원가를 들일 필요가 없기 때문이다.

21. 계약변경이 문단 20에 따라 별도 계약으로 회계처리하는 계약변경이 아니라면, 계약변경일에 아직 이전되지 않은 약속한 재화나 용역(나머지 약속한 재화나 용역)을 다음 중 해당하는 방법으로 회계처리한다.
    (1) 나머지 재화나 용역이 계약변경일이나 그 전에 이전한 재화나 용역과 구별된다면, 그 계약변경은 기존 계약을 종료하고 새로운 계약을 체결한 것처럼 회계처리한다. 나머지 수행의무(또는 문단 22(2)에 따라 식별한 단일 수행의무에서 구별되는 나머지 재화나 용역)에 배분하는 대가(금액)는 다음 항목의 합계로 한다.
        (가) 고객이 약속한 대가(고객에게서 이미 받은 대가 포함) 중 거래가격 추정치에는 포함되었으나 아직 수익으로 인식되지 않은 금액
        (나) 계약변경의 일부로 약속한 대가
    (2) 나머지 재화나 용역이 구별되지 않아서 계약변경일에 부분적으로 이행된 단일 수행의무의 일부를 구성한다면, 그 계약변경은 기존 계약의 일부인 것처럼 회계처리한다. 계약변경이 거래가격과 수행의무의 진행률에 미치는 영향은 계약변경일에 수익을 조정(수익의 증액이나 감액)하여 인식한다[수익을 누적효과 일괄조정기준(cumulative catch-up basis)으로 조정한다].
    (3) 나머지 재화나 용역이 (1)과 (2)의 경우로 결합되어 있다면, 변경된 계약에서 이행되지 아니한 수행의무(일부 미이행 포함)에 미치는 계약변경의 영향을 이 문단의 목적에 맞는 방법으로 회계처리한다.

의자 30개 추가 납품 계약을 이전계약의 연장으로 보아 이전계약과 동일한 계약으로 볼 것인지, 아니면 별개의 계약으로 볼 것인지는 수익의 인식에 영향을 미치게 된다. 따라서 교수자는 의자 30개를 추가하는 계약변경이 별도 계약인지에 대해 학습자가 판단할 수 있도록 토론을 유도한다.

토론 별도의 계약으로 보기 위해서는 다음의 두 가지 요건을 충족하는지 검토한다.

① 의자 30개 추가로 계약의 범위가 확장되었는가?
② 계약가격이 추가 의자 30개의 개별 판매가격을 반영하였는가?

추가로 납품하기로 한 의자 30개는

① 계약의 범위를 확장(120개→150개)시켰으나,
② 추가분에 대한 대가 1,500,000원(개당 50,000원)에는 개별 판매가격 2,400,000원(개당 80,000원)이 반영되지 않았다.

계약변경이 상기 관련 규정을 충족하지 못하므로, 교수자는 K-IFRS 제1115호 '고객과의 계약에서 생기는 수익' 문단 21에 따라 학습자가 다음을 토론하도록 유도한다.

① 나머지 재화나 용역이 계약변경일이나 그 전에 이전한 재화나 용역과 구별되는가?
② 나머지 재화나 용역이 구별되지 않아서 계약변경일에 부분적으로 이행된 단일 수행의무의 일부를 구성하는가?

토론 계약변경으로 인도할 나머지 제품(미인도 교수용 의자 60개와 추가 직원용 의자 30개)이 계약변경일 전의 재화(이미 인도한 교수용 의자 60

개)와 구별되므로, 문단 21의 (1)에 따라 그 계약변경은 기존 계약을 종료하고 새로운 계약을 체결한 것처럼 회계처리한다.

즉, 새로운 계약에 따라 개당 평균 83,333원{[(100,000원×원래 계약에서 아직 이전하지 않은 제품 60개)+(50,000원×계약변경에 따라 추가로 이전할 제품 30개)]÷제품 90개}을 수익으로 인식한다.

3-8 거래가격이 조건부인 경우

토론을 위한 회계이슈 |

거래가격 결정시 변동대가 각 요소에 대해 어떠한 추정방법을 적용할 수 있는가? [5단계 측정]

K-IFRS 제1115호 수익

53. 변동대가(금액)는 다음 중에서 기업이 받을 권리를 갖게 될 대가(금액)를 더 잘 예측할 것으로 예상하는 방법을 사용하여 추정한다.
   (1) 기댓값 - 기댓값은 가능한 대가의 범위에 있는 모든 금액에 각 확률을 곱한(probability-weighted) 금액의 합이다. 기업에 특성이 비슷한 계약이 많은 경우에 기댓값은 변동대가(금액)의 적절한 추정치일 수 있다.
   (2) 가능성이 가장 높은 금액 - 가능성이 가장 높은 금액은 가능한 대가의 범위에서 가능성이 가장 높은 단일 금액(계약에서 가능성이 가장 높은 단일 결과치)이다. 계약에서 가능한 결과치가 두 가지뿐일 경우(예 : 기업이 성과보너스를 획득하거나 획득하지 못하는 경우)에는 가능성이 가장 높은 금액이 변동대가의 적절한 추정치가 될 수 있다.

교수자는 (주)하우스피아가 변동대가의 각 요소에 대해 어떻게 추정해야 받을 대가를 더 잘 예측할 수 있는지 학습자에게 토론할 수 있도록 유도한다.

토론 변동대가(금액)는 다음 중에서 기업이 받을 권리를 갖게 될 대가(금액)를 더 잘 예측할 것으로 예상하는 방법을 사용하여 추정한다.

① 기댓값

② 가능성이 가장 높은 금액

받을 대가를 더 잘 예측할 수 있는 방법을 찾아야 하므로 변동요소별로 같은 방법을 사용할 필요는 없다. 예를 들어, (주)하우스피아가 받을 권리를 갖게 될 대가(금액)를 더 잘 예측하는 방법이라고 예상한다면,

① 매일의 위약금(−10,000,000원/일) 또는 인센티브(+5,000,000원)와 관련된 변동대가를 추정하기 위하여 기댓값 방법을 사용할 수 있고,

② 장려금 150,000,000원과 관련된 변동대가를 추정하기 위해 가능성이 가장 높은 금액을 사용할 수 있다. 이는 가능한 결과가 두 가지[150,000,000원이나 영(0)원]뿐이고 이 방법이 받을 권리를 갖게 될 대가를 더 잘 예측하는 방법이라고 예상하기 때문이다.

3-9 제품 구매자에게 반품권이 있는 경우

토론을 위한 회계이슈 |

(주)하우스피아는 거래가격을 어떻게 산정하는가? 예상하는 반품은 재무제표에 어떻게 표시되는가? [4단계 인식, 5단계 측정]

K-IFRS 제1115호 수익

IN7. …수익을 인식하기 위해서는 다음의 단계를 적용해야 한다.

1단계 **고객과의 계약을 식별**

2단계 **수행의무를 식별**

3단계 **거래가격을 산정.** 거래가격은 고객에게 약속한 재화나 용역을 이전하고 그 대가로 기업이 받을 권리를 갖게 될 것으로 예상하는 금액이다. 거래가격은 고객이 지급하는 고정된 금액일 수도 있으나 어떤 경우에는 변동대가를 포함하거나 현금 외의 형태로 지급될 수도 있다.… 대가가 변동된다면 고객에게 약속한 재화나 용역을 이전하고 그 대가로 받을 권리를 갖게 될 것으로 예상하는 금액을 추정한다. 변동대가는 변동대가와 관련된 불확실성이 나중에 해소될 때 인식된 누적 수익 금액 중 유의적인 부분을 되돌리지(환원하지) 않을 가능성이 매우 높은 정도까지만 거래가격에 포함한다.

4단계 **거래가격을 계약 내 수행의무에 배분**

5단계 **수행의무를 이행할 때 또는 기간에 걸쳐 이행하는 대로 수익을 인식**

(주)하우스피아는 고객에게 제품을 판매하면서 반품을 허용하고 있기 때문에, 반품허용기간인 30일 이내에는 거래가격이 변동될 수 있다. 교수자는 (주)하우스피아가 거래가격을 산정하기 위해 고려해야 할 사항들을 토론하도록 유도한다.

① 반품을 추정하는 방법은 무엇이 있는지?

② (주)하우스피아의 경험치에 의한 반품 추정이 적절한지?

토론 변동대가를 추정하기 위해 기댓값 방법을 사용하면 97개의 제품이 반환되지 않을 것으로 추정한다.

비록 반품 여부에 대하여는 회사가 영향력을 미치지 못하지만 이 제품과 고객층의 반품 추정에는 경험이 상당히 있다고 판단하므로 반품기간이 종료될 때 이미 인식한 누적 수익 금액(9,700,000원) 중 유의적인 부분을 되돌리지 않을 가능성이 매우 높다.

제품 100개에 대한 통제 이전 시점에 반품될 것으로 예상하는 제품 3개에 대한 수익은 인식하지 않는다. 따라서 기업은 수익과 환불부채를 다음과 같이 각각 인식한다.

- 수익 9,700,000원(100,000원×반품될 것으로 예상하지 않는 제품 97개)
- 환불부채 300,000원(100,000원×반품될 것으로 예상하는 제품 3개)

구체적인 회계처리를 살펴보면, 다음과 같다.

제품 100개 판매시

(차) 현 금	10,000,000	(대) 수 익	9,700,000
		환 불 부 채	300,000
(차) 매 출 원 가	5,820,000*	(대) 재 고 자 산	6,000,000
반 품 자 산	180,000**		

* 매출원가 5,820,000원(60,000원×반품될 것으로 예상하지 않는 제품 97개)
** 반품자산 180,000원(60,000원×반품될 것으로 예상하는 제품 3개)

4 웹사이트 외주 개발

토론을 위한 회계이슈 |

(1) 외주 제작한 웹사이트 관련 지출은 자산인가? 자산이라면 어떤 자산으로 분류해야 하는가? [2단계 식별, 3단계 분류]

재무보고를 위한 개념체계

4.4 재무상태의 측정에 직접 관련되는 요소는 자산, 부채 및 자본이다. 이러한 요소의 정의는 다음과 같다.

(1) 자산은 과거사건의 결과로 기업이 통제하고 있고 미래경제적효익이 기업에 유입될 것으로 기대되는 자원이다.

(주)하우스피아는 외주 제작한 웹사이트 관련 지출이 자산에 해당하는지 검토하여야 한다. 재무보고를 위한 개념체계에 따르면 자산은 과거사건의 결과로 기업이 통제하고 있고 미래경제적효익이 기업에 유입될 것으로 기대되는 자원이다.

교수자는 웹사이트에 관련된 지출이 재무보고를 위한 개념체계 문단 4.4(1) 자산의 정의를 충족하는지 다음 세 가지 관점에서 토론을 유도한다.

① 과거사건의 결과인가?
② 통제하는가?
③ 미래경제적효익이 유입될 것인가?

토론 외주 제작한 웹사이트의 경우,

① 과거사건의 결과(외주업체를 통한 자체 개발)로 외주 제작 웹사이트를 취득하게 되었다.
② 웹사이트는 회사에 맞춤형으로 제작되고 독점적으로 사용되므로 회사는 웹사이트로부터 기대되는 경제적효익을 통제할 수 있다. 따라서 회사는 해당 자산을 통제한다.
③ 인터넷 쇼핑몰과 홈페이지를 통해 제품의 판매촉진 및 광고, 제품의 판매 등이 이루어지고, 내부 인트라넷에 회사의 정책과 고객의 세부정보를 저장하고 관련 정보의 검색을 위해 사용되므로 웹사이트를 통해 미래경제적효익이 회사로 유입될 것이다.

따라서 (주)하우스피아가 지출한 웹사이트 관련 지출은 자산의 정의를 충족한다.

웹사이트 관련 지출이 자산의 정의를 충족한다면, 어떠한 자산으로 분류하는지 결정할 필요가 있으므로 교수자는 이에 대한 토론을 유도한다.

토론 재무보고를 위한 개념체계에서 설명하고 있는 자산, 부채, 자본 등의 재무제표 요소는 재무제표의 대분류에 따른 것이다. 재무제표는 대분류 외에도 중분류와 소분류를 포함한다. 분류는 해당 항목에 적용해야 할 기준서를 결정하기 때문에 매우 중요하다.

웹사이트 관련 원가가 어떠한 자산으로 분류되는지에 따라 적용해야 할 기준서가 달라진다. 웹사이트는 물리적 형태가 없는 비화폐성자산이다. K-IFRS 제1038호 '무형자산' 문단 8에서는 물리적 실체는 없지만 식별할 수 있는 비화폐성자산을 무형자산으로 정의하고 있다. 웹사이트 개설에 대한 지출은 이 모든 조건을 충족하므로 무형자산의 정의를 충족한다.

따라서 웹사이트 개설 관련 지출은 무형자산으로 분류한다.

토론을 위한 회계이슈

(2) 웹사이트 개발업무에 참여한 전담직원에 대한 개발기간 1년 동안의 인건비 지출액은 자산인가? 비용인가? [2단계 식별]

K-IFRS 제1038호 무형자산

27. 개별 취득하는 무형자산의 원가는 다음 항목으로 구성된다.
    (1) 구입가격(매입할인과 리베이트를 차감하고 수입관세와 환급받을 수 없는 제세금을 포함한다)
    (2) 자산을 의도한 목적에 사용할 수 있도록 준비하는 데 직접 관련되는 원가

28. 직접 관련되는 원가의 예는 다음과 같다.

(1) 그 자산을 사용가능한 상태로 만드는 데 직접적으로 발생하는 종업원급여
(2) 그 자산을 사용가능한 상태로 만드는 데 직접적으로 발생하는 전문가 수수료
(3) 그 자산이 적절하게 기능을 발휘하는지 검사하는 데 발생하는 원가

무형자산의 취득원가는 무형자산의 구입가격에 자산을 의도한 목적에 사용할 수 있도록 준비하는 데 직접 관련되는 원가를 포함한다. 교수자는 무형자산의 취득원가에 포함될 수 있는 원가와 포함되지 않아야 하는 원가가 무엇인지에 대해 토론을 유도한다.

K-IFRS 제1038호 '무형자산'에 의하면 개별 취득하는 무형자산의 원가는 (1) 구입가격(매입할인과 리베이트를 차감하고 수입관세와 환급받을 수 없는 제세금을 포함한다)과 (2) 자산을 의도한 목적에 사용할 수 있도록 준비하는 데 직접 관련되는 원가를 포함한다.

여기서 직접 관련되는 원가의 예는 다음과 같다.

(1) 그 자산을 사용가능한 상태로 만드는 데 직접적으로 발생하는 종업원급여
(2) 그 자산을 사용가능한 상태로 만드는 데 직접적으로 발생하는 전문가 수수료
(3) 그 자산이 적절하게 기능을 발휘하는지 검사하는 데 발생하는 원가

토론 사례에서 웹사이트 개발업무에 참여한 전담직원에 대한 개발기간 1년 동안의 인건비 지출액은 그 자산을 사용가능한 상태로 만드는 데 직접적으로 발생하는 종업원급여에 해당한다.

따라서 웹사이트 외주 제작기간 동안 외주 제작업체와 함께 웹사이트 개발에 참여하는 전담 내부직원의 인건비는 무형자산의 취득원가에 가산한다. 그러나 웹사이트 개발이 완료된 이후의 인건비

지출은 일반적으로 기존 무형자산이 갖는 기대 미래경제적효익을 유지하는 것이 대부분이며, 사업 전체가 아닌 특정 무형자산에 직접 귀속시키기 어려운 경우가 많다. 그러므로 후속지출인 이러한 인건비 지출이 해당 자산의 장부금액으로 인식되는 경우는 매우 드물다.

토론을 위한 회계이슈 |

(3) 웹사이트 원가의 상각은 어떻게 하는가? [5단계 측정]

K-IFRS 제1038호 무형자산

89. …내용연수가 유한한 무형자산은 상각하고, 내용연수가 비한정인 무형자산은 상각하지 아니한다.…

97. 내용연수가 유한한 무형자산의 상각대상금액은 내용연수 동안 체계적인 방법으로 배분하여야 한다. 상각은 자산을 사용할 수 있을 때부터 시작한다. 즉 자산이 경영자가 의도하는 방식으로 운영할 수 있는 장소와 상태에 이르렀을 때부터 시작한다. 상각은 기업회계기준서 제1105호에 따라 자산이 매각예정으로 분류되는 날과 자산이 재무상태표에서 제거되는 날 중 이른 날에 중지한다. 무형자산의 상각방법은 자산의 경제적효익이 소비될 것으로 예상되는 형태를 반영한 방법이어야 한다. 다만, 그 형태를 신뢰성 있게 결정할 수 없는 경우에는 정액법을 사용한다. 각 회계기간의 상각액은 이 기준서나 다른 한국채택국제회계기준서에서 다른 자산의 장부금액에 포함하도록 허용하거나 요구하는 경우를 제외하고는 당기손익으로 인식한다.

상기 (1)에서 웹사이트 개설 관련 지출은 무형자산으로 분류하였다. 교수자는 무형자산의 상각시기, 상각방법 등에 대해 토론을 유도한다.

토론 내용연수가 유한한 무형자산은 상각대상금액을 내용연수 동안 체계적인 방법으로 배분하여 상각한다. 상각은 자산을 사용할 수 있는 때부터 시작한다. 즉, 자산이 경영자가 의도하는 방식으로 운영할 수 있는 장소와 상태에 이르렀을 때부터 시작한다.

무형자산의 상각방법은 자산의 경제적효익이 소비될 것으로 예상되는 형태를 반영한 방법이어야 한다. 다만, 그 형태를 신뢰성 있게 결정할 수 없는 경우에는 정액법을 사용한다.

사례에서 (주)하우스피아의 웹사이트는 활성시장이 존재하지 않고, 과거 경험상 기술변화가 빠르며 기술적 진부화의 영향을 받기 쉬워서 3년마다 주기적으로 개편할 계획이다.

따라서 무형자산으로 인식한 웹사이트의 취득원가는 최선의 내용연수 추정치인 3년에 걸쳐 상각하는 것이 합리적일 것이다. 다만, 상각방법은 웹사이트가 갖는 예상 미래경제적효익의 예상되는 소비형태에 기초하여 선택해야 하며, 그 형태를 신뢰성 있게 결정할 수 없는 경우에는 정액법을 사용할 수 있다. 그리고 웹사이트 상각비는 판매원가에 해당되어 비용으로 인식한다.

5 토지, 건물, 설비의 취득과 자산의 교환

5-1 본사건물

토론을 위한 회계이슈 |

(1) 본사 사옥은 자산의 정의를 충족하고, 자산으로 인식될 수 있다. 그렇다면 언제 (주)하우스피아의 자산으로 인식되어야 하는가? 그리고 최초인식시점에 어떻게 측정되어야 하는가? [4단계 인식, 5단계 측정]

K-IFRS 제1016호 유형자산

15. 유형자산의 원가는 공정가치(현금가치의 상당액)로 측정한다.

16. 유형자산의 원가는 다음과 같이 구성된다.
   (1) 관세 및 환급 불가능한 취득 관련 세금을 가산하고 매입할인과 리베이트 등을 차감한 구입가격
   (2) 경영진이 의도하는 방식으로 자산을 가동하는 데 필요한 장소와 상태에 이르게 하는 데 직접 관련되는 원가
   (3) 자산을 해체, 제거하거나 부지를 복구하는 데 소요될 것으로 최초에 추정되는 원가. 회사가 자산을 해체, 제거하거나 부지를 복구할 의무는 해당 유형자산을 취득한 시점에 또는 해당 유형자산을 특정기간 동안 재고자산 생산 이외의 목적으로 사용한 결과로서 발생한다.

20. 유형자산이 경영진이 의도하는 방식으로 가동될 수 있는 장소와 상태에 이른 후에는 원가를 더 이상 인식하지 않는다. 따라서 유형자산을 사용하거나 이전하는 과정에서 발생하는 원가는 당해 유형자산의 장부금액이 포함하여 인식하지 아니한다. 예를 들어 다음과 같은 원가는 유형자산의 장부금액에 포함하지 아니한다.
   (1) 유형자산이 경영진이 의도하는 방식으로 가동될 수 있으나 아직 실제로 사용되지 않고 있는 경우 또는 가동수준이 완전조업도 수준에 미치지 못하는 경우에 발생하는 원가
   (2) 유형자산과 관련된 산출물에 대한 수요가 형성되는 과정에서 발생하는 가동손실과 같은 초기 가동손실
   (3) 기업의 영업 전부 또는 일부를 재배치하거나 재편성하는 과정에서 발생하는 원가

본사건물의 자산 인식 시기 [4단계 인식]

앞에서 살펴본 바와 같이 본사 사옥은 자산의 정의를 충족하고, 자산의 인식요건도 충족한다. 사옥의 인식 시기를 판단하기 위해서는 유형자산의 원가를 더는 인식하지 않는 상황을 확인할 필요가 있다.

K-IFRS 제1016호 '유형자산' 문단 20에 따르면 경영진이 의도하는 방식으로 가동될 수 있는 장소와 상태에 이른 후에는 유형자산의 원가를 더는 인식하지 않는다. 따라서 유형자산을 사용하거나 이전하는 과정에서 발생하는 원가는 해당 유형자산의 장부금액에 포함하여 인식하지 아니한다.

교수자는 '경영진이 의도하는 방식으로 가동될 수 있는 장소와 상태'까지를 유형자산의 최초인식시점으로 보는 것으로 해석할 수 있는지에 대하여 학습자들의 토론을 유도한다.

토론 사례에서 사옥의 실제 사용일은 2X03년 4월 2일부터이고, 사옥 구입대금의 잔금청산일은 2X03년 4월 10일, 소유권이전 등기일은 2X03년 4월 11일이다. 사례에서 제시하는 세 날은 모두 상기 유형자산의 인식기준을 충족한다.

그렇다면 유형자산의 인식기준을 모두 충족하는 세 날 중에서 가장 빠른 날을 유형자산의 인식시점으로 보는 것이 타당할 것이다. 여기서 실제 사용일이 '경영진이 의도하는 방식으로 가동될 수 있는 장소와 상태'에 이르렀다는 것의 실질적인 증거가 될 수 있기 때문이다.

따라서 가장 빠른 날인 실제 사용일 2X03년 4월 2일에 본사 사옥의 건물과 토지를 유형자산으로 인식하여야 한다.

어떻게 측정되어야 하는가? [5단계 측정]

다음은 실제 사용일인 2X03년 4월 2일에 건물과 토지를 유형자산으로 인식하는 경우 유형자산이 어떻게 측정되어야 하는가에 대한 질문이다. 교수자는 유형자산의 최초인식시 측정방법에 대하여 토론을 유도한다.

유형자산은 인식시점에 원가로 측정한다. 유형자산의 원가는 K-IFRS 제1016호 '유형자산' 문단 16에서 규정한 대로 구입가격(취득 관련 세금 가산, 매입할인과 리베이트 등 차감), 경영진이 의도하는 방식으로 자산을 가동하는 데 필요한 장소와 상태에 이르게 하는 데 직접 관련되는 원가, 복구 관련 원가로 구성된다.

토론 사례에서 본사 사옥 구입을 위한 현금가격상당액 97억 원, 부담하기 로 한 미지급재산세 2억 원, 경영진이 의도하는 방식으로 자산을 가동하는 데 필요한 장소와 상태에 이르게 하는 데 직접 관련되는 원가 1억 원의 금액을 신뢰성 있게 측정할 수 있으므로 이들 금액이 유형자산의 원가를 구성할 것이다.

따라서 재무상태표에 유형자산을 최초인식하는 시점의 측정금액은 100억 원(97억 원+2억 원+1억 원)이 된다.

토론을 위한 회계이슈 |

(2) 본사 사옥의 회계단위는 어떻게 구분할 수 있는가? 최초인식시점에서 각 회계단위별로 어떻게 금액이 배분되어야 하는가? [3단계 분류, 5단계 측정]

교수자는 토지와 건물로 구성된 본사 사옥의 회계단위를 어떻게 구분하고 각 회계단위별로 어떻게 측정하는지에 대해 토론을 유도한다. 회계단위의 정의, 구분 방법 및 감가상각단위와의 차이 등에 대해 학습자의 토론을 유도한다.

토론 회계단위는 항목의 인식에 대한 측정의 단위를 의미하며, 유형자산 항목의 감가상각단위를 의미하지는 않는다. 본사 사옥의 회계단위는 토지와 건물로 구분할 수 있다. 토지와 건물을 동시에 취득하는 경우에도 이들은 분리가능한 자산이므로 별개의 자산으로 회계처리한다. 토지는 내용연수가 무한하므로 감가상각하지 아니한다. 그러나 건물은 내용연수가 유한하므로 감가상각대상자산이다.

따라서 본사 사옥의 회계단위는 건물과 토지로 구분할 수 있다. 그리고 건물과 토지의 총 취득원가 100억 원은 건물과 토지의 상대적 공정가치에 비례해서 배분할 수 있다. 건물과 토지의 감정가격이 각각 33억 원(33/(33+77)=30%), 77억 원(77/(33+77)=70%)이므로 최초인식시점에서 건물은 30억 원(100억 원×30%), 토지는 70억 원(100억 원×70%)으로 인식한다.

토론을 위한 회계이슈 |

(3) 건물의 감가상각단위는 어떻게 구별될 수 있는가? 내용연수와 잔존가치는 얼마로 추정하는가? 어떤 감가상각방법을 사용하여야 하는가? [5단계 측정]

K-IFRS 제1016호 유형자산

43. 유형자산을 구성하는 일부의 원가가 당해 유형자산의 전체원가와 비교하여 유의적이라면, 해당 유형자산을 감가상각할 때 그 부분은 별도로 구분하여 감가상각한다.

44. 유형자산의 원가는 그 유형자산을 구성하고 있는 유의적인 부분에 배분하여 각 부분별로 감가상각한다. 예를 들면, 항공기를 소유하고 있는지 금융리스하고 있는지에 관계없이, 항공기 동체와 엔진을 별도로 구분하여 감가상각하는 것이 적절할 수 있다. 또 기업이 리스제공자로서 운용리스 대상 유형자산을 취득하는 경우, 시장조건과 비교하여 상대적으로 유리하거나 불리한 조건에서 기인하는 금액이 그 항목의 원가에 반영되어 있다면 이를 별도로 감가상각하는 것이 적절할 것이다.

45. 유형자산을 구성하고 있는 유의적인 부분에 해당 유형자산의 다른 유의적인 부분과 동일한 내용연수 및 감가상각방법을 적용하는 수가 있다. 이러한 경우에는 감가상각액을 결정할 때 하나의 집단으로 통합할 수 있다.

46. 유형자산의 일부를 별도로 구분하여 감가상각하는 경우에는 동일한 유형자산을 구성하

고 있는 나머지 부분도 별도로 구분하여 감가상각한다. 나머지 부분은 개별적으로 유의적이지 않은 부분들로 구성된다. 이러한 나머지 부분에 대해 다양한 기대치가 존재한다면 각 부분들의 소비형태나 내용연수를 충실하게 반영하는 방법으로 근사치를 이용하여 감가상각할 필요가 있을 것이다.

교수자는 하나의 회계단위인 건물의 감가상각단위를 어떻게 구분할 수 있는지, 그리고 건물을 구성하고 있는 각각의 감가상각단위들의 내용연수와 잔존가치 추정, 적용해야 하는 감가상각방법 등에 대해 토론을 유도한다.

K-IFRS 제1016호 '유형자산' 문단 43에서는 유형자산 항목의 각 부분의 원가가 유형자산의 전체 원가에 비교해서 유의적이라면, 해당 유형자산을 감가상각할 때 그 부분을 별도로 구분하여 감가상각한다고 규정하고 있다. 이와 같이 감가상각할 때 별도로 구분하여 감가상각하는 부분을 감가상각단위라 한다.

유형자산의 일부를 별도의 감가상각단위로 구분할 때 다음 사항을 고려하여야 한다.

- 유형자산이 기능별 또는 사용목적별로 세분화되는지 여부
- 내용연수가 명확하게 구분되는지 여부
- 물리적으로 분리가 가능한지 여부
- 금액적으로 중요한지 여부

건물은 하나의 회계단위에는 해당하지만 그 건물을 구성하는 건물과 건물에 매립되어 설치된 엘리베이터와 공조 및 냉난방설비는 사용목적별로 세분화할 수 있고, 물리적으로 분리할 수도 있으며, 내용연수가 각각 다르므로 별도의 감가상각단위로 하여 감가상각하여야 한다. 이 경우 건물, 엘리베이터, 공조 및 냉난방설비는 각각 감가상각단위가 된다.

토론 사례에서 본사 사옥의 회계단위는 건물(30억 원)과 토지(70억 원)로 구분할 수 있다. 건물(30억 원)은 하나의 회계단위로 건물을 구성하는 건물(24억 원)과 그 건물에 매립되어 설치된 엘리베이터(3억 원)와 공조 및 냉난방 설비(3억 원)로 구성된다.

이들은 기능별 또는 사용목적별로 세분화되고, 내용연수가 명확하게 구분되며, 물리적으로 분리가 가능하고, 각각을 금액적으로 중요하다고 판단할 수 있다. 따라서 각각을 별도의 감가상각단위로 하여 건물은 50년에 걸쳐, 엘리베이터와 공조 및 냉난방 설비는 10년에 걸쳐 감가상각을 해야 한다.

잔존가치 추정과 관련하여, 사옥의 취득시점에 경영진은 해당 건물과 유사한, 50년이 경과한 건물이 현재 거래되는 금액에서 추정 처분부대원가를 차감하여 4억 원 정도 될 것으로 예상하였으므로 잔존가치는 4억 원으로 추정하는 것이 타당할 것이다.

요약하면, 건물에 내재된 미래경제적효익의 예상되는 소비형태가 매년 일정할 것으로 예상한다면 하나의 감가상각단위인 건물의 취득원가(24억 원)에서 잔존가치(4억 원)를 차감한 상각대상금액(20억 원)을 50년의 기간에 걸쳐 정액법으로 감가상각비를 계상한다. 엘리베이터와 공조 및 냉난방 설비에 내재된 미래경제적효익의 예상되는 소비형태도 매년 일정할 것으로 예상한다면 각각의 취득원가(3억 원)에서 잔존가치(0)를 차감한 감가상각대상금액(3억 원)을 10년의 기간에 걸쳐 정액법으로 감가상각한다. 한편, 토지의 미래경제적효익은 사용에 따라 소비되는 것이 아니므로 감가상각을 하지 않는다.

토론을 위한 회계이슈 |

(4) 건물 중 일부 임대하는 부분은 어떻게 분류하여야 하는가? 유형자산과 투자부동산의 후속측정은 어떻게 하여야 하는가? [3단계 분류, 5단계 측정]

K-IFRS 제1016호 유형자산

6. 유형자산 : 재화나 용역의 생산이나 제공 등에 사용할 목적으로 보유하는 물리적 형태가 있는 자산으로 한 회계기간을 초과하여 사용할 것으로 예상되는 자산

29. 기업은 문단 30의 원가모형이나 문단 31의 재평가모형 중 하나를 회계정책으로 선택하여 유형자산 분류별로 동일하게 적용한다.

K-IFRS 제1040호 투자부동산

5. 투자부동산 : 임대수익이나 시세차익 또는 두 가지 모두를 얻기 위하여 소유자나 금융리스의 이용자가 보유하고 있는 부동산(토지, 건물 또는 두 가지 모두)

7. 투자부동산은 임대수익이나 시세차익을 얻기 위하여 보유하는 부동산이다. 투자부동산은 기업이 보유하고 있는 다른 자산과 거의 독립적으로 현금흐름을 창출한다.

30. 문단 33~55에 의한 공정가치모형과 문단 56에 의한 원가모형 중 하나를 선택하여 모든 투자부동산에 적용한다.

교수자는 유형자산과 투자부동산의 정의에 대해 학습자가 토론하도록 유도한다. 그러므로 교수자는 유형자산 중 일부를 임대하는 경우, 임대부분을 어떻게 분류해야 하는지에 대해 학습자의 토론을 유도한다.

유형자산의 정의는 '재화나 용역의 생산이나 제공 등에 사용할 목적으로 보유하는 물리적 형태가 있는 자산으로 한 회계기간을 초과하여 사용할 것으로 예상되는 자산'이며, 투자부동산의 정의는 '임대수익이나 시세차익 또는 두 가지 모두를 얻기 위하여 소유자나 금융리스의 이용자가

보유하고 있는 부동산(토지, 건물 또는 두 가지 모두)'이다.

따라서 유형자산과 투자부동산에 대해 정보이용자가 요구하는 정보가 다를 것이다. 정보이용자는 유형자산에 대하여 취득원가, 감가상각, 손상 정보 등을 요구할 것이며, 투자부동산의 경우에는 부동산의 공정가치, 임대료 수익 정보 등도 요구할 것이다.

정보이용자가 요구하는 정보를 제공할 수 있도록 K-IFRS 제1016호 '유형자산'과 K-IFRS 제1040호 '투자부동산'에서 인식, 측정, 표시와 공시 회계처리를 각각 다르게 규정하고 있다.

후속측정의 경우 유형자산은 재평가모형과 원가모형 중 하나를 선택해야 하고, 투자부동산은 공정가치모형과 원가모형 중 하나를 선택하여야 한다.

투자부동산의 경우 공정가치가 재무제표이용자들에게 상각후원가와 같은 그 밖의 측정치들보다 유용한 정보를 제공한다고 생각한다면 공정가치모형을 선택한다. 임대수익과 공정가치의 변동은 투자부동산에 대한 재무성과의 주요 구성요소로서 밀접하게 연계되어 있으며, 그 재무성과를 의미 있게 보고하기 위해서는 공정가치 측정이 필요할 수 있다.

또 투자부동산이 회사가 보유하고 있는 다른 자산과 거의 독립적으로 현금흐름을 창출한다는 점에서 공정가치모형이 유용한 재무정보를 제공할 수 있다. 유형자산의 경우에도 재평가모형에 의한 장부금액이 미래 현금흐름 예측을 보다 더 잘할 수 있게 해 주는 목적적합한 정보가 될 수 있다.

반면, 유형자산과 투자부동산의 경우에는 활성시장이 없는 경우가 많다. 유형자산과 투자부동산 거래는 빈번하지도 않으며 동질적인 것도 아니다. 개별 유형자산과 투자부동산은 유일무이한 것이며, 각각의 매각은 유의적인 협상의 대상이 될 수 있다.

결과적으로 공정가치 측정은, 특히 평가전문직이 잘 발달되지 않은 나라에서는, 공정가치가 신뢰할 만한 근거에 따라 결정되는 것이 아니므로 비교 가능성을 떨어뜨릴 수도 있을 것이다. 오히려 상각후원가 측정이 더 일관성이 있으며, 변동성이 적고, 덜 주관적인 측정치를 제공한다는 점에서 원가모형을 선택할 수도 있다.

토론 사례에서 본사건물 중 지하 3층에서 지상 5층까지는 본사 사옥으로 영업활동에 사용되므로 '재화나 용역의 생산이나 제공 등에 사용할 목적으로 보유하는 물리적 형태가 있는 자산으로 한 회계기간을 초과하여 사용할 것으로 예상되는 자산'이라는 유형자산의 정의에 충족한다. 따라서 유형자산으로 분류한다.

그러나 나머지 6층과 7층은 당초 유형자산으로 사용되다가 임대용으로 사용목적이 변경된 것이므로 '임대수익이나 시세차익 또는 두 가지 모두를 얻기 위하여 소유자나 금융리스의 이용자가 보유하고 있는 부동산(토지, 건물 또는 두 가지 모두)'이라는 투자부동산의 정의에 부합하므로 임대시점에서 유형자산의 일부를 투자부동산으로 대체하여야 한다.

유형자산에서 투자부동산으로 재분류하는 금액은 건물 전체 면적 중 임대용으로 사용되는 면적으로 안분하여 측정할 수도 있고, 1층과 6, 7층의 가치가 다르기 때문에 층별 가치를 추정하여 6층과 7층의 가치를 투자부동산 금액으로 측정할 수도 있을 것이다.

한편, 임대보증금 2억 원은 임대기간 2년 종료시점에 임차인에 반환하여야 하는 계약이므로 부채로 인식한다. 월 임대료 2천만 원은 기간의 경과에 따라 임대료수익으로 인식한다.

5-2 공장건물

토론을 위한 회계이슈 |

(1) 차입원가 1억 원은 어떻게 회계처리해야 하는가? 그리고 취득시 보조받은 정부보조금은 어떻게 회계처리해야 하는가? 정부보조금은 재무제표에 어떻게 표시되어야 하는가? [2단계 식별, 3단계 분류, 7단계 표시와 공시]

재무보고를 위한 개념체계

4.4 재무상태의 측정에 직접 관련되는 요소는 자산, 부채 및 자본이다. 이러한 요소의 정의는 다음과 같다.

(1) 자산은 과거사건의 결과로 기업이 통제하고 있고 미래경제적효익이 기업에 유입될 것으로 기대되는 자원이다.

(2) 부채는 과거사건으로 생긴 현재의무로서, 기업이 가진 경제적효익이 있는 자원의 유출을 통해 그 이행이 예상되는 의무이다.

4.25 (2) 비용은 자산의 유출이나 소멸 또는 부채의 증가에 따라 자본의 감소를 초래하는 특정 회계기간 동안에 발생한 경제적효익의 감소로서, 지분참여자에 대한 분배와 관련된 것은 제외한다.

K-IFRS 제1016호 유형자산

15. 유형자산의 원가는 공정가치(현금가치의 상당액)로 측정한다.

16. 유형자산의 원가는 다음과 같이 구성된다.

(1) 관세 및 환급 불가능한 취득 관련 세금을 가산하고 매입할인과 리베이트 등을 차감한 구입가격

(2) 경영진이 의도하는 방식으로 자산을 가동하는 데 필요한 장소와 상태에 이르게 하는 데 직접 관련되는 원가

(3) 자산을 해체, 제거하거나 부지를 복구하는 데 소요될 것으로 최초에 추정되는 원가. 회사가 자산을 해체, 제거하거나 부지를 복구할 의무는 해당 유형자산을 취득한 시

점에 또는 해당 유형자산을 특정기간 동안 재고자산 생산 이외의 목적으로 사용한 결과로서 발생한다.

K-IFRS 제1020호 정부보조금의 회계처리와 정부지원의 공시

24. 자산관련정부보조금(공정가치로 측정되는 비화폐성 보조금 포함)은 재무상태표에 이연수익으로 표시하거나 자산의 장부금액을 결정할 때 차감하여 표시한다.

25. 자산관련보조금(또는 보조금의 적절한 부분)을 재무제표에 표시하는 두 가지 방법이 모두 인정된다.

K-IFRS 제1023호 차입원가

1. 적격자산의 취득, 건설 또는 생산과 직접 관련되는 차입원가는 당해 자산 원가의 일부를 구성한다. 기타 차입원가는 비용으로 인식한다.

5. 적격자산 : 의도된 용도로 사용하거나 판매가능한 상태에 이르게 하는 데 상당한 기간을 필요로 하는 자산

차입원가 1억 원은 자산인가? 비용인가? [2단계 식별]

공장건물 취득과 관련하여 자금을 차입한 결과, 차입금에서 차입원가가 1억 원 발생하였다. 교수자는 이 차입원가가 자산인지 비용인지에 대해 학습자의 토론을 유도한다.

재무보고를 위한 개념체계에 따르면 비용은 자산의 유출이나 소멸 또는 부채의 증가에 따라 자본의 감소를 초래하는 특정 회계기간 동안에 발생한 경제적효익의 감소로서, 지분참여자에 대한 분배와 관련된 것은 제외한다.

한편, 자산은 과거사건의 결과로 기업이 통제하고 있고 미래경제적효

익이 유입될 것으로 기대되는 자원이다. 자산이 갖는 미래경제적효익이란 직접으로 또는 간접으로 특정 기업의 미래 현금 및 현금성자산의 유입에 기여하게 될 잠재력을 말한다.

유형자산의 원가에는 구입가격뿐만 아니라, 경영진이 의도하는 방식으로 자산을 가동하는 데 필요한 장소와 상태에 이르게 하는 데 직접 관련되는 원가를 포함한다. K-IFRS 제1023호 '차입원가'에서는 적격자산의 취득, 건설 또는 제조와 직접 관련된 차입원가는 당해 자산 원가의 일부로 자본화하도록 규정하고 있다. 여기서 적격자산이란 의도된 용도로 사용하거나 판매가능한 상태에 이르게 하는 데 상당한 기간을 필요로 하는 자산을 말한다.

토론 차입원가 1억 원은 경영진이 의도하는 방식으로 자산을 가동하는 데 필요한 장소와 상태에 이르게 하는 데 직접 관련되는 원가로서 적격자산의 취득, 건설 또는 제조와 직접 관련된 차입원가에 해당한다. 따라서 유형자산의 취득원가에 포함하므로 자산에 해당한다.

사례에서는 공장 설립의 대가로 99억 원을 지출하고, 공장건물 취득과 직접 관련된 차입원가 1억 원이 발생하였으므로 회사는 공장건물 100억 원을 유형자산으로 인식하여야 한다.

즉, 공장건물을 의도된 용도로 사용하는 데 상당한 기간을 필요로 하며, 공장건물 취득과 관련하여 자금을 차입한 결과 차입금에서 차입원가가 1억 원 발생한바, 이는 적격자산 취득과 관련하여 발생한 차입원가에 해당하므로 유형자산의 취득원가로 기록하여야 한다.

정부보조금을 재무제표에 어떻게 표시하여야 하는가? [2단계 식별, 7단계 표시와 공시]

교수자는 정부로부터 받은 보조금이 부채로 식별될 수 있는지, 그리고 재무제표에 어떻게 표시되어야 하는지에 대해 토론을 유도한다.

부채란 과거사건에 의하여 발생하였으며 경제적효익을 갖는 자원이 기업으로부터 유출됨으로써 이행될 것으로 기대되는 현재의무이다.

토론 사례의 자산취득과 관련된 정부보조금 10억 원은 보조금 지급의 조건이 되는 자산 취득을 하였고, 수령의 대가로 수행할 의무나 조건이 없기 때문(현재의무가 없기 때문)에 부채의 정의를 충족하지 못한다.

따라서 정부보조금은 부채로 식별되지 못한다.

토론 정부보조금을 재무상태표에 표시하는 방법은 이연수익으로 표시하거나 자산의 취득원가에서 차감하여 표시하는 방법 두 가지가 있으며, 어느 방법을 선택하든 (주)하우스피아의 순자산 및 당기손익에 미치는 영향은 동일하다. 사례에서는 자산의 취득원가에서 차감하는 표시방법을 제시한다.

따라서 매입대금 중 10억 원은 자산취득과 관련된 정부보조금으로 유형자산의 취득원가에서 차감하여 표시하여야 하며, 최초인식시점에서의 공장건물은 재무상태표에 다음과 같이 표시된다.

취득시점 부분 재무상태표

공장건물	100억 원	
정부보조금	(10억 원)	
	90억 원	

토론을 위한 회계이슈 |

(2) 정부보조금이 있는 경우 후속측정은 어떻게 하는가? [5단계 측정]

K-IFRS 제1020호 정부보조금의 회계처리와 정부지원의 공시

26. 한 가지 방법은 보조금을 이연수익으로 인식하여 자산의 내용연수에 걸쳐 체계적인 기준으로 당기손익에 인식하는 방법이다.

27. 다른 방법은 자산의 장부금액을 계산할 때 보조금을 차감하는 방법이다. 보조금은 감가상각자산의 내용연수에 걸쳐 감가상각비를 감소시키는 방식으로 당기손익으로 인식한다.

교수자는 자산취득과 관련된 정부보조금을 취득원가에서 차감하는 표시방법을 이용할 경우 후속적으로 어떻게 측정하여야 하는지에 대해 토론을 유도한다.

토론 사례에서 경영진은 공장건물의 예상생산능력을 50년으로 기대하고 있으므로 공장건물의 내용연수는 50년이 될 수 있다. 공장건물의 내용연수 종료시점에 처분을 통해 회수할 것으로 예상되는 금액은 2.2억 원 정도이고, 처분과 관련하여 발생할 것으로 예상되는 비용은 0.2억 원이므로 잔존가치는 2억 원으로 추정된다.

여기서 잔존가치 추정과 관련하여 처분을 통해 회수할 것으로 예상되는 금액 2.2억 원은 50년 후에 예상되는 판매금액이 아니라, 현재시점에서 50년이 지난 유사한 자산이 거래되는 금액을 근거로 추정한 것이므로 객관적인 잔존가치로 인정이 될 수 있다.

경영진은 공장건물의 경제적효익이 소멸되는 형태가 내용연수 동안 매년 일정할 것이라고 예상하므로 매년 일정한 금액의 감가상각비를 계상하는 정액법을 적용한다. 한편, 정부보조금은 매년 계상하는 감가상각비에 비례하여 감액한다.

매년 감가상각비를 계산해 보면, (100억 원－10억 원－2억 원)/50년 ＝1.76억 원(1.96억 원－0.20억 원)을 비용으로 인식해야 된다.

(차변)	감가상각비	1.96억 원	(대변)	감가상각누계액	1.96억 원
	정부보조금	0.20억 원		감가상각비	0.20억 원

취득 1년 후 부분 재무상태표

공장건물	100억 원	
감가상각누계액	(1.96억 원)	
정부보조금	(9.80억 원)	
	88.24억 원	

한편, 교수자는 자산취득과 관련된 정부보조금을 이연수익으로 인식할 경우 후속적으로 어떻게 측정하여야 하는지에 대해 토론을 유도하여 두 방법간의 차이에 대해 교육할 수도 있다.

토론을 위한 회계이슈 |

(3) 50년 동안 무상으로 사용가능한 공장용 토지는 자산인가? 얼마로 측정되어야 하는가? [2단계 식별, 4단계 인식, 5단계 측정]

K-IFRS 제1038호 무형자산

8. 무형자산 : 물리적 실체는 없지만 식별할 수 있는 비화폐성자산

11. 무형자산의 정의에서는 영업권과 구별하기 위하여 무형자산이 식별가능할 것을 요구한다. 사업결합으로 인식하는 영업권은 사업결합에서 획득하였지만 개별적으로 식별하여 별도로 인식하는 것이 불가능한 그 밖의 자산에서 발생하는 미래경제적효익을 나타내는 자산이다. 그 미래경제적효익은 취득한 식별가능한 자산 사이의 시너지효과나 개별적으로 재무제표상 인식기준을 충족하지는 않는 자산으로부터 발생할 수 있다.

12. 자산은 다음 중 하나에 해당하는 경우에 식별가능하다.
    (1) 자산이 분리가능하다. 즉, 기업의 의도와는 무관하게 기업에서 분리하거나 분할할 수 있고, 개별적으로 또는 관련된 계약, 식별가능한 자산이나 부채와 함께 매각, 이전, 라이선스, 임대, 교환할 수 있다.
    (2) 자산이 계약상 권리 또는 기타 법적 권리로부터 발생한다. 이 경우 그러한 권리가 이전가능한지 여부 또는 기업이나 기타 권리와 의무에서 분리가능한지 여부는 고려하지 아니한다.

13. 기초가 되는 자원에서 유입되는 미래경제적효익을 확보할 수 있고 그 효익에 대한 제삼자의 접근을 제한할 수 있다면 기업이 자산을 통제하고 있는 것이다. 무형자산의 미래경제적효익에 대한 통제능력은 일반적으로 법원에서 강제할 수 있는 법적 권리에서 나오며, 법적 권리가 없는 경우에는 통제를 제시하기 어렵다. 그러나 다른 방법으로도 미래경제적효익을 통제할 수 있기 때문에 권리의 법적 집행 가능성이 통제의 필요조건은 아니다.

17. 무형자산의 미래경제적효익은 제품의 매출, 용역수익, 원가절감 또는 자산의 사용에 따른 기타 효익의 형태로 발생할 수 있다. 예를 들면, 제조과정에서 지적재산을 사용하면 미래 수익을 증가시키기보다는 미래 제조원가를 감소시킬 수 있다.

47. 문단 21(2)에 따르면 무형자산의 인식조건 중 하나는 자산의 원가를 신뢰성 있게 측정할 수 있어야 한다는 것이다. 무형자산의 공정가치는 다음 중 하나에 해당하는 경우에 신뢰성 있게 측정할 수 있다.
    (1) 합리적인 공정가치 측정치의 범위의 편차가 자산가치에 비하여 유의적이지 않다.
    (2) 그 범위 내의 다양한 추정치의 발생확률을 합리적으로 평가할 수 있고 공정가치를 측정할 때 사용할 수 있다.
    취득한 자산이나 제공한 자산의 공정가치를 신뢰성 있게 측정할 수 있다면, 취득한 자산의 공정가치가 더 명백한 경우를 제외하고는 자산의 원가를 제공한 자산의 공정가치로 측정한다.

교수자는 정부로부터 장기간 동안 무상으로 토지를 사용할 수 있는 권리를 부여받은 경우 이를 자산으로 식별할 수 있는지, 그리고 토지 사용권을 얼마로 측정해야 되는지에 대해 토론을 유도한다.

자산은 과거사건의 결과로 기업이 통제하고 있고 미래경제적효익이 유입될 것으로 기대되는 자원이다. 자산이 갖는 미래경제적효익이란 직접으로 또는 간접으로 특정 기업의 미래 현금 및 현금성자산의 유입에 기여하게 될 잠재력을 말한다.

토론 사례에서 공장용 토지는 법적으로 경기도의 소유로, 토지를 처분 또는 임대할 법적 권리는 경기도가 가지고 있으므로 경기도의 유형자산이다. 즉, 토지는 회사의 유형자산이 아니다. 그러나 (주)하우스피아가 50년에 걸쳐 토지 사용권을 가지게 되므로 (주)하우스피아가 물리적 토지는 소유하고 있지 못하더라도, 토지에 대한 무형의 사용권(자산)은 가지게 되는 것이다.

무형자산은 물리적 실체는 없지만 식별할 수 있는 비화폐성자산이며, (주)하우스피아가 무형자산으로 인식하기 위해서는 식별 가능성, 자원에 대한 통제와 미래경제적효익이 존재하여야 한다.

① (주)하우스피아가 50년간 배타적으로 사용가능하므로 계약상 권리에 의하여 사용권이 발생한다. 따라서 식별 가능성은 충족한다.
② 사례의 경우 경기도 소유 토지에서 유입되는 미래경제적효익을 50년간 회사가 확보할 수 있고 그 효익에 대한 제삼자의 접근을 제한할 수 있으므로 회사가 자산을 통제하고 있는 것이다.
③ 무형자산의 미래경제적효익은 제품의 매출, 용역수익, 원가절감 또는 자산의 사용에 따른 기타 효익의 형태로 발생할 수 있다. 사례의 경우 토지 사용에 따른 효익을 회사가 가지게 되므로 회사의 자산이다.

이와 같이 토지 사용권이 무형자산의 정의를 충족하고, 식별 가능성, 자원에 대한 통제와 미래경제적효익이 존재하므로 자산 중 무형자산으로 분류한다.

다만, 이 사용권의 가치를 신뢰성 있게 측정할 수 있어야 무형자산으로 인식할 수 있을 것이다. 회사는 사용권의 가치를 다양한 가치평가방법(DCF방법 등)을 통해 합리적으로 추정할 수 있으며, 이러한 합리적인 추정은 신뢰성을 훼손하지는 않는다.

무상으로 사용할 권리를 부여받지 않았더라면, 50년간 발생할 매년 1억 원의 임차료를 적정한 할인율로 할인한 현재가치 40억 원을 토지사용권 가치, 즉 무형자산으로 측정할 수 있다.

5-3 자동화설비

토론을 위한 회계이슈 |

최초인식시점에서 자동화설비는 어떤 금액으로 측정되어야 하는가? 자동화설비 설치 전문가에게 지급한 2억 원과 보험료로 지급한 1억 원은 자산인가? 비용인가? [2단계 식별, 5단계 측정]

K-IFRS 제1016호 유형자산

16. 유형자산의 원가는 다음과 같이 구성된다.

(1) 관세 및 환급 불가능한 취득 관련 세금을 가산하고 매입할인과 리베이트 등을 차감한 구입가격

(2) 경영진이 의도하는 방식으로 자산을 가동하는 데 필요한 장소와 상태에 이르게 하는 데 직접 관련되는 원가

(3) 자산을 해체, 제거하거나 부지를 복구하는 데 소요될 것으로 최초에 추정되는 원가. 회사가 자산을 해체, 제거하거나 부지를 복구할 의무는 해당 유형자산을 취득한 시점에 또는 해당 유형자산을 특정 기간 동안 재고자산 생산 이외의 목적으로 사용한 결과로서 발생한다.

교수자는 유형자산을 최초로 인식하는 시점에서 어떤 금액으로 측정해야 하는지에 대해 토론을 유도한다.

K-IFRS 제1016호 '유형자산' 문단 16에 따르면 경영진이 의도하는 방식으로 자산을 가동하는 데 필요한 장소와 상태에 이르게 하는 데 직접 관련되는 원가는 유형자산의 취득원가를 구성하는데, 이러한 원가의 예는 다음과 같다.

- 유형자산의 매입 또는 건설과 직접적으로 관련되어 발생한 종업원 급여
- 설치장소 준비원가
- 최초의 운송 및 취급 관련 원가
- 설치원가 및 조립원가
- 유형자산이 정상적으로 작동되는지를 시험하는 과정에서 발생하는 원가. 다만, 시험과정에서 생산된 재화의 순매각금액은 해당 원가에서 차감한다.
- 전문가에게 지급하는 수수료

토론 자동화설비의 취득이 과거사건의 결과로 발생했고 회사가 자동화설비를 통제하고 있으며 자동화설비를 통해 미래경제적효익이 유입될 가능성이 높으므로 자동화설비는 자산의 정의에 충족한다. 또한 자동화설비로부터 발생하는 미래경제적효익이 회사에 유입될 가능성이 높고, 구입가격을 신뢰성 있게 측정할 수 있으므로 2X03년 4월 2일에 자동화설비를 유형자산으로 인식하여야 한다.

첨단물류 자동화설비의 설치가 고도의 전문성을 요하는 것이므로 설치전문가와 관련하여 발생한 2억 원은 해당 자산을 경영진이 의도하는 방식으로 설치하는 데 필요한 장소와 상태에 이르게 하는 데 직접 관련된 원가에 해당한다. 따라서 자동화설비의 취득원가에

포함되어야 한다.

자동화설비를 설치하는 데 필요한 설치장소 준비 원가 1억 원, 자동화설비의 판매자로부터 회사 공장에까지 최초로 운송하는 데 소요된 원가 1억 원, 자동화설비를 설치하고 조립하는 데 소요된 원가 2억 원, 자동화설비가 정상적으로 작동되는지 여부를 시험하는 과정에서 발생한 원가 5억 원이 소요되었다. 이 모든 원가는 경영진이 의도하는 방식으로 자동화설비를 가동하는 데 필요한 장소와 상태에 이르게 하는 데 직접 관련된 원가에 해당한다. 따라서 총 9억 원은 자동화설비의 취득원가에 포함되어야 한다.

다만, 자동화설비의 시험과정에서 생산된 시제품을 순매각한 금액은 1억 원이었으므로 1억 원은 취득원가에서 차감하여야 한다.

회사가 3개월 이내에 대금을 지급하는 경우 2억 원을 매입할인받는 조건이며, 회사는 취득 후 2월이 경과한 시점에서 자동화설비의 대금을 전액 지급하였으므로 2억 원의 매입할인을 받게 된다. 매입할인 2억 원도 취득원가에서 차감한다.

따라서 자동화설비의 전체 취득원가는 200억 원+2억 원+9억 원(1억 원+1억 원+2억 원+5억 원)−1억 원−2억 원=208억 원으로 인식되어야 한다.

한편, 자동화설비를 의도한 용도에 사용할 수 있는 상태로 만든 후에 보험료가 발생하였다. 이러한 보험료도 자산으로 인식할 수 있는지? 아니면 비용으로 인식해야 하는지에 대해서도 토론을 유도해 볼 수 있다.

토론 자산의 원가는 경영진이 의도하는 방식으로 자동화설비를 가동하는 데 필요한 장소와 상태에 이르게 하는 데 직접 관련된 원가에 해당한다.

따라서 자동화설비의 설치가 완료되고 영업활동에 사용되기 직전에 가입하고 지출한 화재보험료 1억 원은 자산을 의도한 용도에 사용할 수 있는 상태로 만든 후에 발생한 것으로서 취득원가에 포함해서는 안 되고 발생시점에 당기비용으로 인식하여야 한다. 다만, 보험료를 보험기간에 따라 기간비용으로 인식하는 과정에서 선급한 부분은 비용을 이연하여야 하므로 선급보험료라는 자산을 인식한다.

5-4 자산의 교환

토론을 위한 회계이슈 |

(1) 대형 트럭의 취득원가는 얼마인가? 트럭의 교환으로 인한 손익은 얼마인가? [5단계 측정, 6단계 제거]

K-IFRS 제1016호 유형자산

15. 유형자산은 원가로 측정한다.

23. 유형자산의 원가는 인식시점의 현금가격상당액이다. 대금지급이 일반적인 신용기간을 초과하여 이연되는 경우, 현금가격상당액과 실제 총지급액과의 차액은 기업회계기준서 제1023호에 따라 자본화하지 않는 한 신용기간에 걸쳐 이자로 인식한다.

24. 하나 이상의 비화폐성자산 또는 화폐성자산과 비화폐성자산이 결합된 대가와 교환하여 하나 이상의 유형자산을 취득하는 경우가 있다. 다음의 논의는 하나의 비화폐성자산과 또 하나의 비화폐성자산의 교환에 대하여 언급하지만, 위에서 설명한 모든 교환에도 적용한다. 그러한 유형자산의 원가는 다음 중 하나에 해당하는 경우를 제외하고는 공정가치로 측정한다.

(1) 교환거래에 상업적 실질이 결여된 경우

(2) 취득한 자산과 제공한 자산 모두의 공정가치를 신뢰성 있게 측정할 수 없는 경우

교환거래에서 제공한 자산을 즉시 제거할 수 없더라도 취득한 자산은 위와 동일한

방법으로 측정한다. 취득한 자산을 공정가치로 측정하지 않는 경우에 제공한 자산의 장부금액으로 원가를 측정한다.

25. 교환거래의 결과 미래 현금흐름이 얼마나 변동될 것인지를 고려하여 해당 교환거래에 상업적 실질이 있는지를 결정한다. 다음 (1) 또는 (2)에 해당하면서 (3)을 충족하는 경우에 교환거래는 상업적 실질이 있다.
    (1) 취득한 자산과 관련된 현금흐름의 구성(위험, 유출입시기, 금액)이 제공한 자산과 관련된 현금흐름의 구성과 다르다.
    (2) 교환거래의 영향을 받는 영업 부분의 기업특유가치가 교환거래의 결과로 변동한다.
    (3) 위 (1)이나 (2)의 차이가 교환된 자산의 공정가치에 비하여 유의적이다.
    교환거래에 상업적 실질이 있는지 여부를 결정할 때 교환거래의 영향을 받는 영업 부분의 기업특유가치는 세후현금흐름을 반영하여야 한다. 세부적인 계산과정을 거치지 않고 이러한 분석의 결과를 쉽게 알 수도 있다.

교수자는 교환으로 새로 취득하게 되는 트럭의 원가를 어떻게 측정해야 하는지, 트럭의 교환이 상업적 실질이 있는지에 대해 토론을 유도한다.

유형자산의 원가는 인식시점의 현금가격상당액이다. 비화폐성자산이나 화폐성자산과 비화폐성자산이 결합된 대가와 교환하여 취득하는 모든 유형자산은 공정가치(제공하는 대가의 공정가치. 만약, 제공하는 대가의 공정가치를 합리적으로 측정할 수 없다면 받는 대가의 공정가치)로 측정한다. 다만, 교환거래에 상업적 실질이 결여되어 있는 경우에는, 교환으로 취득한 자산의 원가는 제공한 자산의 장부금액으로 측정한다.

교환거래의 결과 미래 현금흐름이 얼마나 변동될 것인지를 고려하여 해당 교환거래에 상업적 실질이 있는지를 결정한다. K-IFRS 제1016호 '유형자산' 문단 25에 따르면 다음 ① 또는 ②에 해당하면서 ③을 충족하는 경우에 교환거래는 상업적 실질이 있다.

① 취득한 자산과 관련된 현금흐름의 구성(위험, 유출입시기, 금액)이 제공한 자산과 관련된 현금흐름의 구성과 다르다.

② 교환거래의 영향을 받는 영업 부분의 기업특유가치가 교환거래의 결과로 변동한다.
③ 위 ①이나 ②의 차이가 교환된 자산의 공정가치에 비하여 유의적이다.

토론 사례의 트럭 교환거래는 현금흐름의 위험, 유출입시기, 금액을 변경시키며 그 차이가 교환된 자산의 공정가치에 비하여 유의적이므로 상업적 실질이 있는 것으로 볼 수 있다.

따라서 이 트럭의 교환거래에서 새로 취득하는 트럭은 공정가치로 측정하여야 한다. 대형 트럭의 취득원가는 사용하던 트럭의 공정가치 1.5억 원과 교환의 대가로 지급한 현금 1억 원의 합계인 2.5억 원이 된다. 트럭의 교환으로 인한 손익은 트럭의 장부금액 2억 원(취득원가 3억 원, 감가상각누계액 1억 원)과 공정가치 1.5억 원의 차이인 0.5억 원이 손실로 인식되어야 한다.

토론을 위한 회계이슈 |

(2) 만약, 사례에서 교환거래가 상업적 실질이 없는 것으로 판단된다면 대형 트럭의 취득원가는 얼마인가? 트럭의 교환으로 인한 손익은 얼마인가? [5단계 측정, 6단계 제거]

토론 K-IFRS 제1016호 '유형자산' 문단 24에 따라 교환거래에 상업적 실질이 결여되어 있는 경우에는, 교환으로 취득한 자산의 원가는 제공한 자산의 장부금액으로 측정한다.

만약, 사례에서 트럭의 교환거래가 상업적 실질이 없는 것으로 판단한다면 대형 트럭의 취득원가는 사용하던 트럭의 장부금액 2억 원과 교환의 대가로 지급한 현금 1억 원의 합계인 3억 원이 된다. 따라서 트럭의 교환으로 인한 손익은 인식하지 않는다.

6 임야와 티크나무의 취득, 임야의 복구

6-1 임야와 티크나무 취득

토론을 위한 회계이슈 |

(1) 임야와 티크나무는 자산의 정의를 충족하는가? 충족한다면 어떤 자산으로 분류하여야 하는가? [2단계 식별, 3단계 분류]

재무보고를 위한 개념체계

4.4 재무상태의 측정에 직접 관련되는 요소는 자산, 부채 및 자본이다. 이러한 요소의 정의는 다음과 같다.

(1) 자산은 과거사건의 결과로 기업이 통제하고 있고 미래경제적효익이 기업에 유입될 것으로 기대되는 자원이다.

K-IFRS 제1016호 유형자산

6. 이 기준서에서 사용하는 용어의 뜻은 다음과 같다.

유형자산 : 재화나 용역의 생산이나 제공, 타인에 대한 임대 또는 관리활동에 사용할 목적으로 보유하는 물리적 형태가 있는 자산으로서 한 회계기간을 초과하여 사용할 것이 예상되는 자산

3. 다음의 경우에는 이 기준서를 적용하지 아니한다.

(2) 생산용식물(bearer plants)을 제외한 농림어업활동과 관련되는 생물자산(기업회계기준서 제1041호 '농림어업' 참조). 생산용식물에는 이 기준서를 적용하지만, 생산용식물에서 자라는 생산물에는 적용하지 아니한다.

K-IFRS 제1041호 농림어업

1. 이 기준서는 다음 사항이 농림어업활동과 관련되는 경우의 회계처리에 적용한다.
   (1) 생산용식물(bearer plants)을 제외한 생물자산
   (2) 수확시점의 수확물
   (3) 문단 34와 35에서 규정하는 정부보조금

5. 농림어업활동 : 판매목적 또는 수확물이나 추가적인 생물자산으로의 전환목적으로 생물자산의 생물적 변환과 수확을 관리하는 활동

   수확물 : 생물자산에서 수확한 생산물

   생산용식물 : 다음 모두에 해당하는 살아있는 식물
   (1) 수확물을 생산하거나 공급하는 데 사용한다.
   (2) 한 회계기간을 초과하여 생산물을 생산할 것으로 예상한다.
   (3) 수확물로 판매될 가능성이 희박하다[부수적인 폐물(scrap)로 판매하는 경우는 제외한다].

   생물자산 : 살아있는 동물이나 식물

   생물적 변환 : 생물자산에 질적 또는 양적 변화를 일으키는 성장, 퇴화, 생산 그리고 생식 과정으로 구성됨

5A. 다음은 생산용식물이 아니다.
   (1) 수확물로 수확하기 위해 재배하는 식물(예 : 목재로 사용하기 위해 재배하는 나무)
   (2) 부수적인 폐물 판매가 아닌, 수확물로도 식물을 수확하고 판매할 가능성이 희박하지 않은 경우 수확물을 생산하기 위해 재배하는 식물(예 : 과일과 목재 모두를 얻기 위해 재배하는 나무)
   (3) 한해살이 작물(예 : 옥수수와 밀)

교수자는 임야와 티크나무가 자산의 정의를 충족하는지, 충족한다면 어떤 자산으로 분류하여야 하는지에 대해 토론을 유도할 수 있다.

재무보고를 위한 개념체계에 따르면 자산은 과거사건의 결과로 기업이 통제하고 있고 미래경제적효익이 기업에 유입될 것으로 기대되는 자원이다.

① 과거사건의 결과인가?
② 통제하고 있는가?
③ 미래경제적효익이 유입될 것인가?

토론 임야와 티크나무 모두

① 과거사건의 결과로 회사가 취득하게 되었으며
② 회사가 임야와 티크나무를 독점적으로 사용·처분할 수 있으므로 통제하고 있으며
③ 임야와 티크나무를 통해 미래경제적효익의 유입이 예상되므로 자산에 해당된다.

그렇다면 자산 중 어떤 자산으로 분류하여야 하는가?

임야나 티크나무는 물리적 형태가 있고 재화나 용역의 생산을 위해 한 회계기간 이상 보유하므로 유형자산의 정의를 충족한다. 그러나 K-IFRS 제1016호 '유형자산'에서는 생산용식물을 제외한 생물자산을 적용범위에서 제외하고 있다. 교수자는 왜 별도의 기준서를 적용하도록 한 것인지 토론을 유도할 수 있다.

토론 생물자산은 일정 기간 성장하고 일정 기간 유지하다가 소멸하는 life cycle을 가지며, 이에 따라 성장기에는 가치가 점점 증가하다가 일정 수준을 유지한 후 가치가 하락하는 특성이 있다. 보통 유형자산이 최초 취득 후 가치가 점점 감소하는 특성과는 매우 다르다. 따라서 경제적 가치의 변화가 다른 자산을 별도로 분류하는 것이 적절할 것이다.

티크나무는 벌목하여 가구 제조를 위한 원목으로 사용하기 위해 회사가 조림하는 나무로서 살아있는 식물이다. 즉, 생물자산에 해

당한다. 목재로 사용하기 위해 재배하는 나무와 같이 수확물로 수확하기 위해 재배하는 식물은 생산용식물이 아니다.

티크나무는 생산용식물이 아닌 생물자산으로서 티크나무 조림은 생물자산의 생물적 변환과 수확을 관리하는 활동에 해당하므로 농림어업활동이다.

따라서 티크나무에 대해서는 K-IFRS 제1041호 '농림어업'을 적용하여야 하며, 티크나무는 생물자산으로 분류한다. 임야는 유형자산으로 분류한다.

토론을 위한 회계이슈

(2) 20년 후에 발생하는 임야의 원상복구비용을 인식해야 하는가? 만약 인식한다면 재무제표에 어떻게 인식해야 하는가? 얼마로 측정해야 하는가? [2단계 식별, 4단계 인식, 5단계 측정]

재무보고를 위한 개념체계

4.4 재무상태의 측정에 직접 관련되는 요소는 자산, 부채 및 자본이다. 이러한 요소의 정의는 다음과 같다.

(2) 부채는 과거사건으로 생긴 현재의무로서, 기업이 가진 경제적효익이 있는 자원의 유출을 통해 그 이행이 예상되는 의무이다.

K-IFRS 제1041호 농림어업

16. 유형자산의 원가는 다음과 같이 구성된다.

(3) 자산을 해체, 제거하거나 부지를 복구하는 데 소요될 것으로 최초에 추정되는 원가. 회사가 자산을 해체, 제거하거나 부지를 복구할 의무는 해당 유형자산을 취득한 시점에 또는 해당 유형자산을 특정 기간 동안 재고자산 생산 이외의 목적으로 사용한 결과로서 발생한다.

교수자는 임야원상복구의무가 개념체계 문단 4.4의 부채의 정의를 충족하는지 다음 세 가지 관점에서 토론하도록 유도한다.

① 과거사건으로 발생하였는가?
② 경제적효익을 갖는 자원이 유출될 것인가?
③ 현재의무인가?

토론 임야원상복구의무는

① 티크나무를 벌목하기 위해서 임야를 취득하였다.
② 벌목이 완료되는 20년 후에는 환경보호를 위해 임야를 정지하고 배양토를 부어놓기 위해 경제적 자원이 유출될 것이다.
③ 원상복구의무를 반드시 이행하겠다는 약정서를 정부에 제출하였으므로 현재의무이다.

즉, 원상복구의무는 (주)하우스피아의 부채이다.

교수자는 20년 후에 발생하는 임야의 원상복구의무비용이 임야의 취득원가를 구성하는지 그리고 어떻게 측정할 수 있는지에 대해 토론을 유도한다.

토론 K-IFRS 제1016호 '유형자산' 문단 16에 따라 유형자산의 원가는 자산을 해체, 제거하거나 부지를 복구하는 데 소요될 것으로 최초에 추정되는 원가를 포함한다. 회사가 자산을 해체, 제거하거나 부지를 복구할 의무는 해당 유형자산을 취득한 시점에 또는 해당 유형자산을 특정 기간 동안 재고자산 생산 이외의 목적으로 사용한 결과로서 발생한다.

즉, 벌목이 완료되는 20년 후에는 임야를 정지한 후 배양토를 부어

놓아야 하므로 임야 정지비용과 투입될 배양토 금액을 합리적으로 추정하고 이의 현재가치를 추정하여 임야(유형자산)의 취득원가에 가산하여야 한다. 동시에 해당 금액을 복구충당부채로 인식하여야 한다.

6-2 재무제표 표시

토론을 위한 회계이슈 |

(주)하우스피아는 임야와 티크나무를 보고기간 말(2X03년 12월 31일)에 어떻게 표시해야 하는가? [7단계 표시와 공시]

K-IFRS 제1021호 환율변동효과

8. 이 기준서에서 사용하는 용어의 정의는 다음과 같다.
   기능통화 : 영업활동이 이루어지는 주된 경제 환경의 통화
   외화 : 기능통화 이외의 다른 통화
   표시통화 : 재무제표를 표시할 때 사용하는 통화

9. 일반적으로 영업활동이 이루어지는 주된 경제 환경은 주로 현금을 창출하고 사용하는 환경을 말한다. 기능통화를 결정할 때는 다음의 사항을 고려한다.
   (1) 다음의 통화
      (가) 재화와 용역의 공급가격에 주로 영향을 미치는 통화(흔히 재화와 용역의 공급가격을 표시하고 결제하는 통화)
      (나) 재화와 용역의 공급가격을 주로 결정하는 경쟁요인과 법규가 있는 국가의 통화
   (2) 재화를 공급하거나 용역을 제공하는 데 드는 노무원가, 재료원가와 그 밖의 원가에 주로 영향을 미치는 통화(흔히 이러한 원가를 표시하고 결제하는 통화)

10. 다음 사항도 기능통화의 증거가 될 수 있다.
   (1) 재무활동(즉, 채무상품이나 지분상품의 발행)으로 조달되는 통화

(2) 영업활동에서 유입되어 통상적으로 보유하는 통화

18. 많은 보고기업이 다수의 개별기업으로 구성된다(예 : 연결실체는 지배기업과 하나 이상의 종속기업으로 구성). 연결실체를 구성하는 기업이 아니더라도 관계기업, 공동약정이나 지점이 있을 수 있다. 이러한 보고기업에 속해 있는 개별기업의 경영성과와 재무상태는 보고기업이 재무제표를 보고하는 통화로 환산한다. 보고기업은 어떤 통화든지 표시통화로 사용할 수 있다. 보고기업에 속해 있는 각 기업의 기능통화가 보고기업의 표시통화와 다른 경우에는 그 경영성과와 재무상태를 문단 38~50에 따라 표시통화로 환산한다.

21. 기능통화로 외화거래를 최초로 인식하는 경우에 거래일의 외화와 기능통화 사이의 현물환율을 외화금액에 적용하여 기록한다.

23. 매 보고기간 말의 외화환산방법은 다음과 같다.
(1) 화폐성 외화항목은 마감환율로 환산한다.
(2) 역사적 원가로 측정하는 비화폐성 외화항목은 거래일의 환율로 환산한다.
(3) 공정가치로 측정하는 비화폐성 외화항목은 공정가치가 측정된 날의 환율로 환산한다.

28. 화폐성항목의 결제시점에 생기는 외환차이 또는 화폐성항목의 환산에 사용한 환율이 회계기간 중 최초로 인식한 시점이나 전기의 재무제표 환산시점의 환율과 다르기 때문에 생기는 외환차이는 그 외환차이가 생기는 회계기간의 손익으로 인식한다. 다만 문단 32에서 설명하는 별도의 자본항목으로 분류하는 외환차이에는 이를 적용하지 아니한다.

교수자는 비화폐성 외화 유형자산인 임야와 외화 생물자산인 티크나무의 보고기간 말 표시에 대해 토론을 유도한다.

토론 (주)하우스피아가 가구 제품의 공급가격을 원화로 표시하고, 공급가격을 결제할 때에도 원화를 주로 이용하는 점, 회사의 본사가 경기도에 소재하며, 한국의 제조관련 법규 및 한국 내 시장 경쟁요인에 따라 제품의 공급가격이 결정되는 점, 제품을 생산하는 데 소요되는 재료원가, 노무원가 및 그 밖의 원가에 주로 영향을 미치는 통화가 원화라는 점, 회사의 자금 조달이 원화로 이루어지는 점, 영업활동에서 유입되어 회사가 통상적으로 보유하는 통화가 원화라는 점 등은 (주)하우스피아의 기능통화가 원화라는 사실을 말해준다.

보고기간 말인 2X03년 12월 31일 결산일의 환율은 IDR100=KRW13이므로 (주)하우스피아의 재무제표에 표시되는 외화 유형자산(임야)과 외화 생물자산(티크나무)은 다음과 같이 기능통화인 원화로 환산하여 표시된다.

- 유형자산(임야) : 역사적 원가로 측정하는 비화폐성 외화항목에 해당하므로 해당 거래일의 환율로 원화 환산한 금액으로 표시한다.
- 생물자산(티크나무) : 생물자산은 순공정가치로 측정하는 비화폐성 외화항목이므로 순공정가치가 측정되는 날의 환율로 환산하여야 한다. 따라서 기말 시점에 티크나무의 순공정가치로 측정하므로 기말 시점의 환율로 원화 환산하여 표시한다.

6-3 임야와 티크나무 처분

토론을 위한 회계이슈 |

(주)하우스피아는 임야와 티크나무를 재무제표에서 언제 제거해야 하는가? [6단계 제거]

K-IFRS 제1016호 유형자산

67. 유형자산의 장부금액은 다음과 같은 때에 제거한다.
  (1) 처분하는 때
  (2) 사용이나 처분을 통하여 미래경제적효익이 기대되지 않을 때

K-IFRS 제1110호 연결재무제표

연결 절차

B86. 연결재무제표는 :

(3) 연결실체 내 기업간의 거래와 관련된 연결실체 내의 자산, 부채, 자본, 수익, 비용, 현금흐름은 모두 제거한다(재고자산이나 유형자산과 같이 자산으로 인식된 연결실체의 내부거래에서 발생한 손익은 모두 제거한다). 연결실체 내의 거래에서 발생한 손실은 연결재무제표에 인식해야 하는 자산손상의 징후일 수 있다. 연결실체 내의 거래에서 발생하는 손익의 제거로 나타난 일시적차이는 기업회계기준서 제1012호 '법인세'를 적용한다.

부록 A. 용어의 정의

연결재무제표 : 지배기업과 그 종속기업의 자산, 부채, 자본, 수익, 비용, 현금흐름을 하나의 경제적 실체로 표시하는 연결실체의 재무제표

교수자는 (주)하우스피아와 그의 종속기업인 (주)인디아우드 간의 처분거래에 대해 (주)하우스피아의 별도재무제표 관점에서 그리고 연결재무제표 관점에서 각각 어떻게 회계처리하는지? 왜 다른지 토론하도록 유도한다.

토론 2X04년 5월 1일에 (주)하우스피아는 별도법인인 원목가공회사 (주)인디아우드를 설립하고 지배력을 획득하여 지배종속관계에 해당한다.

(주)하우스피아와 (주)인디아우드는 법적으로는 별개의 실체에 해당하며, (주)하우스피아가 보유하고 있던 생물자산(티크나무)과 유형자산(임야)을 동 별도법인에게 처분하였으므로 회사는 처분손익을 인식한다. 이러한 회계처리는 (주)하우스피아의 법적 보고 실체 관점에서의 회계처리에 해당한다.

그러나 경제적 실질 관점에서 (주)하우스피아는 (주)인디아우드를 지배하고 있으므로 연결재무제표를 작성하여 재무정보이용자에게 경제적 실체에 대한 유용한 정보를 제공하여야 한다. K-IFRS 제1110호에서는 연결재무제표는 연결실체 내 기업간의 거래와 관련된 연결실체 내의 자산, 부채, 자본, 수익, 비용, 현금흐름을 모두 제거하도록 규정되어 있다. 즉 경제적 실체 내의 내부거래는 거래로 인식하지 않아야 한다는 것이다. 따라서 (주)인디아우드가 제삼자에게 임야와 티크나무를 처분할 때가 되어서야 비로소 연결재무제표에서 제거되고 손익을 인식하게 되는 것이다.

6-4 환산 - 기능통화 vs 표시통화

토론을 위한 회계이슈 |

(1) (주)인디아우드의 기능통화는 무엇인가? 기능통화가 있음에도 왜 표시통화가 필요한가? [7단계 표시와 공시]

K-IFRS 제1021호 환율변동효과

8. 이 기준서에서 사용하는 용어의 정의는 다음과 같다.
기능통화 : 영업활동이 이루어지는 주된 경제 환경의 통화
외화 : 기능통화 이외의 다른 통화
표시통화 : 재무제표를 표시할 때 사용하는 통화

9. 일반적으로 영업활동이 이루어지는 주된 경제 환경은 주로 현금을 창출하고 사용하는 환경을 말한다. 기능통화를 결정할 때는 다음의 사항을 고려한다.
(1) 다음의 통화
(가) 재화와 용역의 공급가격에 주로 영향을 미치는 통화(흔히 재화와 용역의 공급가격을 표시하고 결제하는 통화)
(나) 재화와 용역의 공급가격을 주로 결정하는 경쟁요인과 법규가 있는 국가의

통화

(2) 재화를 공급하거나 용역을 제공하는 데 드는 노무원가, 재료원가와 그 밖의 원가에 주로 영향을 미치는 통화(흔히 이러한 원가를 표시하고 결제하는 통화)

10. 다음 사항도 기능통화의 증거가 될 수 있다.
(1) 재무활동(즉, 채무상품이나 지분상품의 발행)으로 조달되는 통화
(2) 영업활동에서 유입되어 통상적으로 보유하는 통화

18. 많은 보고기업이 다수의 개별기업으로 구성된다(예 : 연결실체는 지배기업과 하나 이상의 종속기업으로 구성). 연결실체를 구성하는 기업이 아니더라도 관계기업, 공동약정이나 지점이 있을 수 있다. 이러한 보고기업에 속해 있는 개별기업의 경영성과와 재무상태는 보고기업이 재무제표를 보고하는 통화로 환산한다. 보고기업은 어떤 통화든지 표시통화로 사용할 수 있다. 보고기업에 속해 있는 각 기업의 기능통화가 보고기업의 표시통화와 다른 경우에는 그 경영성과와 재무상태를 문단 38~50에 따라 표시통화로 환산한다.

표시통화로의 환산

38. 재무제표는 어떠한 통화로도 보고할 수 있다. 표시통화와 기능통화가 다른 경우에는 경영성과와 재무상태를 표시통화로 환산한다. 예를 들어, 서로 다른 기능통화를 사용하는 개별기업으로 구성되는 연결실체는 연결재무제표를 작성하기 위하여 각 기업의 경영성과와 재무상태를 같은 통화로 표시한다.

교수자는 (주)인디아우드의 기능통화가 무엇인지 관련 규정을 제시하고 토론하도록 유도한다.

토론 (주)인디아우드는 원목을 가공하는 데 필요한 재료를 현지 통화인 IDR로 구입하고 있으며, 현지 직원들에게 지급하는 인건비도 IDR로 지급하므로 (주)인디아우드의 기능통화는 IDR이다.

교수자는 (주)인디아우드의 기능통화 IDR이 있음에도 별도의 표시통화가 필요한 이유에 대해 토론하도록 유도한다.

토론 (주)인디아우드의 기능통화는 IDR이지만 6-2에서 보았던 것처럼 (주)인디아우드의 지배기업인 (주)하우스피아의 기능통화는 원화이다. (주)하우스피아는 연결실체에 대하여 연결재무제표를 작성해야 하며 이때 두 개별기업의 경영성과와 재무상태를 같은 통화로 표시해야 한다. (주)하우스피아가 연결재무제표 표시통화를 원화로 할 경우 (주)인디아우드의 기능통화를 원화로 환산해야 하기 때문이다.

이 외에 교수자는 기능통화와 표시통화를 구분해야 하는 이유에 대해 토론을 유도한다.

토론 기능통화 개념을 도입하는 이유는 주된 영업활동에 사용되는 통화로 기업의 경영성과와 재무상태를 측정함으로써, 경제적 실질과는 상관없는 환율변동이 기업의 경영실적을 왜곡하는 것을 방지하고자 함이다. 예를 들어, 한 내국기업의 매입·매출거래가 대부분 해외에서 달러로 이루어지고 채권·채무도 대부분 달러로 표시된 외화채권·채무인 경우, 외화채권으로부터 달러를 회수하여 외화부채를 상환하게 되므로 원화 대비 달러 환율의 변동위험에 노출되지 않게 된다.

그러나 이 경우 원화를 기준으로 회계처리하면 외화채권·채무를 재무상태표일 현재의 환율로 환산해야 하며 포괄손익계산서상 외화환산손익을 인식해야 한다. 즉, 실질적으로는 원화와 달러 사이의 환율변동위험에 노출되지 않음에도 불구하고 장부상 환율변동으로 인한 손익을 인식하게 되어 경영실적이 왜곡될 수 있다.

이러한 기업에 대해 달러를 기능통화로 하여 사용한다면 달러로 표시된 채권·채무는 외화항목이 아니므로 더 이상 환산의 문제가 발생하지 않게 되며, 따라서 경제적 실질을 보다 충실하게 표시할 수 있다.

토론을 위한 회계이슈 |

(2) 기능통화와 표시통화가 다르다면 환산하는 방법은 무엇인가? [5단계 측정, 7단계 표시와 공시]

K-IFRS 제1021호 환율변동효과

표시통화로의 환산

39. 기능통화가 초인플레이션 경제의 통화가 아닌 경우 경영성과와 재무상태를 기능통화와 다른 표시통화로 환산하는 방법은 다음과 같다.
    (1) 재무상태표(비교표시하는 재무상태표 포함)의 자산과 부채는 해당 보고기간 말의 마감환율로 환산한다.
    (2) 포괄손익계산서(비교표시하는 포괄손익계산서 포함)의 수익과 비용은 해당 거래일의 환율로 환산한다.
    (3) 위 (1)과 (2)의 환산에서 생기는 외환차이는 기타포괄손익으로 인식한다.

지배기업인 (주)하우스피아가 연결재무제표를 작성하기 위해 원화를 표시통화로 사용하면, 종속기업인 (주)인디아우드의 기능통화 IDR을 표시통화인 원화로 어떻게 환산하는지에 대한 질문이다. 교수자는 (주)인디아우드의 기능통화인 IDR이 인도네시아의 화폐이므로 환산하기에 앞서 인도네시아의 경제가 초인플레이션 경제인지 파악할 수 있도록 유도한다.

토론 만약 초인플레이션 경제가 아니라면, 관련 규정에 따라

① 재무상태표의 자산과 부채는 해당 보고기간 말의 마감환율로 환산한다. 따라서 (주)인디아우드 재무상태표의 자산과 부채를 보고기간 말 마감환율로 환산하여 원화로 표시한다.

② 포괄손익계산서의 수익과 비용은 해당 거래일의 환율로 환산한

다. 실무적으로 수익과 비용항목을 환산할 때 거래일의 환율에 근접한 환율(예 : 해당 기간의 평균환율)을 자주 사용한다. 그러나 환율이 유의적으로 변동한 경우에는 일정 기간의 평균환율을 사용하는 것은 부적절하다.

③ 위 ①과 ②의 환산에서 생기는 외환차이는 기타포괄손익으로 인식한다.

7 사업의 초기 운영

7-1 티크나무 운반용 특수선박 Bulk Carrier E-300의 리스

토론을 위한 회계이슈 |

(1) (주)하우스피아가 글로벌해운(주)로부터 Bulk Carrier E-300을 리스하기로 한 계약은 어떤 기준서를 적용하여 회계처리해야 하는가? [1단계 경제적 현상과 유용한 정보, 2단계 식별]

IFRS 16 리스 - 번역초안

9. 계약의 약정시점에, 계약 자체가 리스인지, 계약이 리스를 포함하는지를 판단한다. 계약에서 대가와 교환하여, 식별되는 자산의 사용 통제권을 일정 기간 이전한다면 그 계약은 리스이거나 리스를 포함한다. 문단 B9~B31에서는 계약이 리스인지, 리스를 포함하는지를 판단하는 지침을 제공한다.

B9. 계약이 식별되는 자산(문단 B13~B20 참조)의 사용 통제권을 일정 기간 이전하는지를 판단하기 위하여 고객이 다음을 모두 사용기간 내내 갖는지를 판단한다.
(1) 식별되는 자산의 사용으로 생기는 경제적효익의 대부분을 얻을 권리(문단 B21~B23에서 기술함)
(2) 식별되는 자산의 사용을 지시할 권리(문단 B24~B30에서 기술함)

B13. 자산은 일반적으로 계약에서 분명히 특정하여 식별된다. 그러나 자산은 고객이 사

용할 수 있는 시점에 암묵적으로 특정하여 식별될 수도 있다.

B14. 자산이 특정되더라도, 공급자가 그 자산을 실질적으로 대체할 권리(대체권)를 사용기간 내내 가지면 고객은 식별되는 자산의 사용권을 가지지 못한다. 다음 조건을 모두 충족하는 경우에만 공급자의 자산 대체권이 실질적이다.

(1) 공급자가 대체 자산으로 대체할 실질적인 능력을 사용기간 내내 가진다(예 : 고객은 공급자가 그 자산을 대체하는 것을 막을 수 없고 공급자가 대체 자산을 쉽게 구할 수 있거나 적정한 기간 내에 공급받을 수 있음).

(2) 공급자는 자산 대체권의 행사에서 경제적으로 효익을 얻을 것이다(자산 대체에 관련되는 경제적효익이 자산 대체에 관련되는 원가를 초과할 것으로 예상된다).

B30. 계약은 (1) 해당 자산이나 그 밖의 자산에 대한 공급자의 이익을 보호하고, (2) 공급자의 인력을 보호하며, (3) 공급자가 법규를 지키도록 보장하기 위하여 조건을 포함할 수 있다. 다음 조건은 방어권의 예시로, 예를 들면 계약은 다음과 같을 수 있다.

(1) 자산의 최대 사용량을 규정하거나 고객이 자산을 사용할 수 있는 장소 또는 시간을 제한한다.

(2) 고객에게 특정한 운용 관행을 따르도록 한다.

(3) 고객이 자산을 사용하는 방법을 바꾸려면 공급자에게 알리도록 요구한다.

방어권은 일반적으로 고객의 사용권 범위를 정하지만 방어권만으로는 고객이 자산의 사용을 지시할 권리를 가지는 것을 막지 못한다.

현행 K-IFRS 제1017호 '리스'에서는 금융리스의 경우에만 리스이용자가 금융리스자산과 금융리스부채를 인식하도록 하고 운용리스의 경우에는 리스자산과 리스부채를 인식하지 않고 지급하는 리스료만 비용으로 인식하도록 하였다.

그런데 IFRS와 US-GAAP를 적용하는 전 세계 상장기업의 리스약정 규모는 약 3조 달러에 해당하는 한편, 이 중 15%에 해당하는 5,000억 달러만이 금융리스로 분류되어 리스이용자의 자산과 부채로 인식되고 있다. 이는 나머지 85%는 운용리스로 분류되어 장부에 인식되지 않는 자산·부채가 존재할 수 있음을 의미하는 것으로, 유형자산의 대부분을 리스하여 사용하는 항공, 운송, 여행레저업 등이 이 중 70% 이상을 차지하는 것으로 나타났다.

이처럼 리스이용자가 K-IFRS 제1017호에 따라 회계처리하는 경우 실질적으로는 자산과 부채가 존재하더라도 재무상태표에는 나타나지 않아 회계투명성이 저하될 수 있다. 또한, 리스계약을 이용하여 자산을 사용하는 기업과 자금차입을 통해 자산을 취득하여 사용하는 기업 간에 재무정보의 비교 가능성이 저하되는 문제점도 발생한다.

이러한 문제를 해소하기 위해 국제회계기준위원회는 새로운 리스기준서인 IFRS 16을 제정하였으며 한국회계기준위원회는 현재 IFRS 16에 대응되는 K-IFRS 제1116호를 제정중에 있다. 본 사례집이 출간되는 시점에 K-IFRS 제1116호의 제정이 완료되지 않았으므로 IFRS 16에 기초하여 본 사례를 살펴본다. 다만, 참고목적으로 현재 회계기준원에서 진행중인 K-IFRS 제1116호 번역초안을 제시한다.

IFRS 16은 모든 리스계약에 대한 리스이용자의 회계처리를 단일화하였다. 즉, 금융리스와 운용리스를 구분하지 않고 리스계약에 해당하는 모든 계약에 대해 리스자산을 사용할 권리인 사용권자산과 리스료 지급의무를 나타내는 리스부채를 인식하도록 하였다.

따라서 교수자는 (주)하우스피아가 글로벌해운(주)로부터 Bulk Carrier E-300을 리스하기로 한 계약이 K-IFRS 제1116호 '리스'를 적용할 수 있는 리스계약에 해당하는지를 토론하도록 유도한다.

토론 자산을 리스하기로 한 계약에서 리스이용자가 공급자에게 지급하는 대가와 교환하여 공급자가 식별되는 특정 자산의 사용통제권을 일정 기간 리스이용자에게 이전한다면 그 계약은 리스이다. 따라서 계약이 리스가 되기 위해서는 계약에서 특정 자산이 지정되어야 한다. (주)하우스피아와 글로벌해운(주) 간의 계약의 경우 계약 대상이 Bulk Carrier E-300이라는 것을 명시하고 있으므로 특정 자산이 식별된다.

특정 자산이 식별된다면 계약에서 해당 자산에 대한 사용통제권이 일정 기간 고객에게 이전되는지를 판단해야 한다. 고객이 전체 사용기간 동안 다음의 권리를 갖는다면 식별되는 자산의 사용통제권이 일정 기간 이전된다고 할 수 있다.

① 식별되는 자산의 사용에서 생기는 경제적효익의 대부분을 얻을 권리
② 식별되는 자산을 사용 지시할 권리

(주)하우스피아는 계약기간 동안 Bulk Carrier E-300을 독점적으로 사용하므로 전체 사용기간에 걸쳐 Bulk Carrier E-300의 사용으로부터 발생하는 경제적효익의 대부분을 얻을 권리를 가진다. 또한, (주)하우스피아는 Bulk Carrier E-300을 통해 운반될 화물, 운송시기, 도착항의 결정 등 그 사용을 지시할 권리를 가진다.

계약에 의하면 글로벌해운(주)가 선박의 안전한 보호를 위하여 위험지역 항해를 제한할 수 있는데, 이는 공급자의 방어권에 해당하며 선박의 사용을 지시하는 것은 아니다.

한편, 위의 조건이 모두 충족된다고 하더라도 사용기간 동안 공급자가 그 자산을 실질적으로 대체할 권리를 가지면 고객은 식별되는 자산의 사용권을 갖지 못한다. (주)하우스피아와 글로벌해운(주)의 계약에서는 글로벌해운(주)가 Bulk Carrier E-300을 다른 선박으로 대체하지 못하도록 하고 있어 글로벌해운(주)가 계약대상 선박

을 다른 선박으로 대체할 수 없다.

결론적으로, 해당 계약에 따라 전체 계약기간 동안 Bulk Carrier E-300의 사용통제권이 글로벌해운(주)로부터 (주)하우스피아로 이전되므로 이 계약은 리스이다.

요약하면, (주)하우스피아는 계약기간 동안 Bulk Carrier E-300을 독점적으로 사용하므로 전체 사용기간 동안 Bulk Carrier E-300의 사용으로부터 발생하는 경제적효익의 대부분을 얻을 권리가 있다. 또한, (주)하우스피아는 Bulk Carrier E-300을 통해 운반될 화물, 운송시기, 도착항 등 그 사용을 지시할 권리를 가진다. 따라서 (주)하우스피아와 글로벌해운(주)의 계약은 전체 계약기간 동안 Bulk Carrier E-300의 사용통제권을 이전하는 리스계약이므로, (주)하우스피아는 K-IFRS 제1116호에 따라 이 계약을 회계처리해야 한다.

토론을 위한 회계이슈 |

(2) (주)하우스피아는 글로벌해운(주)로부터 Bulk Carrier E-300을 리스하기로 한 계약을 어떻게 회계처리해야 하는가? [2단계 식별, 4단계 인식, 5단계 측정]

재무보고를 위한 개념체계

4.4 재무상태의 측정에 직접 관련되는 요소는 자산, 부채 및 자본이다. 이러한 요소의 정의는 다음과 같다.

(1) 자산은 과거사건의 결과로 기업이 통제하고 있고 미래경제적효익이 기업에 유입될 것으로 기대되는 자원이다.

(2) 부채는 과거사건으로 생긴 현재의무로서, 기업이 가진 경제적효익이 있는 자원의 유출을 통해 그 이행이 예상되는 의무이다.

4.44 자산은 미래경제적효익이 기업에 유입될 가능성이 높고 해당 항목의 원가 또는 가치를 신뢰성 있게 측정할 수 있을 때 재무상태표에 인식한다.

4.46 부채는 현재의무의 이행에 따라 경제적효익을 갖는 자원의 유출 가능성이 높고 결제될 금액에 대해 신뢰성 있게 측정할 수 있을 때 재무상태표에 인식한다.

IFRS 16 리스 - 번역초안

22. 리스이용자는 리스개시일에 사용권자산과 리스부채를 인식한다.

23. 리스이용자는 리스개시일에 사용권자산을 원가로 측정한다.

26. 리스이용자는 리스개시일에 그날 현재 지급되지 않은 리스료의 현재가치로 리스부채를 측정한다. 그 리스의 내재이자율을 쉽게 산정할 수 있는 경우에는 그 이자율로 리스료를 할인한다. 그 이자율을 쉽게 산정할 수 없는 경우에, 리스이용자의 증분차입이자율을 사용한다.

27. 리스개시일에 리스부채의 측정에 포함되는 리스료는, 리스기간에 걸쳐 기초자산을 사용하는 권리에 대한 지급액 중 그날 현재 지급되지 않은 다음 금액으로 구성된다.
   (1) 고정리스료(문단 B42에서 기술하는 실질적인 고정리스료를 포함함)에서 받을 수 있는 리스 인센티브를 뺀 금액
   (2) 지수나 요율(이율)에 따라 달라지는 변동리스료. 이는 리스개시일의 지수나 요율(이율)을 사용하여 처음으로 측정한다(문단 28에서 기술함).
   (3) 잔존가치보증에 따라 리스이용자가 지급할 것으로 예상되는 금액
   (4) 리스이용자가 매수선택권을 행사할 것이 꽤 확실한 경우(문단 B37~B40에서 기술하는 요소를 고려하여 판단함)에 그 매수선택권의 행사가격
   (5) 리스기간이 리스이용자의 종료선택권 행사를 반영하는 경우에 그 리스를 종료하기 위하여 필요한 위약금

IFRS 16은 리스이용자에게 지급할 대가를 리스부채로 인식하고 이전받은 사용통제권을 사용권 자산으로 인식하도록 하고 있다. IFRS 16이 이처럼 계약이 리스에 해당하면 자산과 부채를 인식하도록 한 것은 이전받은 사용통제권이 자산의 정의와 인식기준을 충족하고 리스료를 지급할 의무

가 부채의 정의와 인식기준을 충족한다는 것을 의미한다. 따라서 교수자는 리스이용자가 인식할 사용통제권과 리스부채가 개념체계에서 정하는 자산과 부채의 정의 및 인식기준에 부합하는지를 토론하도록 유도한다.

토론 계약에 따라 (주)하우스피아는 글로벌해운(주)에게 리스기간 동안 매년 말 1억 원의 리스료를 지급하는 대가로 Bulk Carrier E-300에 대한 사용통제권을 갖게 된다. (주)하우스피아는 이 사용통제권을 통해 리스기간 동안 이 선박의 사용에서 발생하는 경제적효익의 대부분을 얻을 권리를 가지므로 미래경제적효익의 유입을 기대할 수 있다. 따라서 Bulk Carrier E-300에 대한 사용통제권은 개념체계에서 정하는 자산의 정의를 충족한다고 할 수 있다.

또한, Bulk Carrier E-300이 운반하는 티크나무를 이용하여 제품을 만들어 판매하면 수익을 창출할 것이므로 미래경제적효익의 유입 가능성이 높고, 이러한 경제적효익을 얻기 위해 지급하는 대가는 신뢰성 있게 측정이 가능하다. 따라서 Bulk Carrier E-300에 대한 사용통제권은 개념체계에서 정하는 자산의 인식기준을 충족한다.

(주)하우스피아는 리스개시일에 사용권자산을 인식하고 원가로 측정한다. 사용권자산을 인식한 후에는 매 회계연도 말에 사용권자산을 감가상각하고, 사용권자산의 가치가 손상되는 경우에는 손상차손을 인식한다.

(주)하우스피아는 계약상 Bulk Carrier E-300을 사용하는 대가로 리스기간 동안 매년 말 1억 원을 지급할 의무가 발생한다. 그리고 이 의무를 이행하기 위해서는 미래경제적효익의 유출이 기대되므로 (주)하우스피아가 리스기간 동안 리스료를 지급할 의무는 부채의 정의를 충족한다.

(주)하우스피아가 리스계약을 해지하려면 잔여 리스기간 동안 지급할 리스료의 90%를 지급해야 하므로 이 계약에 따른 리스료 지급의무는 이행될 가능성이 높고 따라서 미래경제적효익을 갖는 자산이 기업으로부터 유출될 가능성이 높다. 아울러 리스기간 동안 지급해야 할 리스료를 신뢰성 있게 측정할 수 있으므로 (주)하우스피아가 리스기간 동안 리스료를 지급할 의무는 부채의 인식기준을 충족한다.

리스료를 지급할 의무는 리스개시일에 발생하므로 (주)하우스피아는 리스개시일에 리스부채를 인식한다. (주)하우스피아가 리스개시일에 리스부채로 인식할 금액은 리스기간에 걸쳐 Bulk Carrier E-300을 사용하는 권리에 대해 지급해야 할 금액 중 리스개시일에 지급되지 않은 금액의 현재가치이다. (주)하우스피아가 리스부채를 인식한 후에는 유효이자율법에 의해 이자비용을 인식한다. 지급하는 리스료에서 이자비용을 차감한 금액은 리스부채 원금을 상환한 것에 해당하므로 리스부채의 장부금액을 줄여준다.

IFRS 16은 변동리스료 중 리스료 산정에 사용되는 지수나 요율(이율)에 따라 달라지는 변동리스료는 리스부채에 포함하고 나머지 변동리스료는 당기비용으로 인식하도록 하고 있다. 지수나 요율(이율)에 따라 달라지는 변동리스료의 예로는 소비자물가지수에 연동되는 지급액, LIBOR 등 벤치마크 이자율에 연동되는 지급액, 시장 대여율(market rental rates)의 변동을 반영하기 위하여 변동되는 지급액 등을 들 수 있다.

이러한 변동리스료는 금액은 변동되지만 정기리스료를 구성하는 항목이므로 리스개시일에 리스부채를 인식할 때 포함한다. 그러나 초과사용에 대한 추가리스료 등 그 밖의 변동리스료는 발생시점에 비용으로 인식한다. 따라서 (주)하우스피아가 400,000마일을 초과

운항하여 지급하는 추가리스료는 발생시점에 비용으로 인식한다.

요약하면, Bulk Carrier E-300에 대한 사용계약은 리스이므로 IFRS 16에 따라 사용권자산과 리스부채를 인식한다. (주)하우스피아가 리스개시일에 사용권자산을 인식한 후에는 매 회계연도 말에 사용권자산을 감가상각하고, 사용권자산의 가치가 손상되는 경우에는 손상차손을 인식한다. 또한 (주)하우스피아가 리스부채를 인식한 후에는 유효이자율법에 의해 이자비용을 인식하고, 지급하는 리스료에서 이자비용을 차감한 후에 남는 금액은 리스부채의 상환으로 본다.

(주)하우스피아가 400,000마일을 초과하여 운항하는 경우 지급하는 추가리스료는 발생시점에 비용으로 인식한다.

7-2 차입금의 결제수단으로 자기지분증권 발행

토론을 위한 회계이슈 |

(주)하우스피아는 특수관계자로부터 차입한 차입금을 어떻게 회계처리해야 하는가? [2단계 식별, 4단계 인식, 5단계 측정]

K-IFRS 제1032호 금융상품 표시

11. 이 기준서에서 사용하는 용어의 뜻은 다음과 같다.
  금융부채는 다음의 부채를 말한다.
  (1) 다음 중 어느 하나에 해당하는 계약상 의무
    (가) 거래상대방에게 현금 등 금융자산을 인도하기로 한 계약상 의무
    (나) 잠재적으로 불리한 조건으로 거래상대방과 금융자산이나 금융부채를 교환하기로 한 계약상 의무
  (2) 자기지분상품으로 결제하거나 결제할 수 있는 다음 중 하나의 계약

(가) 인도할 자기지분상품의 수량이 변동가능한 비파생상품
(나) 확정 수량의 자기지분상품을 확정 금액의 현금 등 금융자산과 교환하여 결제하는 방법 외의 방법으로 결제하거나 결제할 수 있는 파생상품

(주)하우스피아가 특수관계인으로부터 차입한 5억 원을 금융부채로 분류해야 하는지 아니면 자본으로 분류해야 하는지에 대한 이슈이다. 교수자는 (주)하우스피아가 특수관계인으로부터 차입한 차입금이 K-IFRS 제1032호 '금융상품 표시'에서 정하는 금융부채의 정의를 충족하는지를 토론하도록 유도한다.

다음 중 하나에 해당하는 부채는 금융부채로 분류한다.

① 다음 중 어느 하나에 해당하는 계약상 의무
(가) 거래상대방에게 현금 등 금융자산을 인도하기로 한 계약상 의무
(나) 잠재적으로 불리한 조건으로 거래상대방과 금융자산이나 금융부채를 교환하기로 한 계약상 의무
② 자기지분상품으로 결제하거나 결제할 수 있는 다음 중 하나의 계약
(가) 인도할 자기지분상품의 수량이 변동가능한 비파생상품
(나) 확정 수량의 자기지분상품을 확정 금액의 현금 등 금융자산과 교환하여 결제하는 방법 외의 방법으로 결제하거나 결제할 수 있는 파생상품

토론 2년 후 현금으로 상환하기로 한 2억 원은, 특수관계인에게 현금으로 인도하기로 한 계약상 의무(①-(가))에 해당하므로 금융부채의 정의를 충족한다.

3년 후 주식을 제공하여 상환하기로 한 3억 원은 자기지분상품으로 결제하기로 한 계약으로 비파생상품에 해당한다. (주)하우스피아는 3년 후 주식을 제공하는 시점에 3억 원에 해당하는 만큼의 주

식을 제공할 것이므로 제공할 주식 수는 그 시점의 주가에 따라 달라질 것이다. 3년 후 (주)하우스피아의 주가가 상승하면 제공할 주식 수가 감소할 것이고, 주가가 하락하면 제공할 주식 수가 증가할 것이다.

따라서 3년 후에 주식을 제공하여 상환할 3억 원은 인도할 자기지분상품의 수량이 변동가능한 비파생상품(②-(가))에 해당하므로 금융부채의 정의를 충족한다. 즉, (주)하우스피아가 자기지분상품으로 결제할 의무가 있다 하더라도 3억 원에 해당하는 자기지분상품을 제공할 것이므로 (주)하우스피아의 입장에서는 3억 원의 확정부채를 부담하는 것과 같다. 반면, 3년 후 3억 원을 상환하기 위해 제공할 자기지분수량이 확정되어 있다면 이는 금융부채의 정의를 충족하지 않으므로 자본으로 분류되어야 한다.

따라서 (주)하우스피아가 특수관계인으로부터 차입한 5억 원은 전액 금융부채로 분류한다.

7-3 자동화라인의 추가 설치

토론을 위한 회계이슈 |

자동화라인을 설치하기 위해 지출한 금액과 자동화설비의 일상적인 수선유지를 위한 지출액은 어떻게 회계처리해야 하는가? [2단계 식별, 4단계 인식]

재무보고를 위한 개념체계

4.4 재무상태의 측정에 직접 관련되는 요소는 자산, 부채 및 자본이다. 이러한 요소의 정의는 다음과 같다.

(1) 자산은 과거사건의 결과로 기업이 통제하고 있고 미래경제적효익이 기업에 유입될 것으로 기대되는 자원이다.

K-IFRS 第1016호 유형자산

7. 유형자산으로 인식되기 위해서는 다음의 인식기준을 모두 충족하여야 한다.
   (1) 자산으로부터 발생하는 미래경제적효익이 기업에 유입될 가능성이 높다.
   (2) 자산의 원가를 신뢰성 있게 측정할 수 있다.

12. 문단 7에서 정하고 있는 인식원칙에 따르면, 일상적인 수선 · 유지와 관련하여 발생하는 원가는 해당 유형자산의 장부금액에 포함하여 인식하지 아니한다. 이러한 원가는 발생시점에 당기손익으로 인식한다.

13. 문단 7의 인식원칙하에서, 유형자산의 일부를 대체할 때 발생하는 원가가 인식기준을 충족하는 경우에는 이를 해당 유형자산의 장부금액에 포함하여 인식한다.

유형자산의 취득 후 추가적으로 발생하는 후속원가를 자산의 취득원가에 포함할 것인지 아니면 발생시점의 비용으로 인식할 것인지를 판단하는 이슈로서, 교수자는 다음과 같은 관점에서 토론하도록 유도한다.

① 취득 후 발생하는 후속원가가 자산의 정의를 충족하는가?
② 취득 후 발생하는 후속원가가 유형자산의 인식기준을 충족하는가?

토론 (주)하우스피아는 자동화설비 취득 후에 후속적으로 자동화라인을 설치하기 위해 6억 원을 지출하였고 일상적인 수선유지를 위해 1억 원을 지출하였다. (주)하우스피아가 자동화라인의 사용을 통제할 수 있고, 자동화라인을 설치함으로써 자동화설비의 물류처리능력이 증대되고 내용연수가 연장되어 미래경제적효익의 유입이 예상되므로 자동화라인의 설치를 위한 지출은 자산의 정의를 충족한다.

자동화라인을 설치하기 위한 지출이 자산의 정의를 충족한다고 하더라도 유형자산의 장부금액에 포함되기 위해서는 K-IFRS 제1016호

'유형자산' 문단 7에서 정하는 유형자산의 인식기준을 충족해야 한다.

① 자산으로부터 발생하는 미래경제적효익이 기업에 유입될 가능성이 높다.
② 자산의 원가를 신뢰성 있게 측정할 수 있다.

자동화라인의 설치로 인해 자동화설비의 물류처리능력이 증대되고 추정내용연수가 20년에서 30년으로 증가하므로 유형자산의 첫 번째 인식기준을 충족한다. 또한, 자동화라인을 설치하기 위해 발생한 지출액 6억 원을 신뢰성 있게 측정할 수 있으므로 유형자산의 두 번째 인식기준도 충족한다. 따라서 자동화라인의 설치를 위한 지출액은 자동화설비의 장부금액에 가산하여 자산으로 인식한다.

자동화설비의 일상적인 수선유지는 해당 자산의 현상유지를 위한 것으로 이로 인해 추가적인 미래경제적효익의 유입을 기대하기는 어렵다. 따라서 자동화설비의 일상적인 수선유지를 위한 지출은 자산의 정의를 충족하지 못한다. 따라서 자동화설비의 일상적인 수선유지를 위한 지출액은 발생시점의 비용으로 인식한다.

자동화라인의 설치를 위한 지출액 6억 원은 자동화설비의 장부금액에 가산하여 자산으로 인식하고, 자동화설비의 일상적인 수선유지를 위한 지출액 1억 원은 발생시점의 비용으로 인식한다.

7-4 토지의 후속측정

토론을 위한 회계이슈 |

(1) 은행 대출담당자의 대출 의사결정과정에서 경제적 현상에 대한 유용한 정보는 무엇인가? [1단계 경제적 현상과 유용한 정보]

재무보고를 위한 개념체계

OB3. 투자자, 대여자 및 기타 채권자의 수익에 대한 기대는 기업에 유입될 미래 순현금유입의 금액, 시기 및 불확실성 (전망)에 대한 그들의 평가에 달려 있다. 따라서 현재 및 잠재적 투자자, 대여자 및 기타 채권자는 기업에 유입될 미래 순현금유입에 대한 전망을 평가하는 데 도움을 주는 정보를 필요로 한다.

QC4. 재무정보가 유용하기 위해서는 목적적합해야 하고 나타내고자 하는 바를 충실하게 표현해야 한다. 재무정보가 비교가능하고, 검증가능하며, 적시성 있고, 이해가능한 경우 그 재무정보의 유용성은 보강된다.

교수자는 (주)하우스피아가 보유중인 토지의 후속측정과 관련된 경제적 현상을 파악하고 그 경제적 현상에 대해 채권자 입장에서 유용한 정보가 무엇인지를 토론하도록 유도한다.

토론 (주)하우스피아가 보유중인 토지의 후속측정과 관련된 경제적 현상은 다음과 같이 요약된다.

① WB은행과 본사사옥 부지를 담보로 한 담보차입을 논의중임
② WB은행은 감사받은 재무제표를 요구
③ 본사사옥 주변지역의 토지가격이 크게 상승하여 담보대상인 본사사옥 부지도 취득원가에 비하여 최소한 3배 이상 상승

(주)하우스피아에 대한 대출 의사결정에서 은행의 대출담당자가 필요한 정보는 이자지급일과 차입금의 만기일에 이자와 원금을 회수할 수 있는가와 (주)하우스피아가 차입금을 상환하지 못할 경우 담보로 제공된 토지로부터 차입금을 회수할 수 있는가 여부이다. 즉, 은행 대출담당자의 대출 의사결정은 (주)하우스피아에 유입될 미래 순현금유입의 금액, 시기 및 불확실성에 대한 평가에 달려 있다. 이 과정에서 유용한 정보는 (주)하우스피아에 유입될 미래 순현금유입

에 대한 전망을 평가하는 데 도움을 주는 정보이다.

은행 대출담당자에게 제공되는 정보가 유용하기 위해서는 목적적합해야 하고 나타내고자 하는 바를 충실하게 표현해야 한다. 목적적합한 재무정보는 정보이용자의 의사결정에 차이가 나도록 할 수 있는 정보로서, 미래 순현금유입에 대한 예측가치나 확인가치를 가지는 정보이다. 또한, 재무정보가 유용하기 위해서는 나타내고자 하는 현상을 충실하게 표현하여야 한다.

따라서 (주)하우스피아에 대한 대출의사결정에 유용한 정보는 이자지급일과 차입금의 만기일에 이자와 원금을 회수할 수 있는가와 (주)하우스피아가 차입금을 상환하지 못할 경우 담보로 제공된 토지로부터 차입금을 회수할 수 있는가 여부를 평가하는 데 도움을 주는 정보라고 할 수 있다.

토론을 위한 회계이슈 |

(2) (주)하우스피아가 토지의 측정모형을 선택할 때 고려해야 할 사항은 무엇인가? [5단계 측정]

재무보고를 위한 개념체계

QC6. 목적적합한 재무정보는 정보이용자의 의사결정에 차이가 나도록 할 수 있다. 정보는 일부 정보이용자가 이를 이용하지 않기로 선택하거나 다른 원천을 통하여 이미 이를 알고 있다고 할지라도 의사결정에 차이가 나도록 할 수 있다.

QC7. 재무정보에 예측가치, 확인가치 또는 이 둘 모두가 있다면 그 재무정보는 의사결정에 차이가 나도록 할 수 있다.

QC12. 재무정보가 유용하기 위해서는 목적적합한 현상을 표현하는 것뿐만 아니라 나타내고자 하는 현상을 충실하게 표현해야 한다. 완벽하게 충실한 표현을 하기 위해서는 서술에 세 가지의 특성이 있어야 할 것이다. 서술은 *완전하고, 중립적이며,*

오류가 없어야 할 것이다.

QC16. 좀 더 미묘한 사례는 자산의 장부금액이 자산 가치의 손상을 반영하여 조정되어야 하는 금액의 추정치인 경우이다. 보고기업이 적절한 절차를 올바르게 적용하였고, 추정치를 올바로 기술했으며, 추정치에 유의적으로 영향을 미칠 수 있는 불확실성을 기술하였다면, 그 추정치는 충실한 표현이 될 수 있다. 그러나 그러한 추정치에 불확실성의 수준이 충분히 크다면, 그 추정치가 별로 유용하지는 못할 것이다. 즉, 충실히 표현된 자산이라도 목적적합성이 의문스럽다는 것이다. 더 충실한 다른 표현을 할 수 없다면, 그 추정치가 최선의 이용가능한 정보를 제공하는 것일 수는 있다.

K-IFRS 제1016호 유형자산

29. 기업은 문단 30의 원가모형이나 문단 31의 재평가모형 중 하나를 회계정책으로 선택하여 유형자산 분류별로 동일하게 적용한다.

원가모형 :

30. 최초인식 후에 유형자산은 원가에서 감가상각누계액과 손상차손누계액을 차감한 금액을 장부금액으로 한다.

재평가모형 :

31. 최초인식 후에 공정가치를 신뢰성 있게 측정할 수 있는 유형자산은 재평가일의 공정가치에서 이후의 감가상각누계액과 손상차손누계액을 차감한 재평가금액을 장부금액으로 한다. 재평가는 보고기간 말에 자산의 장부금액이 공정가치와 중요하게 차이가 나지 않도록 주기적으로 수행한다.

(주)하우스피아가 보유중인 토지의 평가모형을 결정함에 있어 고려해야 할 요인이 무엇인지를 다음의 관점에서 토론하도록 유도한다.

① 원가모형과 재평가모형이 제공하는 정보의 장·단점은 무엇인가?
② 원가모형과 재평가모형 중 대출 의사결정에 더 유용한 정보를 제공

하는 평가모형은 무엇인가?

토론 K-IFRS 제1016호 '유형자산' 문단 29에서는 원가모형과 재평가모형 중 하나를 선택할 수 있도록 허용하고 있다. 원가모형은 취득원가에서 감가상각누계액과 손상차손누계액을 차감한 금액을 장부금액으로 하는 측정모형이다. 반면, 재평가모형은 재평가일의 공정가치에서 이후의 감가상각누계액과 손상차손누계액을 차감한 재평가금액을 장부금액으로 하는 측정모형으로, 재평가는 보고기간 말에 자산의 장부금액이 공정가치와 중요하게 차이가 나지 않도록 주기적으로 수행한다.

원가모형과 재평가모형의 장단점을 요약하면 다음과 같다.

	원가모형	재평가모형
장점	–취득원가는 실제 거래에서 발생한 원가에 의해 결정되므로 검증가능 –취득원가는 완전하고, 중립적이며, 오류가 없는 서술이 가능하여 표현의 충실성이 높음 –원가모형은 공정가치 측정이 필요하지 않으므로 후속측정원가가 발생하지 않음	–보고기간 말 자산의 공정가치를 반영함으로써 미래 현금흐름을 예측하는 데 보다 목적적합한 정보를 제공 –감가상각이 재평가일의 공정가치를 기준으로 계상되므로 동일한 시점의 수익과 비용이 대응되어 보다 적절한 이익 산출이 가능
단점	–원가모형은 보고기간 말 유형자산의 공정가치를 반영하지 못하므로 목적적합성이 떨어짐 –감가상각이 취득원가를 기준으로 계상되므로 현재의 수익과 과거의 비용이 대응되는 불일치 발생	–보고기간 말 공정가치가 시장에서 객관적으로 결정될 수 없는 경우, 공정가치가 불확실하게 추정될 수 있고 그 불확실성의 수준이 크다면 정보가 유용하지 못할 수 있음 –공정가치 측정원가 발생

(주)하우스피아의 경영진은 재무정보의 질적특성과 두 측정 방법의 장단점을 고려하여 후속측정으로 어떤 모형을 선택할 것인지를 결

정하여야 한다. 원가모형은 보다 충실한 표현이 가능한 모형인 반면, 재평가모형은 보다 목적적합한 정보를 제공하는 모형이다. 따라서 (주)하우스피아는 정보이용자인 은행의 입장에서 보다 유용한 정보를 제공하는 측정모형을 선택하는 것이 바람직할 것이다.

은행의 입장에서는 (주)하우스피아가 차입금을 상환하지 못할 경우 담보로 제공된 토지를 처분하여 차입금을 회수할 것이므로 토지로부터 회수할 수 있는 금액을 예측하는 데 도움을 주는 정보가 유용한 정보이다.

최근 들어 공정가치가 취득원가의 3배 이상 상승하였다는 것을 고려하면, 취득원가보다 공정가치가 토지의 처분을 통해 회수할 수 있는 금액을 예측하는 데 더 도움이 되는 목적적합한 정보라고 할 수 있다. 그리고 공정가치 측정에 신뢰성이 결여될 수 있는 단점은 전문적인 자격이 있는 감정평가법인을 이용하여 공정가치를 측정함으로써 보완할 수 있을 것이다.

한편, (주)하우스피아는 원가모형과 재평가모형 중 어떤 측정방법을 적용할 것인지를 결정할 때 원가와 효익의 균형이라는 포괄적 제약요인을 고려하는 것이 바람직하다. (주)하우스피아가 재평가모형을 선택하는 경우 감정평가법인을 이용하여 공정가치를 측정할 것이므로 원가모형에 비하여 높은 후속측정비용이 발생할 것이다. 반면, (주)하우스피아가 필요한 정보를 제공하지 않으면 재무정보이용자는 그 정보를 직접 추정하거나 다른 곳에서 얻기 위한 추가적인 원가가 발생할 수 있다. 따라서 재무정보의 제공자와 재무정보이용자에게 발생하는 원가와 해당 정보가 제공할 수 있는 효익을 포괄적으로 고려하되 효익이 원가를 정당화하는 것이 중요하다.

요약하면, 원가모형은 보다 신뢰성 있는 정보를 제공하는 반면, 재평가모형은 보다 목적적합한 정보를 제공하는 측정모형이다. 그런데 (주)하우스피아가 차입금을 상환하지 못할 경우 담보로 제공된 토지를 처분하여 차입금을 회수할 은행의 입장에서는 공정가치가 보다 목적적합한 정보라고 할 수 있다. 따라서 은행의 입장에서는 재평가모형이 보다 유용한 정보를 제공하는 측정모형이라고 할 수 있다.

토론을 위한 회계이슈 |

(3) (주)하우스피아가 재평가모형을 선택하는 경우 재평가손익은 어떻게 회계처리하여야 하는가? [3단계 분류, 4단계 인식]

K-IFRS 제1016호 유형자산

39. 자산의 장부금액이 재평가로 인하여 증가된 경우에 그 증가액은 기타포괄손익으로 인식하고 재평가잉여금의 과목으로 자본에 가산한다. 그러나 동일한 자산에 대하여 이전에 당기손익으로 인식한 재평가감소액이 있다면 그 금액을 한도로 재평가증가액만큼 당기손익으로 인식한다.

40. 자산의 장부금액이 재평가로 인하여 감소된 경우에 그 감소액은 당기손익으로 인식한다. 그러나 그 자산에 대한 재평가잉여금의 잔액이 있다면 그 금액을 한도로 재평가감소액을 기타포괄손익으로 인식한다. 재평가감소액을 기타포괄손익으로 인식하는 경우 재평가잉여금의 과목으로 자본에 누계한 금액을 감소시킨다.

41. 어떤 유형자산 항목과 관련하여 자본에 계상된 재평가잉여금은 그 자산이 제거될 때 이익잉여금으로 직접 대체할 수 있다.… 그러나 기업이 그 자산을 사용함에 따라 재평가잉여금의 일부를 대체할 수도 있다.… 재평가잉여금을 이익잉여금으로 대체하는 경우 그 금액은 당기손익으로 인식하지 않는다.

(주)하우스피아가 재평가모형을 적용하는 경우 공정가치가 변동하면 재평가손익이 발생한다. K-IFRS 제1016호 '유형자산'은 재평가이익은 기타포괄손익으로, 재평가손실은 당기손익으로 인식하도록 하고 있다. 교

수자는 재평가이익과 재평가손실을 달리 인식하는 근거를 토론하도록 유도한다.

토론 (주)하우스피아가 토지를 취득한 이후 토지가격이 크게 상승하였으므로 재평가모형을 선택하면 재평가이익이 발생할 것이다. 이 경우 (주)하우스피아는 K-IFRS 제1016호 '유형자산' 문단 39에 따라 재평가이익을 당기손익이 아니라 기타포괄손익으로 인식한다. 그러나 동일한 자산에 대하여 이전에 당기손익으로 인식한 재평가감소액이 있다면 그 금액을 한도로 재평가증가액만큼 당기손익으로 인식한다.

토지와 관련하여 인식한 재평가이익(기타포괄손익누계액)은 토지를 처분할 때 이익잉여금으로 직접 대체한다. 재평가이익(기타포괄손익누계액)을 이익잉여금으로 직접 대체하는 이유는 만일 당기손익으로 재분류하면 과거의 재평가로 인해 발생한 토지의 보유이익이 당기손익에 영향을 미치게 되어 당기 경영성과가 왜곡표시될 수 있기 때문이다.

(주)하우스피아가 재평가모형을 선택한 후 공정가치가 하락하여 재평가손실이 발생한다면, K-IFRS 제1016호 '유형자산' 문단 40에 따라 재평가손실은 당기손실로 인식한다. 그러나 과거에 그 자산의 공정가치가 상승하여 인식한 재평가이익(기타포괄손익누계액)의 잔액이 있다면 그 금액을 한도로 재평가감소액만큼 기타포괄손익으로 인식한다. 이는 과거에 공정가치가 취득원가를 초과하여 재평가이익을 인식할 때 당기이익이 아닌 기타포괄손익으로 인식하였기 때문에 이를 먼저 제거해 주는 것이다. 재평가손실을 당기손실로 인식하는 것은 손실은 가능한 한 빨리 당기손익으로 인식하는 보수주의 관행과 일관성이 있다.

요약하면, 토지의 재평가이익이 발생하면 (주)하우스피아는 재평가이익을 당기손익이 아니라 기타포괄손익으로 인식한다. 토지의 처분시 재평가이익(기타포괄손익누계액)이 남아 있다면 이익잉여금으로 직접 대체하거나 그대로 기타포괄손익누계액으로 남겨 둘 수 있다. 한편, (주)하우스피아가 재평가모형을 선택한 후 공정가치가 하락하여 재평가손실이 발생한다면, 재평가손실은 당기손실로 인식한다.

7-5 자동화설비의 침수로 인한 물리적 손상 발생

토론을 위한 회계이슈 |

(1) 자동화설비의 침수로 인한 물리적 손상은 자산의 손상을 시사하는 징후에 해당하는가? [2단계 식별, 4단계 인식]

K-IFRS 제1016호 유형자산

63. 유형자산의 손상여부를 결정하기 위해서는 K-IFRS 제1036호를 적용한다.

K-IFRS 제1036호 자산손상

9. 보고기간 말마다 자산손상 징후가 있는지를 검토한다. 그러한 징후가 있다면 해당 자산의 회수가능액을 추정한다.

12. 자산손상 징후가 있는지를 검토할 때는 최소한 다음의 징후를 고려한다.

외부정보원천

(1) 회계기간 중에 자산의 가치가 시간의 경과나 정상적인 사용에 따라 하락할 것으로 예상되는 수준보다 유의적으로 더 하락하였다는 관측가능한 징후가 있다.

(2) 기업이 영업하는 기술 · 시장 · 경제 · 법률 환경이나 해당 자산을 사용하여 재화나 용역을 공급하는 시장에서 기업에 불리한 영향을 미치는 유의적 변화가 회계

기간 중에 일어났거나 가까운 미래에 일어날 것으로 예상된다.

(3) 시장이자율이 회계기간 중에 상승하여 자산의 사용가치를 계산할 때 사용하는 할인율에 영향을 미쳐 자산의 회수가능액이 중요하게 감소할 가능성이 높다.

(4) 기업의 순자산 장부금액이 기업의 시가총액보다 많다.

내부정보원천

(5) 자산이 진부화하거나 물리적으로 손상된 증거를 얻을 수 있다.

(6) 자산의 사용 범위나 사용 방법에서 기업에 불리한 영향을 미치는 유의적 변화가 회계기간 중에 일어났거나 가까운 미래에 일어날 것으로 예상된다.

(7) 자산의 경제적 성과가 예상 수준에 미치지 못하거나 못할 것으로 예상되는 증거를 내부보고에서 얻을 수 있다.

2X03년 여름 태풍으로 인해 자동화설비 장치의 일부가 침수되어 물리적 손상이 발생하였는데, 교수자는 이러한 물리적 손상이 자동화설비의 손상을 시사하는 징후가 될 수 있는지를 다음의 관점에서 토론하도록 유도한다.

① 손상을 시사하는 기업 외부정보원천은 무엇인가?

② 손상을 시사하는 기업 내부정보원천은 무엇인가?

토론 (주)하우스피아의 자동화설비 장치는 K-IFRS 제1036호 '자산손상'의 적용대상이므로, (주)하우스피아는 보고기간 말마다 자동화설비 장치의 손상 징후가 있는지를 검토하여야 한다. 자산손상 징후가 있는지를 검토할 때에는 외부정보와 내부정보를 모두 고려하여야 하는데, (주)하우스피아가 최소한 고려해야 할 외부정보원천은 다음과 같다.

① 회계기간 중에 자산의 가치가 시간의 경과나 정상적인 사용에 따라 하락할 것으로 예상되는 수준보다 유의적으로 더 하락하였다는 관측가능한 징후가 있다.

② 기업이 영업하는 기술·시장·경제·법률 환경이나 해당 자산을 사용하여 재화나 용역을 공급하는 시장에서 기업에 불리한 영향을 미치는 유의적 변화가 회계기간 중에 일어났거나 가까운 미래에 일어날 것으로 예상된다.

③ 시장이자율(그 밖의 시장투자수익률을 포함한다. 이하 같다)이 회계기간 중에 상승하여 자산의 사용가치를 계산할 때 사용하는 할인율에 영향을 미쳐 자산의 회수가능액이 중요하게 감소할 가능성이 높다.

④ 기업의 순자산 장부금액이 기업의 시가총액보다 많다.

(주)하우스피아는 최소한 다음의 내부정보원천을 고려하여 자동화설비 장치의 손상 징후가 있는지를 검토한다.

① 자산이 진부화하거나 물리적으로 손상된 증거를 얻을 수 있다.

② 자산의 사용 범위나 사용 방법에서 기업에 불리한 영향을 미치는 유의적 변화가 회계기간 중에 일어났거나 가까운 미래에 일어날 것으로 예상된다. 이 변화에는 자산의 유휴화, 자산을 사용하는 영업부문을 중단하거나 구조 조정할 계획, 예상 시점보다 앞서 자산을 처분할 계획, 비한정 내용연수를 유한 내용연수로 재평가하기 등을 포함한다.

즉, 자동화설비 장치가 침수되어 물리적으로 손상되었다는 것은 내부정보원천에 의한 손상 징후라고 할 수 있다.

토론을 위한 회계이슈 |

(2) 자동화설비의 손상을 시사하는 징후가 확인되었다면 손상을 인식해야 하는가? [4단계 인식]

K-IFRS 제1036호 자산손상

9. 보고기간 말마다 자산손상 징후가 있는지를 검토한다. 그러한 징후가 있다면 해당 자산의 회수가능액을 추정한다.

18. 이 기준서에서는 회수가능액을 자산 또는 현금창출단위의 처분부대원가를 뺀 공정가치와 사용가치 중 더 많은 금액으로 정의한다.

30. 자산의 사용가치 계산에는 다음 요소를 반영한다.
    (1) 자산에서 얻을 것으로 예상되는 미래 현금흐름의 추정치
    (2) 미래 현금흐름의 금액 및 시기의 가능한 변동에 대한 예상
    (3) 현행 시장 무위험 이자율로 표현되는 화폐의 시간가치
    (4) 자산에 내재한 불확실성을 보상하는 가격
    (5) 자산에서 얻을 것으로 예상되는 미래 현금흐름의 가격을 결정할 때 시장참여자들이 반영하는 비유동성과 같은 그 밖의 요소들

31. 자산의 사용가치를 추정할 때는 다음의 단계를 모두 거친다.
    (1) 자산의 계속 사용과 최종 처분에서 얻을 것으로 예상되는 미래 현금유입과 미래 현금유출을 추정함
    (2) (1)의 미래 현금흐름에 적절한 할인율을 적용함

자산손상을 시사하는 징후가 확인되면, 교수자는 손상차손을 인식해야 하는지를 다음의 관점에서 토론하도록 유도한다.

① 자산손상 징후가 자산의 손상을 의미하는가?
② 자산이 손상되었다는 것을 어떻게 파악할 수 있는가?

토론 자산손상의 징후가 반드시 자산이 손상되었다는 것을 의미하지는 않는다. 자산이 손상된다는 것은 해당 자산의 장부금액이 회수가능하지 못하다는 것을 의미하므로 자산손상의 징후가 있는 경우에는 자산의 회수가능액과 장부금액을 비교하는 손상검사를 수행하여야

한다. 자동화설비의 장부금액은 해당 자산의 처분이나 사용을 통해 회수할 수 있는데, 이 두 방법으로 회수할 수 있는 금액이 다르다면 경영자는 회수할 수 있는 금액이 큰 방법을 선택할 것이다. 따라서 자동화설비의 회수가능액은 처분을 통해 회수할 수 있는 금액(공정가치에서 처분부대원가를 차감한 금액)과 사용을 통해 회수할 수 있는 금액(사용가치) 중 큰 금액으로 정의된다. 자산의 사용가치는 해당 자산의 계속 사용과 최종 처분에서 얻을 것으로 예상되는 미래 순현금유입액을 추정한 후 이를 적절한 할인율로 할인한 현재가치이다.

손상검사 수행결과 자산의 회수가능액이 장부금액에 미달한다면, 자산의 장부금액을 회수가능액으로 감액하고 해당 감소금액은 당기손실인 손상차손으로 인식한다. 손상이 발생한 경우 장부금액을 회수가능액으로 감액하면 해당 자산으로부터의 미래 현금흐름을 예측하는데 보다 유용한 정보, 즉 보다 목적적합한 정보를 제공할 수 있을 것이다. 손상차손 인식 후에는 수정된 장부금액에서 잔존가치를 차감한 금액을 잔여내용연수에 걸쳐 체계적인 방법으로 감가상각한다.

손상차손을 인식한 후에는 보고일마다 과거 기간에 인식한 손상차손이 더 이상 존재하지 않거나 감소되었을 수 있는 징후가 있는지를 검토한다. 손상차손 환입의 징후가 있는 경우에는 해당 자산의 회수가능액을 추정한다. 회수가능액이 장부금액보다 크다는 것은 과거기간에 인식한 손상차손이 더 이상 존재하지 않거나 감소된 것을 의미하므로 자산의 장부금액을 회수가능액으로 증가시키고 당해 증가금액만큼 당기이익인 손상차손환입으로 인식한다.

이때 손상차손환입으로 증가되는 장부금액은 손상차손을 인식하지 않았더라면 계상될 장부금액을 한도로 한다. 만일 (주)하우스피아가 자동화설비를 재평가모형에 의해 측정하여 왔다면, 당기이익으로 인식할 손상차손환입은 과거에 당기손실로 인식한 손상차손을 한도로 한다.

요약하면, 자동화설비의 손상 징후가 확인되면 (주)하우스피아는 손상검사를 수행하고 손상이 발생하였으면 손상차손을 인식한다. 즉, 자동화설비의 회수가능액과 장부금액을 비교하여 회수가능액이 장부금액에 미달하면 그 미달하는 금액을 당기손실인 손상차손으로 인식한다. 자동화설비의 회수가능액은 공정가치에서 처분부대원가를 차감한 금액과 사용가치 중 큰 금액이다. 손상차손을 인식한 후에 과거 기간에 인식한 손상차손이 더 이상 존재하지 않거나 감소되었으면 장부금액을 회수가능액으로 증가시키고 당해 증가금액만큼 당기이익인 손상차손환입으로 인식한다. 이때 손상차손환입으로 증가하는 장부금액은 손상차손을 인식하지 않았더라면 계상될 장부금액을 한도로 한다.

7-6 판매하는 제품에 대한 무상보증

토론을 위한 회계이슈 |

(1) (주)하우스피아는 새로 출시하는 침대에 대한 무상보증을 부채로 인식해야 하는가? [2단계 식별, 4단계 인식]

재무보고를 위한 개념체계

4.4 재무상태의 측정에 직접 관련되는 요소는 자산, 부채 및 자본이다. 이러한 요소의 정의는 다음과 같다.

(2) 부채는 과거사건으로 생긴 현재의무로서, 기업이 가진 경제적효익이 있는 자원의 유출을 통해 그 이행이 예상되는 의무이다.

K-IFRS 第1037호 충당부채, 우발부채, 우발자산

10. 이 기준서에서 사용하는 용어의 뜻은 다음과 같다.
충당부채 : 지출하는 시기 또는 금액이 불확실한 부채
부채 : 과거사건으로 생긴 현재의무로서, 기업이 가진 경제적효익이 있는 자원의 유출을 통해 그 이행이 예상되는 의무

14. 충당부채는 다음의 요건을 모두 충족하는 경우에 인식한다.
(1) 과거사건의 결과로 현재의무(법적의무나 의제의무)가 존재한다.
(2) 해당 의무를 이행하기 위하여 경제적효익이 있는 자원을 유출할 가능성이 높다.
(3) 해당 의무를 이행하기 위하여 필요한 금액을 신뢰성 있게 추정할 수 있다.

17. 현재의무가 생기게 하는 과거사건을 의무발생사건이라고 한다. 의무발생사건이 되려면 해당 사건으로 생긴 의무의 이행 외에는 현실적인 대안이 없어야 한다. 다음의 (1)이나 (2)의 경우만 이에 해당한다.
(1) 의무의 이행을 법적으로 집행할 수 있는 경우
(2) 의제의무와 관련해서는 기업이 해당 의무를 이행할 것이라는 정당한 기대를 상대방에게 갖도록 하는 경우

교수자는 (주)하우스피아가 판매촉진의 일환으로 실시하는 침대에 대한 무상보증을 부채로 인식해야 하는가를 다음의 관점에서 토론하도록 유도한다.

① 침대에 대한 무상보증이 부채의 정의를 충족하는가?
② 침대에 대한 무상보증이 부채의 인식기준을 충족하는가?

토론 (주)하우스피아의 침대에 대한 무상보증은 그 의무 이행을 위한 시기나 금액이 불확실하므로 K-IFRS 제1037호 '충당부채, 우발부채, 우발자산'을 적용하여 해당 의무가 부채의 정의를 충족하는지 여부를 판단해야 한다.

재무보고를 위한 개념체계와 K-IFRS 제1037호에서는 부채를 '과거사건으로 생긴 현재의무로서, 기업이 가진 경제적효익이 있는 자원의 유출을 통해 그 이행이 예상되는 의무'로 정의한다.

(1) 현재의무를 발생시키는 과거사건을 '의무발생사건'이라고 하는데, 의무발생사건은 ① 의무의 이행을 법적으로 집행할 수 있거나 ② 기업이 해당 의무를 이행할 것이라는 정당한 기대를 상대방이 갖도록 하는 사건을 말한다. (주)하우스피아는 제품에 결함이 있을 경우 1년간 제품을 무상으로 수리하거나 교환해 주겠다는 보증서를 고객에게 침대를 배송할 때 동봉하고 있으므로, 고객은 (주)하우스피아가 해당 의무를 이행하지 않을 경우 법적으로 집행을 요구할 수 있다. 따라서 (주)하우스피아의 무상보증은 의무발생사건에 해당한다.

(2) 또한, (주)하우스피아가 판매한 침대의 품질이나 성능에 결함이 있는 경우 (주)하우스피아는 이를 무상으로 수리해 주거나 교환해 주어야 하므로 (주)하우스피아가 가진 경제적효익이 있는 자원의 유출이 예상된다.

따라서 (주)하우스피아의 침대에 대한 무상보증은 부채의 정의를 충족한다.

토론 K-IFRS 제1037호는 다음의 요건을 모두 충족하는 경우에 충당부채를 인식하도록 하고 있다.

① 과거사건의 결과로 현재의무(법적의무나 의제의무)가 존재한다.
② 해당 의무를 이행하기 위하여 경제적효익이 있는 자원을 유출할 가능성이 높다.
③ 해당 의무를 이행하기 위하여 필요한 금액을 신뢰성 있게 추정할 수 있다.

앞에서 살펴본 바와 같이, (주)하우스피아의 침대에 대한 무상보증은 과거사건의 결과로 발생한 현재의무에 해당한다. 또한, 제품을 생산하여 판매하는 제조업에서 제품의 결함이 전혀 없을 수는 없으므로 (주)하우스피아가 무상보증 의무를 이행하기 위해 경제적효익이 있는 자원이 유출될 가능성이 높다고 할 수 있다.

(주)하우스피아가 무상보증을 제공하는 침대는 새로 출시되는 제품으로 제품의 결함에 대한 과거 자료가 존재하지 않는다. 이 경우에도 경영자는 자사의 다른 제품에 대한 결함률이나 유사한 제품에 대한 타사의 결함률 등에 기초하여 무상보증 의무 이행에 필요한 금액을 신뢰성 있게 추정할 수 있을 것이다. 따라서 (주)하우스피아의 신규로 출시되는 침대에 대한 무상보증 의무는 부채의 인식기준을 충족하므로 충당부채로 인식하여야 한다. 하지만 극히 드문 경우로 의무 이행에 필요한 금액을 신뢰성 있게 추정할 수 없다면 충당부채로 인식할 수 없으며, 대신 우발부채로 주석 공시해야 한다.

토론을 위한 회계이슈

(2) (주)하우스피아가 침대에 대한 무상보증을 부채로 인식한다면 어떻게 측정해야 하는가? [5단계 측정]

K-IFRS 제1037호 충당부채, 우발부채, 우발자산

36. 충당부채로 인식하는 금액은 현재의무를 보고기간 말에 이행하기 위하여 필요한 지출에 대한 최선의 추정치이어야 한다.

45. 화폐의 시간가치 영향이 중요한 경우에 충당부채는 의무를 이행하기 위하여 예상되는 지출액의 현재가치로 평가한다.

59. 보고기간 말마다 충당부채의 잔액을 검토하고, 보고기간 말 현재 최선의 추정치를 반영하여 조정한다. 의무를 이행하기 위하여 경제적효익이 있는 자원을 유출할 가능성이 높지 않게 된 경우에는 관련 충당부채를 환입한다.

교수자는 (주)하우스피아가 신규로 출시하는 침대에 대한 무상보증을 충당부채로 인식하는 경우 어떻게 측정할 것인가에 대해 토론하도록 유도한다.

토론 충당부채는 지출하는 시기나 금액이 불확실한 부채이므로 추정할 수밖에 없다. 이 경우 충당부채로 인식하는 금액은 현재의무를 보고기간 말에 이행하기 위해 필요한 지출에 대한 최선의 추정치이어야 한다. 따라서 (주)하우스피아는 자사의 타제품이나 타사의 유사한 제품에 대한 과거 경험 등을 고려하여 판매한 침대의 품질이나 성능에서 결함이 나타날 확률을 추정하고, 이를 이행하기 위해 필요한 지출을 추정한다. 침대의 결함에 대한 다수의 확률이 추정되는 경우에는 관련된 확률을 가중평균한 기댓값을 사용한다. 화폐의 시간가치 영향이 중요한 경우에 충당부채는 의무를 이행하기 위하여 예상되는 지출액의 현재가치로 평가하고 현재가치와 예상되는 지출액의 차이는 차입원가, 즉 이자비용으로 인식한다.

충당부채의 최초인식 후 보고기간 말마다 충당부채의 잔액을 검토하고, 보고기간 말 현재 최선의 추정치를 반영하여 조정한다. 충당부채가 더 이상 인식기준을 충족하지 않게 되면 충당부채를 환입한다. 즉, 의무를 이행하기 위하여 경제적효익이 있는 자원을 유출할 가능성이 높지 않게 된 경우에는 관련 충당부채를 환입한다.

요약하면, (주)하우스피아가 무상보증에 대한 충당부채로 인식할 금액은 현재의무를 보고기간 말에 이행하기 위해 필요한 지출에 대한 최선의 추정치이어야 한다. 충당부채의 최초인식 후 보고기간 말마다 충당부채의 잔액을 검토하고, 보고기간 말 현재 최선의 추정치를 반영하여 조정한다. 무상보증 의무를 이행하기 위하여 경제적효익이 있는 자원을 유출할 가능성이 높지 않게 된 경우에는 관련 충당부채를 환입한다.

7-7 손해배상청구소송의 제기

토론을 위한 회계이슈 |

(1) 위의 경제적 현상과 관련하여 재무정보이용자에게 유용한 정보는 무엇인가?
[1단계 경제적 현상과 유용한 정보]

재무보고를 위한 개념체계

OB3. …투자자, 대여자 및 기타 채권자의 수익에 대한 기대는 기업에 유입될 미래 순현금유입의 금액, 시기 및 불확실성 (전망)에 대한 그들의 평가에 달려 있다. 따라서 현재 및 잠재적 투자자, 대여자 및 기타 채권자는 기업에 유입될 미래 순현금유입에 대한 전망을 평가하는 데 도움을 주는 정보를 필요로 한다.

OB12. 일반목적재무보고서는 보고기업의 재무상태에 관한 정보, 즉 기업의 경제적 자원과 보고기업에 대한 청구권에 관한 정보를 제공한다. 재무보고서는 보고기업의 경제적 자원과 청구권을 변동시키는 거래와 그 밖의 사건의 영향에 대한 정보도 제공한다. 이 두 유형의 정보는 기업에 대한 자원 제공 관련 의사결정에 유용한 투입요소를 제공한다.

QC4. 재무정보가 유용하기 위해서는 목적적합해야 하고 나타내고자 하는 바를 충실하게 표현해야 한다. 재무정보가 비교가능하고, 검증가능하며, 적시성 있고, 이해가능한 경우 그 재무정보의 유용성은 보강된다.

교수자는 인테리아(주)가 (주)하우스피아를 피고로 하여 제기한 손해배상청구소송과 관련된 경제적 현상을 파악하고, 그 경제적 현상에 대해 재무정보이용자 입장에서 유용한 정보가 무엇인지를 토론하도록 유도한다.

토론 인테리아(주)가 (주)하우스피아를 대상으로 제기한 손해배상청구소송과 관련된 경제적 현상은 다음과 같이 요약된다.

① 인테리아가(주)가 (주)하우스피아를 피고로 하여 상표권 사용과 관련된 손해배상청구소송을 제기함
② 초기에는 소송이 (주)하우스피아에게 불리하지 않게 진행됨
③ 소송이 (주)하우스피아에게 불리하게 진행되어 1심에서 패소
④ 2심에 항소하였으나 2심에서도 피고가 원고에게 3억 원을 지급하라는 판결이 남
⑤ 3심에서 판결이 번복될 가능성이 낮다고 보아 상고하지 않기로 함

인테리아(주)가 (주)하우스피아를 피고로 하여 손해배상청구소송을 제기하였으므로 (주)하우스피아가 패소하는 경우 원고에게 손해배상을 해야 하며 따라서 (주)하우스피아의 경제적 자원 및 청구권에 변동을 초래할 수 있다. 따라서 소송에 대한 정보는 재무정보이용자인 투자자와 채권자가 (주)하우스피아에 유입될 미래 순현금유입에 대한 전망을 평가하는 데 유용한 투입요소를 제공할 수 있으므로 (주)하우스피아는 소송에 대한 정보를 제공하여야 한다. 소송에 대한 정보는 재무상태표에 부채로 인식될 수도 있고 주석으로만 공시될 수도 있는데, 제공되는 정보가 정보이용자의 의사결정에 유용하기 위해서는 목적적합하고 나타내고자 하는 바를 충실하게 표현해야 한다.

요약하면, 인테리아(주)가 (주)하우스피아를 피고로 하여 제기한 손해배상청구소송은 (주)하우스피아가 패소하는 경우 (주)하우스피아의 경제적 자원 및 청구권에 변동을 초래할 수 있는 사건이다. 따라서 소송에 대한 정보는 재무정보이용자인 투자자와 채권자가 (주)하우스피아에 유입될 미래 순현금유입에 대한 전망을 평가하는 데 유용한 투입요소를 제공할 수 있다. 소송에 대한 정보가 유용하

기 위해서는 목적적합하고 나타내고자 하는 바를 충실하게 표현해야 한다.

토론을 위한 회계이슈 |

(2) (주)하우스피아는 인테리아(주)가 제기한 소송을 어떻게 회계처리하여야 하는가? [2단계 식별, 3단계 분류, 4단계 인식]

재무보고를 위한 개념체계

4.4 재무상태의 측정에 직접 관련되는 요소는 자산, 부채 및 자본이다. 이러한 요소의 정의는 다음과 같다.

(2) 부채는 과거사건으로 생긴 현재의무로서, 기업이 가진 경제적효익이 있는 자원의 유출을 통해 그 이행이 예상되는 의무이다.

K-IFRS 제1037호 충당부채, 우발부채, 우발자산

10. 이 기준서에서 사용하는 용어의 뜻은 다음과 같다.

충당부채 : 지출하는 시기 또는 금액이 불확실한 부채

부채 : 과거사건으로 생긴 현재의무로서, 기업이 가진 경제적효익이 있는 자원의 유출을 통해 그 이행이 예상되는 의무

14. 충당부채는 다음의 요건을 모두 충족하는 경우에 인식한다.

(1) 과거사건의 결과로 현재의무(법적의무나 의제의무)가 존재한다.

(2) 해당 의무를 이행하기 위하여 경제적효익이 있는 자원을 유출할 가능성이 높다.

(3) 해당 의무를 이행하기 위하여 필요한 금액을 신뢰성 있게 추정할 수 있다.

위의 요건을 충족하지 못할 경우에는 충당부채로 인식할 수 없다.

27. 우발부채는 재무제표에 인식하지 아니한다.

28. 의무를 이행하기 위하여 경제적효익이 있는 자원을 유출할 가능성이 희박하지 않다면, 문단 86에 따라 우발부채를 공시한다.

30. 우발부채는 처음에 예상하지 못한 상황에 따라 변할 수 있으므로, 경제적효익이 있는 자원의 유출 가능성이 높아졌는지를 판단하기 위하여 우발부채를 지속적으로 평가한다. 과거에 우발부채로 처리하였더라도 미래경제적효익의 유출 가능성이 높아진 경우에는 그러한 가능성의 변화가 생긴 기간의 재무제표에 충당부채로 인식한다(신뢰성 있게 추정할 수 없는 극히 드문 경우는 제외).

86. 의무를 이행하기 위한 자원의 유출 가능성이 희박하지 않다면 보고기간 말에 우발부채의 분류별로 그 특성을 공시하고 실무적으로 적용할 수 있는 경우에는 다음의 내용을 공시한다.
(1) 문단 36~52에 따라 측정된 재무적 영향의 추정 금액
(2) 자원의 유출 금액 또는 시기와 관련된 불확실성의 정도
(3) 변제 가능성

(주)하우스피아를 피고로 제기된 소송의 초기 단계에서는 우발부채였으나, 소송이 (주)하우스피아에게 불리하게 진행되어 패소 가능성이 높아지면서 충당부채가 되고, 판결이 나면서 확정부채가 된다. 교수자는 학습자가 이러한 진행과정을 인지하고 각 단계에 맞는 회계처리를 토론하도록 유도한다.

토론 (주)하우스피아가 소송에서 패소하는 경우 이행해야 할 손해배상의무의 이행 시기나 금액이 불확실하므로 K-IFRS 제1037호 '충당부채, 우발부채, 우발자산'을 적용하여 해당 의무가 부채의 정의를 충족하는지를 판단해야 한다.

개념보고서와 K-IFRS 제1037호는 부채를 '과거사건으로 생긴 현재의무로서, 기업이 가진 경제적효익이 있는 자원의 유출을 통해 그 이행이 예상되는 의무'로 정의한다.

현재의무를 발생시키는 과거사건을 '의무발생사건'이라고 하는데, 의무발생사건이 되려면 해당 사건으로 인해 발생한 의무의 이행

외에는 현실적인 대안이 없어야 한다. (주)하우스피아가 패소하는 경우 손해배상금을 지급하는 것 외에는 다른 현실적인 대안이 없으므로 (주)하우스피아를 피고로 제기된 소송은 의무발생사건에 해당한다. 따라서 (주)하우스피아를 피고로 제기된 소송은 과거사건으로 생긴 현재의무라고 할 수 있다. 또한, (주)하우스피아가 패소하면 손해배상금을 지급해야 하므로 (주)하우스피아가 가진 경제적효익이 있는 자원의 유출이 예상된다. 따라서 (주)하우스피아를 피고로 하여 제기된 소송은 부채의 정의를 충족한다.

토론 K-IFRS 제1037호는 다음의 요건을 모두 충족하는 경우에만 충당부채를 인식하도록 하고 있다.

① 과거사건의 결과로 현재의무가 존재한다.
② 해당 의무를 이행하기 위하여 경제적효익이 있는 자원을 유출할 가능성이 높다.
③ 해당 의무를 이행하기 위하여 필요한 금액을 신뢰성 있게 추정할 수 있다.

위에서 살펴본 바와 같이, (주)하우스피아를 피고로 하여 제기된 소송은 과거사건의 결과로 발생한 현재의무에 해당한다. 그런데 소송의 초기단계인 2X03년 말에는 (주)하우스피아가 패소할 가능성이 높지 않았으며, 이는 소송으로 인해 발생하는 의무를 이행하기 위하여 경제적효익이 있는 자원의 유출 가능성이 높지 않다는 것을 의미한다. 따라서 2X03년 말에는 이 소송이 충당부채의 인식요건을 충족하지 못하므로 충당부채가 아니라 우발부채이다. 우발부채는 재무제표에 인식할 수 없으며, 자원의 유출 가능성이 희박하지 않는다면 다음의 내용을 주석으로 공시해야 한다.

(1) 소송의 재무적 영향
(2) 자원의 유출 금액 또는 시기와 관련된 불확실성의 정도

(3) 변제 가능성

한편, 2X04년 12월 31일 재무제표를 작성하는 시점에서는 소송이 불리하게 진행됨에 따라 (주)하우스피아가 소송에 패할 가능성이 높아져 소송 관련 의무를 이행하기 위하여 경제적효익이 있는 자원의 유출 가능성이 높아졌다. 또한, 고문변호사가 (주)하우스피아가 패소할 경우 부담하게 될 손해배상금을 약 2억 원으로 추정함에 따라 해당 의무를 이행하기 위하여 필요한 금액도 신뢰성 있게 추정할 수 있다. 따라서 2X04년 말에는 (주)하우스피아를 피고로 하여 제기된 소송이 충당부채의 모든 인식요건을 충족하므로 2억 원을 충당부채로 재무제표에 인식하여야 한다.

(주)하우스피아는 2X05년 3월 31일 1심에서 패소하고 2X05년 11월 30일 2심에서도 패소하였으며 2심에서 원고에게 3억 원을 지급하라는 판결을 받았다. (주)하우스피아가 상고하지 않기로 함에 따라 2심에서 판결받은 3억 원의 손해배상금은 확정부채가 되고 1억 원의 부채를 추가로 인식해야 한다. (주)하우스피아는 손해배상금 지급 시점까지 3억 원의 부채를 재무제표상 보고하여야 한다.

요약하면, (주)하우스피아를 피고로 하여 제기된 소송은 부채의 정의를 충족한다. 그러나 소송의 초기 단계인 2X03년 말에는 (주)하우스피아가 패소할 가능성이 높지 않아 충당부채의 인식요건을 충족하지 못하므로 우발부채로 주석 공시한다. 소송이 진행됨에 따라 2X04년 말에는 (주)하우스피아가 패소할 가능성이 높아지고 패소 시 지급할 손해배상금도 신뢰성 있게 추정할 수 있게 됨에 따라 충당부채의 인식기준을 충족시킨다. 따라서 예상되는 손해배상금을 충당부채로 인식해야 한다. 2X05년 (주)하우스피아가 소송에서 패소함에 따라 충당부채는 확정부채가 된다.

7-8 부과된 재산세

토론을 위한 회계이슈 |

(주)하우스피아는 부과된 재산세를 2X03년 말 재무제표에 부채로 인식해야 하는가? [2단계 식별, 4단계 인식]

재무보고를 위한 개념체계

4.4 재무상태의 측정에 직접 관련되는 요소는 자산, 부채 및 자본이다. 이러한 요소의 정의는 다음과 같다.

(2) 부채는 과거사건으로 생긴 현재의무로서, 기업이 가진 경제적효익이 있는 자원의 유출을 통해 그 이행이 예상되는 의무이다.

4.46 부채는 현재의무의 이행에 따라 경제적효익을 갖는 자원의 유출 가능성이 높고 결제될 금액에 대해 신뢰성 있게 측정할 수 있을 때 재무상태표에 인식한다.

4.49 비용은 자산의 감소나 부채의 증가와 관련하여 미래경제적효익이 감소하고 이를 신뢰성 있게 측정할 수 있을 때 포괄손익계산서에 인식한다. 이는 실제로 비용의 인식이 부채의 증가나 자산의 감소에 대한 인식과 동시에 이루어짐을 의미한다.

기업회계기준해석서 제2121호 부담금

8. 부담금부채를 발생시키는 의무발생사건은 법규에 명시된 부담금 납부를 유발하는 활동이다.

부과기준일이 2X03년 6월 1일이지만, 납부고지서는 2X03년 12월 20일에 배달되었으며, 실제 납부는 2X04년에 이루어진 재산세를 어느 회계기간의 비용으로 인식해야 하는지에 대한 이슈이다. 교수자는 학습자가 재무보고를 위한 개념체계에 기초해서 재산세 비용의 인식시점을 토론하도록 유도한다.

토론 재무보고를 위한 개념체계에 의하면 비용은 자산의 감소나 부채의 증가와 관련하여 미래경제적효익이 감소하고 이를 신뢰성 있게 측정할 수 있을 때 포괄손익계산서에 인식한다. 이는 비용의 인식이 부채의 증가나 자산의 감소와 동시에 이루어짐을 의미하는 것으로 재산세 비용의 인식시점은 언제 납세의무를 부채로 인식할 것인가에 달려 있다.

재무보고를 위한 개념체계에 의하면 부채는 '과거사건으로 생긴 현재의무로서, 기업이 가진 경제적효익이 있는 자원의 유출을 통해 그 이행이 예상되는 의무'이다. 또한, 부채는 현재의무의 이행을 위해 경제적효익을 갖는 자원의 유출 가능성이 높고, 결제될 금액을 신뢰성 있게 측정할 수 있을 때 재무상태표에 인식한다.

그런데 부과기준일, 납부고지서 고지일, 납부기한이 각각 다른 재산세 납세의무의 경우 현재의무를 발생시킨 과거사건일이 언제인가에 대해 다음과 같이 이견이 존재할 수 있다.

① 재산세를 자산의 보유에 대한 과세로 보는 경우 재산세 과세대상 자산을 보유한 기간이 재산세 납세의무를 발생시킨 과거사건일이라고 할 수 있다.
② 재산세를 자산의 보유에 대한 과세라기보다는 특정 시점에 소유하고 있는 자산에 대한 과세로 보는 경우 부과기준일이 재산세 납세의무를 발생시킨 과거사건일이라고 할 수 있다.
③ 납부고지서가 납세의무자에게 도달하여야 효력이 발생하고 납부의무가 발생한다고 보는 경우 납부고지서가 도달한 날을 재산세 납세의무를 발생시킨 과거사건일이라고 할 수 있다.

이에 대해 기업회계기준해석서 제2121호 '부담금'이 판단의 근거를 제공할 수 있다. 기업회계기준해석서 제2121호에서는 부담금부채를 발생시키는 의무발생사건을 '법규에 명시된 부담금 납부를 유발하는 활동'으로 규정하고 있다. 그런데 재산세는 법령에 의해 부과기준일(즉, 6월 1일) 현재 부과대상 자산의 보유자에게 과세하는 것이므로, 부담금부채를 발생시키는 의무발생사건은 부과기준일에 해당 자산을 보유하고 있는 것이라고 할 수 있다. 재산세 납세의무자에 대한 고지서 발급은 법령을 이행하기 위한 행정절차에 불과하다. 따라서 (주)하우스피아는 재산세의 부과기준일인 2X03년 6월 1일에 부채와 비용을 인식하여야 한다.

7-9 신종자본증권의 발행

토론을 위한 회계이슈 |

(주)하우스피아는 신종자본증권을 부채로 분류해야 하는가 아니면 자본으로 분류해야 하는가? [2단계 식별]

K-IFRS 제1032호 금융상품 : 표시

11. 이 기준서에서 사용하는 용어의 뜻은 다음과 같다.

금융부채는 다음의 부채를 말한다.

(1) 다음 중 어느 하나에 해당하는 계약상 의무
- (가) 거래상대방에게 현금 등 금융자산을 인도하기로 한 계약상 의무
- (나) 잠재적으로 불리한 조건으로 거래상대방과 금융자산이나 금융부채를 교환하기로 한 계약상 의무

(2) 자기지분상품으로 결제하거나 결제할 수 있는 다음 중 하나의 계약
- (가) 인도할 자기지분상품의 수량이 변동가능한 비파생상품
- (나) 확정 수량의 자기지분상품을 확정 금액의 현금 등 금융자산과 교환하여 결제하는 방법 외의 방법으로 결제하거나 결제할 수 있는 파생상품

지분상품 : 기업의 자산에서 모든 부채를 차감한 후의 잔여지분을 나타내는 모든 계약

신종자본증권은 상법상 채권으로 분류되나 회계상으로는 채무상품과 지분상품의 특성을 함께 가지고 있는 유가증권이다. 이처럼 채무상품과 지분상품의 특성을 동시에 갖고 있는 신종자본증권을 발행하는 경우 발행자 입장에서 부채로 분류해야 하는지 아니면 자본으로 분류해야 하는지가 이슈이다. 신종자본증권이 금융부채의 정의를 충족하면 금융부채로, 금융부채의 정의를 충족하지 못하면 자본으로 분류된다. 교수자는 학습자로 하여금 신종자본증권이 금융부채의 정의를 충족하는지를 토론하도록 유도한다.

K-IFRS 제1032호 '금융상품 : 표시'에서는 금융부채를 다음과 같이 정의한다.

① 다음 중 어느 하나에 해당하는 계약상 의무
  (가) 거래상대방에게 현금 등 금융자산을 인도하기로 한 계약상 의무
  (나) 잠재적으로 불리한 조건으로 거래상대방과 금융자산이나 금융부채를 교환하기로 한 계약상 의무
② 자기지분상품으로 결제하거나 결제할 수 있는 다음 중 하나의 계약
  (가) 인도할 자기지분상품의 수량이 변동가능한 비파생상품
  (나) 확정 수량의 자기지분상품을 확정 금액의 현금 등 금융자산과 교환하여 결제하는 방법 외의 방법으로 결제하거나 결제할 수 있는 파생상품

위의 금융부채의 정의에서 핵심사항은 다음과 같이 요약될 수 있다.

① 현금 등 금융자산을 인도할 계약상 의무가 있는가?
② 현금 등 금융자산을 인도할 계약상 의무가 없다면 자기지분상품으로 결제하는 계약인가?
③ 자기지분상품으로 결제하는 계약이라면 이 계약이 파생상품인가?
  (가) 파생상품이 아니라면 인도할 주식수량이 확정되어 있는가?

(나) 파생상품이라면 확정된 금액을 대가로 확정된 주식수량을 인도하는가?

토론 (주)하우스피아의 신종자본증권의 경우 만기는 20년이나 20년 단위로 횟수 제한 없이 만기를 연장할 수 있다. 따라서 (주)하우스피아는 신종자본증권의 원금 지급을 영구적으로 회피할 수 있는 무조건적인 권리를 갖고 있다고 할 수 있으므로 현금 등 금융자산을 인도할 계약상 의무가 없다. 투자자가 풋옵션을 행사하면 SPC는 신종자본증권을 매입해야 하는데, 이는 (주)하우스피아와는 독립된 실체인 SPC의 의무이지 (주)하우스피아의 계약상 의무가 아니다. 또한, (주)하우스피아가 청산하는 경우 채권자뿐만 아니라 주주에게도 현금 등 잔여재산을 배분할 것이므로 신종자본증권이 다른 보통주보다 우선하는 선순위를 가진다는 것은 금융부채의 분류에 영향을 미치지 않는다.

SPC가 투자자로부터 신종자본증권을 매입한 후 (주)하우스피아에게 주식교부청구권을 행사하는 경우 (주)하우스피아는 콜옵션을 행사하여 신종자본증권의 원리금을 현금으로 상환하든가 확정 수량의 주식을 발행해 줄 수 있다. 그런데 (주)하우스피아가 신종자본증권의 원리금을 현금으로 상환할 수 있는 콜옵션은 (주)하우스피아가 선택할 수 있는 권리이지 계약상 의무가 아니다. 또한, SPC가 주식교부청구권을 행사하면 (주)하우스피아가 주식을 교부해야 하는 계약은 파생상품이 아니며, 결제할 주식수가 확정되어 있으므로 금융부채의 정의를 충족하지 못한다. 따라서 (주)하우스피아가 발행한 신종자본증권은 지분증권(자본)으로 분류하여야 한다.

7-10 이연법인세

토론을 위한 회계이슈 |

(주)하우스피아는 2X04년 12월 31일에 이연법인세자산을 인식할 수 있는가? [2단계 식별, 4단계 인식]

재무보고를 위한 개념체계

4.4 재무상태의 측정에 직접 관련되는 요소는 자산, 부채 및 자본이다. 이러한 요소의 정의는 다음과 같다.

(1) 자산은 과거사건의 결과로 기업이 통제하고 있고 미래경제적효익이 기업에 유입될 것으로 기대되는 자원이다.

4.44 자산은 미래경제적효익이 기업에 유입될 가능성이 높고 해당 항목의 원가 또는 가치를 신뢰성 있게 측정할 수 있을 때 재무상태표에 인식한다.

K-IFRS 제1012호 법인세

5. 이 기준서에서 사용하는 용어의 정의는 다음과 같다.

이연법인세자산 : 다음과 관련하여 미래 회계기간에 회수될 수 있는 법인세 금액

(1) 차감할 일시적차이

(2) 미사용 세무상결손금의 이월액

(3) 미사용 세액공제 등의 이월액

일시적차이 : 재무상태표상 자산 또는 부채의 장부금액과 세무기준액의 차이. 이러한 일시적차이는 다음의 두 가지로 구분된다.

(1) 가산할 일시적차이 : 자산이나 부채의 장부금액이 회수나 결제되는 미래 회계기간의 과세소득(세무상결손금) 결정시 가산할 금액이 되는 일시적차이

(2) 차감할 일시적차이 : 자산이나 부채의 장부금액이 회수나 결제되는 미래 회계기간의 과세소득(세무상결손금) 결정시 차감할 금액이 되는 일시적차이

24. 차감할 일시적차이가 사용될 수 있는 과세소득의 발생 가능성이 높은 경우에, 모든 차감할 일시적차이에 대하여 이연법인세자산을 인식한다.

부채의 회계상 장부금액과 세무기준액의 차이가 발생하고 이러한 차이가 차감할 일시적차이인 경우, 모든 차감할 일시적차이에 대해 이연법인세자산을 인식할 수 있는지에 대한 이슈이다. 차감할 일시적차이로 인한 법인세효과는 자산의 정의와 인식기준을 충족하는 경우에만 자산으로 인식하므로 교수자는 학습자로 하여금 이런 관점에서 토론하도록 유도한다.

토론 2X04년 12월 31일에 (주)하우스피아는 1억 원을 제품보증비용과 제품보증충당부채로 인식하였으며, 실제 제품보증비는 2X05년에 지급되었다. 그런데 세무상 제품보증비는 실제로 지급되는 시점에 손금으로 인정되므로 2X04년 12월 31일에 제품보증충당부채의 세무기준액은 0원으로 제품보증충당부채의 회계상 장부금액과 세무기준액 사이에 차이가 발생한다. 이 차이는 2X05년에 제품보증비가 지급되면 소멸되므로 일시적차이이며, 충당부채가 결제되는 시점, 즉 제품보증비가 지급되는 시점에 세무상 손금산입되어 과세소득을 결정할 때 차감되므로 차감할 일시적차이에 해당한다.

차감할 일시적차이가 발생하면 미래 과세소득을 감소시켜 납부할 세금을 줄여준다. 즉, 차감할 일시적차이로 미래 납부할 세금이 줄어드는 만큼 경제적효익의 유입이 기대되므로 자산의 정의를 충족한다고 할 수 있다. 그러나 차감할 일시적차이의 법인세효과가 자산의 정의를 충족한다고 해서 모두 자산으로 인식할 수 있는 것은 아니며, 자산의 인식기준을 충족하는 경우에만 자산으로 인식한다.

재무보고를 위한 개념체계에서 자산은 (1) 미래경제적효익이 기업에 유입될 가능성이 높고, (2) 해당 자산의 원가 또는 가치를 신뢰성 있게 측정할 수 있을 때 재무상태표에 인식하도록 하고 있다.

개념체계상 자산의 인식기준과 일관성 있게 K-IFRS 제1012호 '법인세'에서는 차감할 일시적차이가 사용될 수 있는 가능성이 높은 경우에만 자산(이연법인세자산)으로 인식하도록 하고 있다. 그런데 차감할 일시적차이는 미래 과세소득에서 차감되므로 미래 과세소득이 발생해야만 차감할 일시적차이를 사용할 수 있다. 따라서 차감할 일시적차이가 사용될 수 있는 미래 과세소득의 발생 가능성이 높은 경우에만 차감할 일시적차이의 법인세효과를 이연법인세자산으로 인식한다.

요약하면, 2X04년 말 제품보증충당부채에서 발생하는 차감할 일시적차이에 대하여 차감할 일시적차이가 사용될 수 있는 미래 과세소득의 발생 가능성이 높은 경우에만 이연법인세자산을 인식한다.

8 사업결합

8-1 진행중인 개발 프로젝트

토론을 위한 회계이슈

(1) 경제적 현상은 무엇인가? 주요 재무정보이용자는 의사결정과정에서 이 경제적 현상과 관련하여 어떤 정보가 유용한가? [1단계 경제적 현상과 유용한 정보]

재무보고를 위한 개념체계

QC2. 재무보고서는 보고기업의 경제적 자원, 보고기업에 대한 청구권 그리고 그 자원 및 청구권에 변동을 일으키는 거래와 그 밖의 사건 및 상황의 영향에 대한 정보를 제공한다(이 정보는 '개념체계' 안에서 '경제적 현상에 대한 정보'라 한다). 일부 재무보고서는 보고기업에 대한 경영진의 기대 및 전략과 기타 유형의 미래전망 정보에 대한 설명 자료도 포함하고 있다.

QC4. 재무정보가 유용하기 위해서는 목적적합해야 하고 나타내고자 하는 바를 충실하게 표현해야 한다. 재무정보가 비교가능하고, 검증가능하며, 적시성 있고, 이해가능한 경우 그 재무정보의 유용성은 보강된다.

QC6. 목적적합한 재무정보는 정보이용자의 의사결정에 차이가 나도록 할 수 있다. 정보는 일부 정보이용자가 이를 이용하지 않기로 선택하거나 다른 원천을 통하여 이미 이를 알고 있다고 할지라도 의사결정에 차이가 나도록 할 수 있다.

QC7. 재무정보에 예측가치, 확인가치 또는 이 둘 모두가 있다면 그 재무정보는 의사결정에 차이가 나도록 할 수 있다.

QC12. 재무보고서는 경제적 현상을 글과 숫자로 나타내는 것이다. 재무정보가 유용하기 위해서는 목적적합한 현상을 표현하는 것뿐만 아니라 나타내고자 하는 현상을 충실하게 표현해야 한다. 완벽하게 충실한 표현을 하기 위해서는 서술에 세 가지의 특성이 있어야 할 것이다. 서술은 *완전하고, 중립적이며, 오류가 없어야* 할 것이다. 물론 완벽함은 달성하기 어렵다. 회계기준위원회의 목적은 가능한 정도까지 그 특성을 극대화하는 것이다.

교수자는 (주)하우스피아가 (주)공간건축연구소의 자산과 부채를 승계한 흡수합병 거래와 관련하여, 경제적 현상을 파악하고 그 경제적 현상에 대해 (주)하우스피아의 재무정보이용자 입장에서 유용한 정보가 무엇인지를 토론하도록 유도한다.

재무보고를 위한 개념체계에 의하면 경제적 현상이란 기업의 경제적 자원, 기업에 대한 청구권 그리고 그 자원 및 청구권에 변동을 일으키는 거래와 그 밖의 사건 및 상황의 영향에 대한 정보를 말한다.

따라서 교수자는 흡수합병 거래가 (주)하우스피아의 경제적 자원이나 (주)하우스피아에 대한 청구권 그리고 이러한 자원이나 청구권의 변동에 어떻게 영향을 주는지에 대해 토론을 유도한다.

토론 (주)하우스피아가 (주)공간건축연구소의 자산과 부채를 승계한 흡수합병 거래와 관련된 경제적 현상은 다음과 같이 요약된다.

① (주)공간건축연구소의 재무제표에 표시된 자산과 부채를 모두 승계하기로 함
② (주)공간건축연구소의 디자이너와 숙련된 전문 직원들도 모두 승계하기로 함
③ (주)공간건축연구소의 재무제표에 표시되지는 않았으나 운행가능한 트럭을 인수하였음
④ (주)공간건축연구소의 재무제표에 표시되지는 않았으나 진행중이던 기술개발 프로젝트를 인수하기로 하고, 동 프로젝트의 공정가치를 추정할 수 있음

또한 교수자는 현재 및 잠재적 투자자, 대여자 및 기타 채권자가 자본제공자의 자격으로 의사결정을 하는 데 있어서, (주)하우스피아의 미래 순현금흐름에 대한 전망을 평가하는 데 어떠한 정보가 유용할지에 대해서도 토론을 유도한다.

토론 사례는 취득자((주)하우스피아)가 하나 이상의 사업((주)공간건축연구소)에 대한 지배력을 획득하는 거래에 해당하므로 사업결합에 해당한다. 주요 재무정보이용자는 회사에 자원을 제공하는 것에 관해 의사결정하는 데 사업결합이 회사의 재무제표에 미치는 영향과 앞으로 미칠 영향에 대해 관심을 가질 것이다.

이 과정에서 비록 (주)공간건축연구소의 재무제표에 표시되지 않았으나 운행가능한 트럭이나 진행중인 기술개발 프로젝트에 관한 정보도 (주)하우스피아의 미래 순현금흐름에 대한 전망을 평가하는 데 유용한 정보가 된다.

재무보고를 위한 개념체계에 의하면 재무정보가 유용하기 위해서는 목적적합해야 하고 나타내고자 하는 바를 충실하게 표현해야 한다. 목적적합하지 않은 현상에 대한 충실한 표현과 목적적합한 현상에 대한 충실하지 못한 표현 모두 정보이용자가 좋은 결정을 내리는 데 도움이 되지 않는다. 재무정보가 비교가능하고, 검증가능하며, 적시성 있고, 이해가능한 경우 그 재무정보의 유용성은 보강된다.

목적적합한 정보는 해당 정보가 제공되었을 때 그렇지 않은 경우와 비교하여 정보이용자의 의사결정이 달라질 수 있는 정보를 말한다. 또한 재무정보에 예측가치, 확인가치 또는 이 둘 모두가 있다면 그 재무정보는 의사결정에 차이가 나도록 할 수 있으므로 목적적합한 정보가 될 수 있다. 목적적합성은 해당 정보가 중요하다는 것을 전제로 한다. 정보가 누락되거나 잘못 기재된 경우 특정 보고기업의 재무정보에 근거한 정보이용자의 의사결정에 영향을 줄 수 있다면 그 정보는 중요한 것이다.

(주)하우스피아가 (주)공간건축연구소에 대한 지배력을 획득한 거래, 즉 사업결합에 대한 정보는 예측가치를 가질 것이다. 이러한 정보는 (주)하우스피아의 미래 현금흐름을 예측할 수 있게 해 준다. 또한 사업결합과 관련된 정보가 누락되거나 잘못 기재될 경우 (주)하우스피아의 재무정보에 근거한 정보이용자의 의사결정에 영향을 줄 수 있을 것으로 본다면 그 정보는 중요한 것으로 판단할 수 있다.

목적적합성과 함께 정보의 유용성을 결정하는 또 다른 질적특성은 충실한 표현이다. 충실한 표현이란 경제적 현상을 그 실질에 맞게 충실하게 표현하도록 재무상태, 재무성과, 현금흐름 등이 중립적이고 완전하며 오류가 없도록 표시하는 것을 말한다.

중립적으로 표시한다는 것은 사업결합과 관련한 재무정보의 선택이나 표시에 편의가 없어야 함을 의미한다. 즉, 미리 의도된 결과나 성과를 유도할 목적으로 재무제표상에 특정 정보를 표시함으로써 정보이용자의 의사결정이나 판단에 영향을 미쳐서는 안 된다는 것이다. 만약 회계정보를 이용함으로써 발생하는 경제적 효과가 특정 이용자에게 편향된다면 이는 중립성이 훼손된 것으로 볼 수 있다.

완전하게 표시한다는 것은 정보이용자가 회계정보를 이용하여 의사결정에 필요한 판단을 하는 데 도움이 되는 모든 정보를 제공해야 한다는 것이다. 따라서 사업결합이라는 경제적 현상이 모두 회계처리의 대상이 되어, (주)하우스피아의 재무제표에 나타나야 함을 의미한다. (주)공간건축연구소의 재무제표에 표시되지 않았더라도 운행중인 트럭이나 진행중인 기술개발 프로젝트도 (주)하우스피아의 재무제표에 나타나야 한다.

오류가 없도록 표시한다는 것은 경제적 현상의 기술에 오류나 누락이 없고, 정보를 생산하는 데 사용된 절차의 선택과 적용에 절차상 오류가 없다는 것을 의미한다. 그러나 오류가 없다는 것을 모든 면에서 완벽하게 정확하다는 것으로 해석하기는 어렵다. 사업결합 과정에서 이루어지는 추정치는 그 정확성 여부를 판단할 수 없다. 그러나 추정치로서 금액을 명확하고 정확하게 기술하고, 추정절차의 성격과 한계를 설명하고, 추정절차의 선택과 적용에 오류가 없다면 충실한 표현으로 볼 수 있다.

따라서 현재 및 잠재적 투자자, 대여자 및 기타 채권자가 자본 제공자의 자격으로 의사결정을 하는 데 있어서, (주)하우스피아의 미래 순현금흐름에 대한 금액, 시기 및 불확실성을 평가하는 데 도움을 주는 정보가 유용한 정보가 될 수 있다. 또한 정보가 유용하기 위해서는 목적적합하고 충실하게 표현되어야 한다.

토론을 위한 회계이슈 |

(2) (주)하우스피아는 (주)공간건축연구소의 자산과 부채를 어떻게 측정하여야 하는가? 특히, (주)공간건축연구소의 재무제표에 기록되지 않은 특수 트럭과 진행 중인 기술개발 프로젝트에 대해 어떻게 인식하고 측정하여야 하는가? [4단계 인식, 5단계 측정]

K-IFRS 제1103호 사업결합

4. 각 사업결합은 취득법을 적용하여 회계처리한다.

10. 취득일 현재, 취득자는 영업권과 분리하여 식별할 수 있는 취득 자산, 인수 부채, 피취득자에 대한 비지배지분을 인식한다. 식별할 수 있는 취득 자산과 인수 부채의 인식은 문단 11과 12에서 정하는 조건에 따른다.

11. 취득법 적용의 일환으로 인식요건을 충족하려면, 식별할 수 있는 취득 자산과 인수 부채는 취득일에 '재무제표의 작성과 표시를 위한 개념체계'의 자산과 부채의 정의를 충족하여야 한다. 예를 들어 피취득자의 영업활동 종료, 피취득자의 고용관계 종료, 피취득자의 종업원 재배치와 같은 계획의 실행에 따라 미래에 생길 것으로 예상하지만 의무가 아닌 원가는 취득일의 부채가 아니다. 그러므로 취득자는 취득법을 적용하면서 그러한 원가는 인식하지 않는다. 그러한 원가는 다른 한국채택국제회계기준서에 따라 사업결합 후의 재무제표에 인식한다.

12. 또 취득법 적용의 일환으로 인식요건을 충족하려면, 식별할 수 있는 취득 자산과 인수 부채는 별도 거래의 결과가 아니라 사업결합 거래에서 취득자와 피취득자(또는 피취득자의 이전 소유주) 사이에서 교환한 항목의 일부이어야 한다. 취득자는 취득 자산과 인수 부채가 피취득자와 교환한 항목의 일부인지, 아니면 그 성격과 적용할 수 있는 한국채택국제회계기준서에 따라 회계처리해야 할 별도 거래의 결과인지를 판단하기 위하여 문단 51~53의 지침을 적용한다.

13. 취득자가 인식의 원칙과 조건을 적용하면 피취득자의 이전 재무제표에서 자산과 부채로 인식하지 않았던 자산과 부채를 일부 인식할 수 있다. 예를 들면 취득자는 피취득자가 내부에서 개발하고 관련 원가를 비용으로 처리하였기 때문에 피취득자 자

신의 재무제표에 자산으로 인식하지 않았던 브랜드명, 특허권, 고객 관계와 같은 식별할 수 있는 무형자산의 취득을 인식한다.

18. 취득자는 식별할 수 있는 취득 자산과 인수 부채를 취득일의 공정가치로 측정한다.

K-IFRS 第1038호 무형자산

33. 사업결합으로 취득하는 무형자산의 취득원가는 기업회계기준서 제1103호 '사업결합'에 따라 취득일 공정가치로 한다. 무형자산의 공정가치는 취득일에 그 자산이 갖는 미래경제적효익이 기업에 유입될 확률에 대한 시장참여자의 기대를 반영할 것이다. 즉, 기업은 유입의 시기와 금액이 불확실하더라도 미래경제적효익의 유입이 있을 것으로 기대한다. 따라서 사업결합으로 취득하는 무형자산은 문단 21(1)의 발생 가능성 인식기준을 항상 충족하는 것으로 본다. 사업결합으로 취득하는 자산이 분리가능하거나 계약상 또는 기타 법적 권리에서 발생한다면, 그 자산의 공정가치를 신뢰성 있게 측정하기에 충분한 정보가 존재한다. 따라서 사업결합으로 취득하는 무형자산은 문단 21(2)의 신뢰성 있는 측정 기준을 충족하는 것으로 항상 간주된다.

34. 이 기준서와 기업회계기준서 제1103호(2008년 전면개정)에 따라 사업결합 전에 그 자산을 피취득자가 인식하였는지 여부에 관계없이, 취득자는 취득일에 피취득자의 무형자산을 영업권과 분리하여 인식한다. 이것은 피취득자가 진행하고 있는 연구 · 개발 프로젝트가 무형자산의 정의를 충족한다면 취득자가 영업권과 분리하여 별도의 자산으로 인식하는 것을 의미한다. 피취득자가 진행하고 있는 연구 · 개발 프로젝트는 다음의 조건을 모두 충족할 경우 무형자산의 정의를 충족한다.
    (1) 자산의 정의를 충족한다.
    (2) 식별가능하다. 즉, 분리가능하거나 계약상 또는 기타 법적 권리에서 발생한다.

교수자는 (주)하우스피아가 (주)공간건축연구소의 자산과 부채, 우수한 전문인력을 승계하는 것이 사업결합에 해당하는지, 인수하는 자산과 부채를 인식할 수 있는지, 그리고 어떻게 측정할 것인지에 대해 토론하도록 유도한다.

K-IFRS 제1103호 '사업결합'에 의하면 사업결합이란 취득 자산과 인수 부채가 사업을 구성해야 한다고 규정하고 있다. 따라서 취득 자산이 사업이 아닐 경우에 (주)하우스피아는 그 거래나 그 밖의 사건을 자산의 취득으로 회계처리하여야 한다.

토론 사례는 (주)하우스피아가 (주)공간건축연구소를 흡수합병하는 것으로 취득자가 하나 이상의 사업에 대한 지배력을 획득하는 거래에 해당하므로 K-IFRS 제1103호에서 정의하는 사업결합에 해당한다.

K-IFRS 제1103호 '사업결합'에 의하면 취득일 현재, 취득자는 영업권과 분리하여 식별할 수 있는 취득 자산과 인수 부채를 취득일의 공정가치로 측정하여 인식하도록 규정하고 있다.

따라서 (주)하우스피아는 (주)공간건축연구소의 자산과 부채를 취득일의 공정가치로 측정하여야 한다. 이와 같이 사업결합시 취득자가 피취득자의 자산과 부채를 공정가치로 측정하는 회계처리방법을 취득법이라고 한다.

일반적으로 취득법은 자산을 취득하고 부채를 인수하거나 부담하는 거래에 대한 회계처리방법과 일관성을 가진다. 따라서 취득법은 사업결합으로 인해 발생하는 회계정보와 그 밖의 다른 회계정보를 비교할 수 있는 정보를 생산하기 때문에 사업결합 회계처리에 적절한 방법이 될 수 있다.

취득법은 취득자 관점에서 사업결합을 고려한 것이다. 즉, 취득자는 피취득자의 순자산을 매수하는 것이므로 취득 자산과 인수 부채(피취득자가 과거에 인식하지 않은 자산과 부채 포함)를 모두 취득자의 재무제표에 인식하여야 한다.

그 결과, 재무제표이용자는 최초 투자와 그 투자의 후속 성과를 더 잘 평가할 수 있고 이를 다른 기업의 성과와 더 잘 비교할 수 있다. 또 거의 모든 취득 자산과 인수 부채를 처음에 공정가치로 인식함으로써, 취득법은 그 자산, 부채와 관련한 미래 현금흐름의 가치에 대한 시장의 기대에 대해 더 많은 정보를 재무제표에 포함하며, 이는 정보의 목적적합성을 제고한다.

의사결정에 유용한 정보의 중요한 부분이 현금창출능력과 창출한 현금흐름에 대한 정보이다. 재무보고를 위한 개념체계에서는 '재무제표이용자가 경제적 의사결정을 하기 위해서는 기업의 현금, 현금성자산의 창출능력과 그 창출시기, 확실성에 대한 평가가 필요하다'고 나타내고 있다. 따라서 취득시점의 공정가치는 취득 자산과 인수 부채와 관련한 기대현금흐름을 더 잘 반영할 수 있다.

취득법은 취득한 순자산을 공정가치로 기록하기 때문에, 취득법이 제공하는 순자산의 현금창출능력에 대한 정보는 취득한 순자산을 장부금액으로 기록하는 지분통합법에 따라 제공하는 정보보다 더 유용하다고 할 수 있다.

따라서 회사는 (주)공간건축연구소로부터 승계하는 모든 취득 자산과 인수 부채를 공정가치로 측정하여 회사의 재무제표에 인식하여야 한다.

특히, 교수자는 (주)공간건축연구소의 재무제표에 기록되지 않은 특수트럭과 진행중인 기술개발 프로젝트에 대해 사업결합시 취득자가 어떻게 인식하고 측정하여야 하는지에 대해 토론을 유도한다.

K-IFRS 제1103호 '사업결합'에 의하면 취득자가 인식의 원칙과 조건을 적용하면 피취득자의 이전 재무제표에서 자산과 부채로 인식하지 않았던 자산과 부채를 일부 인식할 수 있다고 규정하고 있다. 예를 들면, 피취득

자 자신의 재무제표에 자산으로 인식하지 않았던 브랜드명, 특허권, 고객 관계와 같은 식별할 수 있는 무형자산의 취득을 취득자가 인식하도록 규정하고 있다.

토론 비록 트럭의 내용연수가 종료하여 (주)공간건축연구소의 재무제표에 자산으로 기록되어 있지 않더라도, 해당 트럭이 현재 운행되고 있으며 앞으로도 더 운행될 수 있고 현재 중고차시장에서 형성된 시장가격이 존재하는 등 자산의 정의와 인식요건이 충족된다면 (주)하우스피아는 트럭을 유형자산으로 인식하고, 취득일의 공정가치로 측정하여야 한다.

(주)공간건축연구소는 기술개발 프로젝트와 관련하여 발생한 원가를 모두 비용으로 처리하였기 때문에 (주)공간건축연구소의 재무제표에는 동 프로젝트와 관련한 자산이 존재하지 않는다.

사업결합 과정에서 (주)공간건축연구소가 진행하고 있던 기술개발 프로젝트가 다음의 조건을 모두 충족한다면 무형자산의 정의를 충족한다.

- 자산의 정의를 충족한다.
- 식별가능하다. 즉, 분리가능하거나 계약상 또는 기타 법적 권리에서 발생한다.

무형자산의 정의를 충족하고 자산의 인식요건을 충족한다면 무형의 기술개발 프로젝트도 (주)하우스피아의 자산으로 인식하여야 한다.

(주)하우스피아는 사업결합을 통해 진행중이던 기술개발 프로젝트를 통제하게 되었으며, 프로젝트의 독보적인 기술력, 해외시장에서의 성공 가능성, 해외시장 판매 가능성, 중국진출을 통한 매출 증대

등의 여러 상황에 비추어 볼 때 미래경제적효익이 유입될 가능성이 높고 실사보고서에 의해 공정가치를 신뢰성 있게 측정할 수 있으므로 인식요건을 충족한다고 볼 수 있다.

(주)하우스피아는 실사보고서에 따라 해당 프로젝트에 대해 현금흐름할인법을 이용하여 공정가치를 추정하고, 같은 금액을 프로젝트에 대한 대가로 지불하였다. 이와 같이 프로젝트에 대한 현금 지급, 그 자체가 프로젝트의 자산성과 인식요건을 인정하는 것이 될 수도 있다.

또한 프로젝트를 통해 개발되는 기술력을 해외시장에 판매할 수 있을 것으로 예상되므로 분리 가능성이 있다고 보아지며, 이러한 분리 가능성은 그 자산의 공정가치를 신뢰성 있게 측정하기에 충분한 정보가 존재함을 의미한다.

따라서 사업결합 이전에 (주)공간건축연구소가 기술개발 프로젝트와 관련한 원가를 자산으로 인식하였는지 여부에 관계없이, (주)하우스피아는 취득일에 기술개발 프로젝트를 무형자산으로 인식하고 공정가치로 측정하여야 한다.

8-2 고객목록과 영업권

토론을 위한 회계이슈

(1) (주)하우스피아는 고객목록을 자산으로 인식할 수 있는가? 만약 자산으로 인식한다면 어떻게 분류되는가? [3단계 분류, 4단계 인식]

K-IFRS 제1103호 사업결합

13. 취득자가 인식의 원칙과 조건을 적용하면 피취득자의 이전 재무제표에서 자산과 부채로 인식하지 않았던 자산과 부채를 일부 인식할 수 있다. 예를 들면 취득자는 피취득자가 내부에서 개발하고 관련 원가를 비용으로 처리하였기 때문에 피취득자 자신의 재무제표에 자산으로 인식하지 않았던 브랜드명, 특허권, 고객 관계와 같은 식별할 수 있는 무형자산의 취득을 인식한다.

K-IFRS 제1038호 무형자산

33. 사업결합으로 취득하는 무형자산의 취득원가는 기업회계기준서 제1103호 '사업결합'에 따라 취득일 공정가치로 한다. 무형자산의 공정가치는 취득일에 그 자산이 갖는 미래경제적효익이 기업에 유입될 확률에 대한 시장참여자의 기대를 반영할 것이다. 즉, 기업은 유입의 시기와 금액이 불확실하더라도 미래경제적효익의 유입이 있을 것으로 기대한다. 따라서 사업결합으로 취득하는 무형자산은 문단 21(1)의 발생 가능성 인식기준을 항상 충족하는 것으로 본다. 사업결합으로 취득하는 자산이 분리가능하거나 계약상 또는 기타 법적 권리에서 발생한다면, 그 자산의 공정가치를 신뢰성 있게 측정하기에 충분한 정보가 존재한다. 따라서 사업결합으로 취득하는 무형자산은 문단 21(2)의 신뢰성 있는 측정 기준을 충족하는 것으로 항상 간주된다.

교수자는 사업결합 과정에서 승계하는 (주)공간건축연구소의 고객목록을 (주)하우스피아의 자산으로 인식할 수 있는지, 그리고 인식한다면 어떤 자산으로 분류하여야 할지에 대해 토론을 유도한다.

토론 (주)하우스피아가 인식의 원칙과 조건을 적용하면 (주)공간건축연구소의 이전 재무제표에서 자산과 부채로 인식하지 않았던 자산과 부채를 일부 인식할 수 있다. 예를 들면 (주)하우스피아는 (주)공간건축연구소가 내부에서 개발하고 관련 원가를 비용으로 처리하였기 때문에 (주)공간건축연구소의 재무제표에 자산으로 인식하지 않았던 브랜드명, 특허권, 고객 관계와 같은 식별할 수 있는 무형자산의 취득을 인식한다.

K-IFRS 제1038호 '무형자산'에 의하면 사업결합으로 취득하는 무형자산의 취득원가는 취득일 공정가치로 한다. 무형자산의 공정가치는 취득일에 그 자산이 갖는 미래경제적효익이 기업에 유입될 확률에 대한 시장참여자의 기대를 반영할 것이다. 즉, 기업은 유입의 시기와 금액이 불확실하더라도 미래경제적효익의 유입이 있을 것으로 기대한다.

따라서 사업결합 전에 그 자산을 (주)공간건축연구소가 재무제표에 인식하였는지 여부에 관계없이, (주)하우스피아가 인식의 원칙과 조건을 적용하여 고객목록을 무형자산으로 인식하여야 한다. 회사의 의도가 없더라도 매각, 이전, 임대 또는 가치 있는 것과 교환할 수 있는 무형자산은 분리 가능성 기준을 충족한다. 고객목록은 고객의 동의에 따라 개별적으로 유상으로 매각할 수 있으므로 고객목록은 분리가능한 자산으로 볼 수 있다.

토론을 위한 회계이슈 |

(2) 순자산 공정가치를 초과하여 지급한 대가는 자산인가? 비용인가? 만약 지급한 대가가 순자산 공정가치보다 적다면 어떻게 회계처리해야 하는가? [2단계 식별, 4단계 인식]

K-IFRS 제1103호 사업결합

32. 취득자는 취득일 현재 다음 (1)이 (2)보다 클 경우에 그 초과금액을 측정하여 영업권으로 인식한다.

(1) 다음의 합계금액

(가) 이 기준서에 따라 측정한 이전대가로서 일반적으로 취득일의 공정가치(문단 37 참조)

(나) 이 기준서에 따라 측정한 피취득자에 대한 비지배지분의 금액

(다) 단계적으로 이루어지는 사업결합(문단 41과 42 참조)의 경우에 취득자가 이전에 보유하고 있던 피취득자에 대한 지분의 취득일의 공정가치

(2) 이 기준서에 따라 취득일에 측정한 식별할 수 있는 취득 자산과 인수 부채의 순액

34. 경우에 따라 취득자는 염가매수를 할 것이며, 염가매수는 문단 32(2)의 금액이 문단 32(1)에서 규정한 금액의 합계를 초과하는 사업결합이다. 그 초과금액이 문단 36의 요구사항을 적용한 다음에도 남는다면, 취득자는 취득일에 그 차익을 당기손익으로 인식한다. 그 차익은 취득자에게 귀속한다.

교수자는 순자산 공정가치를 초과하여 (주)하우스피아가 지급한 사업결합 대가, 즉 잔여측정치를 어떻게 식별하고 인식해야 하는지에 대해 토론을 유도한다. 이와는 반대로, 지급한 사업결합 대가가 순자산 공정가치에 미달하는 경우에 이를 어떻게 식별하고 인식해야 하는지에 대해서도 토론을 유도한다.

사업결합시 매매가격은 당사자간 협상에서 (주)공간건축연구소의 미래 수익창출능력, 자산구조에 대한 할인·할증금 등 많은 요소가 상호작용하여 결정될 것이다.

토론 (주)하우스피아가 지급한 대가(이전대가)가 (주)공간건축연구소의 식별가능한 순자산 공정가치(트럭, 진행중이던 기술개발 프로젝트, 고객목록 포함)를 초과하는 금액은 영업권으로 인식한다.

이와 같이 사업결합 과정에서 영업권이 발생하는 이유를 살펴보면 다음 두 가지가 있을 수 있다. 첫째, (주)공간건축연구소와 관련된 것으로서, 영업권이 (주)공간건축연구소의 순자산 가치에 대한 초

과 지급분을 의미한다. 이는 사업결합 전에 (주)공간건축연구소가 내부적으로 창출하였거나 기존에 취득했던 영업권일 수 있다. 둘째, (주)공간건축연구소와 (주)하우스피아에게 공통적으로 관련된 것으로서, 영업권이 사업을 결합함으로써 기대하는 시너지 효과를 나타낼 수도 있다. 이러한 영업권의 구성요소를 '핵심영업권(core goodwill)'이라고 한다.

영업권은 개별적으로 식별하거나 평가할 수는 없으나 종합적으로 평가해 볼 때 기술 및 지식, 경영기법, 시장조사, 판촉활동 등이 평균 이상의 상태에 있기 때문에 발생하는 무형의 자원 또는 가치라고 본다. 재무보고를 위한 개념체계에서는 자산이 갖는 미래경제적 효익을 직접적으로 또는 간접적으로 현금, 현금성자산의 기업에의 유입에 기여하게 될 잠재력이라고 기술하고 있다.

핵심영업권은 미래경제적효익이 유입될 것으로 기대하는 자원을 나타내고, 핵심영업권에 대한 통제는 (주)공간건축연구소에 대한 정책과 경영을 지시하는 (주)하우스피아의 능력으로 나타날 수 있기 때문에 핵심영업권은 (주)하우스피아 입장에서 자산의 정의를 충족한다.

재무제표이용자들은 사업결합에서 취득한 영업권에 대한 정보를 유용한 정보로 인식하고 있다. 영업권과 기업의 시장가치 사이의 상관관계를 실증적으로 검토한 많은 연구보고서[2]에서도 영업권에

2) 예를 들어 다음 자료를 참조한다.

(1) Eli Amir, Trevor S Harris 및 Elizabeth K Venuti '가치의 비교 : 양식 20-F를 사용하여 차이조정하는 경우 US GAAP과 그 외의 GAAP에 따른 회계측정치의 목적적합성(Comparison of the Value-Relevance of U.S. versus Non-U.S. GAAP Accounting Measures Using Form 20-F Reconciliations)', Journal of Accounting Research 부록(1993년), 230~264쪽

(2) Mary Barth 및 Greg Clinch, '국제회계 차이와 주식 가격 간의 관계 : 영국, 호주 및 캐나다 회사의 증거(International Accounting Differences and Their Relation to Share Prices : Evidence from U.K., Australian and Canadian Firms)', Contemporary Accounting Research(1996년 봄), 135~170쪽

(3) Ross Jennings, John Robinson, Robert B Thompson 및 Linda Duvall, '회계상 영업권의 금액과 지분가치 간의 관계(The Relation between Accounting Goodwill Numbers and Equity Values)',

관한 정보가 목적적합한 재무정보인 것으로 나타났다. 선행연구에서 영업권과 그 기업의 시장가치 사이에 양(+)의 관계가 있음이 발견되었고, 이는 자본시장의 투자자들이 영업권을 자산으로 평가하고 있다는 것을 의미한다.

한편, 회사가 (주)공간건축연구소를 사업결합한 이유 중 하나가 (주)공간건축연구소의 세계적인 디자이너와 숙련된 전문 직원들을 확보하기 위함이었다. 회사는 (주)공간건축연구소 종업원의 존재에 가치가 있다고 보았다. 이러한 집합적 노동력은 영업권과 분리하여 인식하는 식별할 수 있는 자산이 아니기 때문에 그에 귀속될 만한 가치가 있다면 그 가치를 영업권에 포함하여 인식한다.

요약하면, 순자산 공정가치를 초과하여 (주)하우스피아가 지급한 사업결합 대가, 즉 잔여측정치는 영업권에 해당한다. 영업권이란 개별적으로 식별하여 별도로 인식할 수 없으나, 사업결합에서 획득한 그 밖의 자산에서 발생하는 미래경제적효익을 나타내므로 자산의 요건을 충족한다. 영업권은 특정 사업을 매수하는 사업결합의 경우만 인식되며, 사업결합 과정에서 취득한 영업권은 무형자산으로 분류한다.

영업권과는 반대로, 지급한 사업결합 대가가 순자산 공정가치에 미달하는 경우가 발생할 수 있다. 교수자는 이러한 경우 이 차이가 왜 발생하게 되며, 이 차이를 어떻게 식별해야 하는지에 대해 토론을 유도한다.

토론 K-IFRS 제1103호 '사업결합'에 의하면 이러한 차이 금액을 염가매수차익이라고 하며 회사는 차익을 당기손익으로 인식하도록 규정

Journal of Business Finance and Accounting(1996년 6월), 513~533쪽

(4) Mark G McCarthy 및 Douglas K Schneider, '영업권에 대한 시장의 인지 : 일부 실증적 증거(Market Perception of Goodwill : Some Empirical Evidence)', Accounting and Business Research(1995년 겨울), 69~81쪽

하고 있다. 일반적으로 염가매수는 (주)공간건축연구소가 신속히 사업을 매각할 필요가 있는 강제청산이나 투매의 상황에서 발생할 수 있으며, 이 경우 (주)하우스피아가 지급하는 사업결합 대가가 (주)공간건축연구소 순자산의 공정가치에 미달할 수 있다. 즉, 취득자가 공정가치보다 적은 금액으로 취득할 수 있다.

지급한 사업결합 대가가 순자산 공정가치에 미달하는 것은 염가매수로 인한 차익이다. (주)하우스피아 입장에서 볼 때 염가매수는 경제적 차익이다. 사업결합은 거래당사자간에 동일한 가치를 교환하는 독립된 당사자간의 정상적인 거래이다. 취득일에 (주)하우스피아는 취득한 것의 공정가치가 취득을 위해 지급한 대가의 공정가치를 초과하는 금액만큼 보유하게 된다. 따라서 개념적으로 (주)하우스피아가 취득일에 염가매수로 인한 차익을 당기손익으로 인식해야 한다.

토론을 위한 회계이슈 |

(3) 순자산 공정가치를 초과하여 지급한 대가는 이후 기간에 어떻게 측정해야 하는가? [5단계 측정]

K-IFRS 제1103호 사업결합

B63. 사업결합에서 취득한 자산과 인수하거나 부담한 부채에 대한 후속측정과 회계처리 지침을 제공하는 다른 한국채택국제회계기준서의 예는 다음과 같다.

(1) 기업회계기준서 제1038호에서는 사업결합에서 취득한 식별할 수 있는 무형자산의 회계처리를 규정한다. 영업권은 취득일에 인식한 금액에서 손상차손누계액을 차감하여 측정한다. 기업회계기준서 제1036호 '자산손상'에서는 손상차손에 대한 회계처리를 규정한다.

교수자는 순자산 공정가치를 초과하여 지급한 사업결합 대가, 즉 영업권을 취득 이후 어떻게 측정해야 하는지에 대해 토론을 유도한다. 취득 이후 측정의 대안으로는 일반적인 무형자산과 같이 매년 상각하는 방법과 매년 상각하지 않고 자산손상으로 회계처리하는 방법이 있을 수 있다. 이 두 방법의 장점과 단점에 대해 토론하도록 유도한다.

토론 순자산 공정가치를 초과하여 지급한 사업결합 대가, 즉 영업권의 후속측정과 관련하여 그 초과액을 매년 상각하는 방법과 자산손상 회계처리하는 방법의 장단점을 살펴보면 다음과 같다.

구 분	매년 상각하는 방법	자산손상 회계처리 방법
장점	–영업권은 소비가 되며 이를 상각하지 않는다면 내부창출영업권을 인식하는 결과로 이어짐. 이는 IAS 38에서 내부창출영업권의 인식을 금지하는 것에 반하므로 상각하여야 함(내부창출영업권 인식 금지와 일관성 확보) –상각은 취득한 영업권의 원가를 소비하는 기간(초과이익이 실현되는 기간) 동안 배분하는 방법임. 내용연수가 한정적인 다른 무형·유형자산을 상각하는 것과 마찬가지로 영업권도 상각해야 일관성이 있음(다른 무형·유형자산과 일관성 확보) –영업권의 내용연수와 상각방법의 결정이 다소 자의적이기는 하지만, 일정 기간동안 영업권을 체계적으로 상각하면 수용가능한 수준의 비용만 들이고도 개념적 건전성과 실행 가능성 사이에 적절한 균형을 이룰 수 있음(원가와 효익의 균형)	–자산손상 회계처리를 위한 회수가능액 측정이, 상각을 위한 내용연수 및 소비행태 추정에 비해 보다 공정한 측정치가 될 수 있으므로 재무정보의 유용성 증대(회수가능액의 공정성 확보) –만약 영업권이 소비되지 않는 상황이라면, 기계적으로 상각하는 것보다 손상 회계처리하는 것이 목적적합하고 충실한 정보를 제공함(재무정보의 유용성 증대) –사업결합에 대한 경영자의 판단(예 : 경영진의 과대 지불 여부, 취득이 성공적인 영업 의사결정인지)을 평가할 때 도움이 되는 충실한 정보를 제공함(재무정보의 유용성 제고)

단점	–영업권의 내용연수와 그 영업권이 감소하는 형태를 임의로 예측하여 상각하는 것은 재무정보를 왜곡(추정의 자의성 상존) –영업권이 소비가 되는지도 의문이고, 소비되지 않을 수도 있음. 이 경우 상각한다면 정보의 유용성이 떨어짐(소비 여부에 관계없는 일률적인 상각의 비현실성) –재무정보이용자들은 사업결합에 대한 경영자의 판단(예 : 경영진의 과대 지불 여부, 취득이 성공적인 영업 의사결정인지)을 평가할 때 도움이 되는 영업권과 손상에 관한 정보를 필요로 하는데, 상각을 하게 되면 이에 충실한 정보를 제공하지 못함(재무정보의 유용성 저하)	–영업권은 소비가 되는데도 불구하고 상각하지 않고 손상회계처리만 한다면, 결과적으로 내부창출영업권을 인식하는 결과를 초래하여 이를 금지하는 IAS 38과 정면 배치됨(내부창출영업권 인식 금지에 반함) –영업권을 상각하지 않는 것은 다른 무형 · 유형자산의 상각 회계처리와 일관성이 없음(다른 무형 · 유형자산과의 일관성 저하) –손상 또한 경영자의 추정에 따른 자의적 회계처리에 대한 한계가 존재함(추정의 자의성 상존) –현행 규정에 의해 손상이 너무 늦게 인식됨. 손상을 인식하는 것은 부정적 신호로 인식되어 경영자들은 손상을 인식하는 것을 꺼림(재무정보의 유용성 저하)

이상에서 살펴본 바와 같이, 영업권을 매년 상각하는 방법과 상각하지 않고 자산손상 회계처리하는 방법의 장단점에도 불구하고 K-IFRS에서는 사업결합으로 취득한 영업권에 대해 다른 무형자산과 달리 상각하지 않도록 하였다. 다만, K-IFRS 제1036호 '자산손상'에 따라 매 보고기간마다 회수가능액을 평가하여 손상차손이 발생한 경우 이를 당기비용으로 회계처리하도록 규정하고 있다.

영업권의 내용연수와 그 영업권이 감소하는 형태는 일반적으로 예측할 수 없다. 그러나 영업권의 상각은 그러한 내용연수와 영업권이 감소하는 형태를 예측해야만 측정가능한 것이므로 일정 기간의 상각금액은 취득한 영업권의 그 기간 소비량의 자의적 추정치가 될 수밖에 없다.

영업권이 자산이고 사업결합으로 취득한 영업권이 전체 가치를 유지한다면, 이는 어떤 의미에서는 영업권이 일부 소비되면서 일부는 내부창출영업권으로 대체된다는 것으로 볼 수 있다. 즉, 영업권의 가치를 유지 · 향상시키기 위한 (주)하우스피아의 노력이 계속 이루어질 것이므로 영업권을 획일적으로 매년 상각하기보다는 매 보고기간마다 손상검사를 수행하는 것이 합리적이라는 시각에 기초한다.

내부창출영업권은 원가를 신뢰성 있게 측정할 수 없고 기업이 통제하고 있는 식별가능한 자원이 아니기 때문에 자산으로 인식하지 아니한다. 또한 내부적으로 창출한 무형자산이 인식기준을 충족하는지를 평가하는 것은 기대 미래경제적효익을 창출할 식별가능한 자산이 있는지와 시점을 파악하기 어렵기 때문에 용이하지가 않다.

이상과 같이 취득한 영업권을 대체하는 내부창출영업권이 인식되지 않는 상황에서, 취득한 영업권의 소비를 반영하기 위해 상각한다는 것은 유용한 정보를 제공할 수 없다.

따라서 사업결합으로 취득한 영업권에 대해 다른 무형자산과 달리 상각하지 않고, K-IFRS 제1036호 ‘자산손상’에 따라 매 보고기간 말마다 손상징후가 있는지 검토하고, 그러한 징후가 있다면 회수가능액을 평가하여 손상차손이 발생한 경우 이를 당기비용으로 회계처리한다.

토론 한편, 다른 무형자산과는 달리 영업권에 대해서는 손상차손의 환입을 인정하지 않는다. 만약 영업권에 대해 손상차손환입이 허용된다면, 영업권 회수가능액의 후속 증가액 중에서 얼마만큼이 내부창출영업권의 증가이고, 또 얼마만큼이 취득한 영업권의 회복에 기인하는지를 구분하는 것이 불가능하다.

취득한 영업권과 내부창출영업권이 함께 같은 현금흐름에 이바지하기 때문에 취득한 영업권의 회수가능액이 나중에 증가하더라도 내부창출영업권의 증가액과 구분할 수 없다.

설사 손상차손의 원인이 되었던 특정 외부 사건이 반전되었다고 하더라도 그 반전의 효과만큼 취득한 영업권의 회수가능액이 증가하였다고 판단하기가 거의 불가능할 것이다. 따라서 영업권에 대한 손상차손환입을 인정하지 않는 것이다.

영업권에 대한 손상차손환입을 주장하는 측에서는 내부창출영업권이 인식되는 것을 막기 위해 영업권에 대해 손상차손환입의 인식을 금지하면 영업권 손상검사와 일관성이 없다고 주장하기도 한다. 왜냐하면 손상검사의 경우에 내부창출영업권 때문에 영업권 장부금액이 손상에서 보호받는 결과를 가져오기 때문이다. 일부에서는 이를 내부창출영업권의 '은밀한' 자본화라고 하기도 한다.

요약하면, 영업권은 K-IFRS 제1036호 '자산손상'에 따라 매 보고기간 말마다 손상징후가 있는지 검토하고, 그러한 징후가 있다면 회수가능액을 평가하여 손상차손이 발생한 경우 이를 당기비용으로 인식하지만, 손상차손환입은 인식하지 않는다.

9 내부창출 무형자산

9-1 연구사업부의 활동(1)

토론을 위한 회계이슈 |

연구사업부의 활동에서 발생한 지출은 자산인가? 비용인가? [2단계 식별]

K-IFRS 제1038호 무형자산

51. 내부적으로 창출한 무형자산이 인식기준을 충족하는지를 평가하는 것은 다음과 같은 이유 때문에 용이하지 않다.
    (1) 기대 미래경제적효익을 창출할 식별가능한 자산이 있는지와 시점을 파악하기 어렵다.
    (2) 자산의 원가를 신뢰성 있게 결정하는 것이 어렵다. 어떤 경우에는 무형자산을 내부적으로 창출하기 위한 원가를 내부적으로 창출한 영업권을 유지 또는 향상시키는 원가나 일상적인 경영관리활동에서 발생하는 원가와 구별할 수 없다. 그러므로 내부적으로 창출한 무형자산에 대해서는 무형자산의 인식과 최초측정에 대한 일반적 규정과 함께 문단 52에서 문단 67까지의 규정과 지침을 추가로 적용한다.

52. 내부적으로 창출한 무형자산이 인식기준을 충족하는지를 평가하기 위하여 무형자산의 창출과정을 연구단계와 개발단계로 구분한다. '연구'와 '개발'은 정의되어 있지만, '연구단계'와 '개발단계'라는 용어는 이 기준서의 목적상 더 넓은 의미를 갖는다.

53. 무형자산을 창출하기 위한 내부 프로젝트를 연구단계와 개발단계로 구분할 수 없는 경우에는 그 프로젝트에서 발생한 지출은 모두 연구단계에서 발생한 것으로 본다.

54. 연구(또는 내부 프로젝트의 연구단계)에서 발생하는 무형자산을 인식하지 않는다. 연구(또는 내부 프로젝트의 연구단계)에 대한 지출은 발생시점에 비용으로 인식한다.

55. 내부 프로젝트의 연구단계에서는 미래경제적효익을 창출할 무형자산이 존재한다는 것을 제시할 수 없기 때문에, 내부 프로젝트의 연구단계에서 발생한 지출은 발생시점에 비용으로 인식한다.

56. 연구활동의 예는 다음과 같다.
    (1) 새로운 지식을 얻고자 하는 활동
    (2) 연구결과나 기타 지식을 탐색, 평가, 최종 선택, 응용하는 활동
    (3) 재료, 장치, 제품, 공정, 시스템이나 용역에 대한 여러 가지 대체안을 탐색하는 활동

(4) 새롭거나 개선된 재료, 장치, 제품, 공정, 시스템이나 용역에 대한 여러 가지 대체안을 제안, 설계, 평가, 최종 선택하는 활동

교수자는 연구사업부의 여러 활동들이 연구활동에 속하는지 아니면 개발활동에 속하는지에 대해 토론하도록 유도한다. 실무적으로 회사에서 발생하는 여러 활동들이 연구활동에 속하는지 아니면 개발활동에 속하는지를 구분하기는 쉽지 않다.

K-IFRS 제1038호 '무형자산'에서는 연구활동의 예로 다음과 같이 제시하고 있다.

- 새로운 지식을 얻고자 하는 활동
- 연구결과나 기타 지식을 탐색, 평가, 최종 선택, 응용하는 활동
- 재료, 장치, 제품, 공정, 시스템이나 용역에 대한 여러 가지 대체안을 탐색하는 활동
- 새롭거나 개선된 재료, 장치, 제품, 공정, 시스템이나 용역에 대한 여러 가지 대체안을 제안, 설계, 평가, 최종 선택하는 활동

토론 최근 트랜드와 신기술을 이해하기 위한 다양한 정보의 수집을 위해 박람회 참가비용, 시장조사를 위한 출장비, 사물정보 자동수집 환경센서의 저전력, 초소형화 연구, 환경센서를 가구에 접목시켰을 때 고기능, 고정밀, 고편의성의 기술력 평가는 위에서 언급한 연구활동으로 볼 수 있다.

K-IFRS 제1038호 '무형자산'에서는 연구활동에서 발생하는 지출은 무형자산으로 인식하지 않고, 발생시점에 당기비용으로 인식하도록 규정하고 있다. 연구단계에서는 미래경제적효익을 창출할 무형자산이 존재한다는 것을 제시할 수 없기 때문에, 연구단계에서 발생한 지출은 무형자산으로 인식할 수 없고 발생시점에 비용으로

인식하도록 한 것이다.

9-2 연구사업부의 활동(2)

토론을 위한 회계이슈

(1) 연구사업부의 활동에서 발생한 지출은 어떻게 인식되고, 어떤 금액으로 측정해야 하는가? [4단계 인식, 5단계 측정]

K-IFRS 제1038호 무형자산

51. 내부적으로 창출한 무형자산이 인식기준을 충족하는지를 평가하는 것은 다음과 같은 이유 때문에 용이하지 않다.
    (1) 기대 미래경제적효익을 창출할 식별가능한 자산이 있는지와 시점을 파악하기 어렵다.
    (2) 자산의 원가를 신뢰성 있게 결정하는 것이 어렵다. 어떤 경우에는 무형자산을 내부적으로 창출하기 위한 원가를 내부적으로 창출한 영업권을 유지 또는 향상시키는 원가나 일상적인 경영관리활동에서 발생하는 원가와 구별할 수 없다.
    그러므로 내부적으로 창출한 무형자산에 대해서는 무형자산의 인식과 최초측정에 대한 일반적 규정과 함께 문단 52에서 문단 67까지의 규정과 지침을 추가로 적용한다.

52. 내부적으로 창출한 무형자산이 인식기준을 충족하는지를 평가하기 위하여 무형자산의 창출과정을 연구단계와 개발단계로 구분한다. '연구'와 '개발'은 정의되어 있지만, '연구단계'와 '개발단계'라는 용어는 이 기준서의 목적상 더 넓은 의미를 갖는다.

53. 무형자산을 창출하기 위한 내부 프로젝트를 연구단계와 개발단계로 구분할 수 없는 경우에는 그 프로젝트에서 발생한 지출은 모두 연구단계에서 발생한 것으로 본다.

54. 연구(또는 내부 프로젝트의 연구단계)에서 발생하는 무형자산을 인식하지 않는다. 연구(또는 내부 프로젝트의 연구단계)에 대한 지출은 발생시점에 비용으로 인식한다.

55. 내부 프로젝트의 연구단계에서는 미래경제적효익을 창출할 무형자산이 존재한다는 것을 제시할 수 없기 때문에, 내부 프로젝트의 연구단계에서 발생한 지출은 발생시점에 비용으로 인식한다.

56. 연구활동의 예는 다음과 같다.
   (1) 새로운 지식을 얻고자 하는 활동
   (2) 연구결과나 기타 지식을 탐색, 평가, 최종 선택, 응용하는 활동
   (3) 재료, 장치, 제품, 공정, 시스템이나 용역에 대한 여러 가지 대체안을 탐색하는 활동
   (4) 새롭거나 개선된 재료, 장치, 제품, 공정, 시스템이나 용역에 대한 여러 가지 대체안을 제안, 설계, 평가, 최종 선택하는 활동

57. 다음 사항을 모두 제시할 수 있는 경우에만 개발활동(또는 내부 프로젝트의 개발단계)에서 발생한 무형자산을 인식한다.
   (1) 무형자산을 사용하거나 판매하기 위해 그 자산을 완성할 수 있는 기술적 실현가능성
   (2) 무형자산을 완성하여 사용하거나 판매하려는 기업의 의도
   (3) 무형자산을 사용하거나 판매할 수 있는 기업의 능력
   (4) 무형자산이 미래경제적효익을 창출하는 방법. 그중에서도 특히 무형자산의 산출물이나 무형자산 자체를 거래하는 시장이 존재함을 제시할 수 있거나 또는 무형자산을 내부적으로 사용할 것이라면 그 유용성을 제시할 수 있다.
   (5) 무형자산의 개발을 완료하고 그것을 판매하거나 사용하는 데 필요한 기술적, 재정적 자원 등의 입수 가능성
   (6) 개발과정에서 발생한 무형자산 관련 지출을 신뢰성 있게 측정할 수 있는 기업의 능력

58. 개발단계는 연구단계보다 훨씬 더 진전되어 있는 상태이기 때문에 어떤 경우에는 내부 프로젝트의 개발단계에서는 무형자산을 식별할 수 있으며, 그 무형자산이 미래경제적효익을 창출할 것임을 제시할 수 있다.

59. 개발활동의 예는 다음과 같다.
   (1) 생산이나 사용 전의 시제품과 모형을 설계, 제작, 시험하는 활동

(2) 새로운 기술과 관련된 공구, 지그, 주형, 금형 등을 설계하는 활동
(3) 상업적 생산목적으로 실현가능한 경제적 규모가 아닌 시험공장을 설계, 건설, 가동하는 활동
(4) 신규 또는 개선된 재료, 장치, 제품, 공정, 시스템이나 용역에 대하여 최종적으로 선정된 안을 설계, 제작, 시험하는 활동

65. 문단 24에 따라 내부적으로 창출한 무형자산의 원가는 그 무형자산이 문단 21, 22와 57의 인식기준을 최초로 충족시킨 이후에 발생한 지출금액의 합으로 한다. 이미 비용으로 인식한 지출은 문단 71에 따라 무형자산의 원가로 인식할 수 없다.

66. 내부적으로 창출한 무형자산의 원가는 그 자산의 창출, 제조 및 경영자가 의도하는 방식으로 운영될 수 있게 준비하는 데 필요한 직접 관련된 모든 원가를 포함한다. 직접 관련된 원가의 예는 다음과 같다.
(1) 무형자산의 창출에 사용되었거나 소비된 재료원가, 용역원가 등
(2) 무형자산의 창출을 위하여 발생한 종업원급여(기업회계기준서 제1019호의 정의 참조)
(3) 법적 권리를 등록하기 위한 수수료
(4) 무형자산의 창출에 사용된 특허권과 라이선스의 상각비

교수자는 앞에서 살펴본 연구사업부의 활동(1)과 달리 연구사업부의 활동(2)에서 지출한 원가를 무형자산으로 인식할 수 있는지, 무형자산이라면 얼마로 측정되어야 하는지에 대해 토론하도록 유도한다. 이를 위해서는 먼저, 무형자산으로 인식할 수 있는 조건에 대해 토론하도록 한다.

K-IFRS 제1038호 '무형자산'에 의하면 다음 사항을 모두 제시할 수 있는 경우에만 개발활동(또는 내부 프로젝트의 개발단계)에서 발생한 무형자산을 인식한다.

① 무형자산을 사용하거나 판매하기 위해 그 자산을 완성할 수 있는 기술적 실현 가능성

② 무형자산을 완성하여 사용하거나 판매하려는 기업의 의도
③ 무형자산을 사용하거나 판매할 수 있는 기업의 능력
④ 무형자산이 미래경제적효익을 창출하는 방법. 그중에서도 특히 무형자산의 산출물이나 무형자산 자체를 거래하는 시장이 존재함을 제시할 수 있거나 또는 무형자산을 내부적으로 사용할 것이라면 그 유용성을 제시할 수 있다.
⑤ 무형자산의 개발을 완료하고 그것을 판매하거나 사용하는 데 필요한 기술적, 재정적 자원 등의 입수 가능성
⑥ 개발과정에서 발생한 무형자산 관련 지출을 신뢰성 있게 측정할 수 있는 기업의 능력

토론 위의 여섯 가지 조건이 모두 충족되어 (주)하우스피아가 무형자산(개발비)을 인식하는 경우, 그 원가는 그 자산의 창출, 제조 및 경영자가 의도하는 방식으로 운영될 수 있게 준비하는 데 필요한 직접 관련된 모든 원가를 포함한다. 직접 관련된 원가의 예는 다음과 같다.

① 무형자산의 창출에 사용되었거나 소비된 재료원가, 용역원가 등
② 무형자산의 창출을 위하여 발생한 종업원급여
③ 법적 권리를 등록하기 위한 수수료
④ 무형자산의 창출에 사용된 특허권과 라이선스의 상각비

그러나 다음 항목은 내부적으로 창출한 무형자산의 원가에 포함하지 아니한다.

① 판매비, 관리비 및 기타 일반경비 지출. 다만, 자산을 의도한 용도로 사용할 수 있도록 준비하는 데 직접 관련된 경우는 제외한다.
② 자산이 계획된 성과를 달성하기 전에 발생한 명백한 비효율로

인한 손실과 초기 영업손실

③ 자산을 운용하는 직원의 교육훈련과 관련된 지출

따라서 (주)하우스피아가 위에서 제시한 여섯 가지 무형자산 인식요건을 모두 제시할 수 있다면 무형자산으로 인식할 수 있으며, 발생한 지출 중 그 자산의 창출, 제조 및 경영자가 의도하는 방식으로 운영될 수 있게 준비하는 데 필요한 직접 관련된 원가를 무형자산으로 측정하여야 한다.

토론을 위한 회계이슈 |

(2) 연구사업부의 활동에서 생산된 시제품의 판매금액은 어떻게 회계처리하여야 하는가? [4단계 인식, 5단계 측정]

K-IFRS 제1038호 무형자산

66. 내부적으로 창출한 무형자산의 원가는 그 자산의 창출, 제조 및 경영자가 의도하는 방식으로 운영될 수 있게 준비하는 데 필요한 직접 관련된 모든 원가를 포함한다. 직접 관련된 원가의 예는 다음과 같다.

(1) 무형자산의 창출에 사용되었거나 소비된 재료원가, 용역원가 등

(2) 무형자산의 창출을 위하여 발생한 종업원급여(기업회계기준서 제1019호의 정의 참조)

(3) 법적 권리를 등록하기 위한 수수료

(4) 무형자산의 창출에 사용된 특허권과 라이선스의 상각비

교수자는 시제품 판매로 (주)하우스피아에 유입되는 금액을 어떻게 회계처리할 것인지에 대해 토론을 유도한다.

토론 시제품 판매금액은 무형자산(개발비)에서 차감한다. 즉, 무형자산의 자산성 및 인식요건을 충족하는 금액에서 시제품 판매금액을 차감

하여 무형자산(개발비)으로 인식한다.

시제품 판매금액을 무형자산(개발비)에서 차감하는 이유는 상기에서 살펴본 바와 같이 무형자산 취득원가를 취득과 직접 관련된 원가로 한정하고 있기 때문이다.

즉, 시제품 판매가격(현금유입)은 무형자산의 취득과 직접 관련된 원가(현금유출)를 줄이는 효과를 가져오므로 무형자산의 취득원가에서 차감하는 것이 타당하다.

10 수익의 인식(K-IFRS 제1115호)

10-1 용역의 제공(1)

토론을 위한 회계이슈

(1) 전시관 인테리어 컨설팅 용역은 기간에 걸쳐 수익을 인식할 수 있는가? 즉, 진행기준을 적용할 수 있는가? [4단계 인식, 5단계 측정]

K-IFRS 제1115호 고객과의 계약에서 생기는 수익

31. 고객에게 약속한 재화나 용역, 즉 자산을 이전하여 수행의무를 이행할 때(또는 기간에 걸쳐 이행하는 대로) 수익을 인식한다. 자산은 고객이 그 자산을 통제할 때(또는 기간에 걸쳐 통제하게 되는 대로) 이전된다.

35. 다음 기준 중 어느 하나를 충족하면, 기업은 재화나 용역에 대한 통제를 기간에 걸쳐 이전하므로, 기간에 걸쳐 수행의무를 이행하는 것이고 기간에 걸쳐 수익을 인식한다.

(1) 고객은 기업이 수행하는 대로 기업의 수행에서 제공하는 효익을 동시에 얻고 소비한다(문단 B3~B4 참조).

(2) 기업이 수행하여 만들어지거나 가치가 높아지는 대로 고객이 통제하는 자산

(예 : 재공품)을 기업이 만들거나 그 자산 가치를 높인다(문단 B5 참조).

(3) 기업이 수행하여 만든 자산이 기업 자체에는 대체 용도가 없고(문단 36 참조), 지금까지 수행을 완료한 부분에 대해 집행가능한 지급청구권이 기업에 있다(문단 37 참조).

36. 기업이 자산을 만들거나 그 가치를 높이는 동안에 그 자산을 다른 용도로 쉽게 전환하는 데에 계약상 제약이 있거나, 완료된 상태의 자산을 쉽게 다른 용도로 전환하는 데에 실무상 제한이 있다면, 기업이 수행하여 만든 그 자산은 그 기업에는 대체 용도가 없는 것이다. 자산이 기업에 대체 용도가 있는지는 계약 개시시점에 판단한다. 계약을 개시한 다음에는 계약 당사자들이 수행의무를 실질적으로 변경하는 계약변경을 승인하지 않는 한, 자산이 기업에 대체 용도가 있는지를 다시 판단하지 않는다. 문단 B6~B8에서는 자산이 기업에 대체 용도가 있는지를 판단하는 지침을 제공한다.

37. 문단 35(3)에 따라 지금까지 수행을 완료한 부분에 대해 집행가능한 지급청구권이 기업에 있는지를 판단할 때에는 계약에 적용되는 법률뿐만 아니라 계약 조건도 고려한다. 지금까지 수행을 완료한 부분에 대한 지급청구권이 고정금액에 대한 권리일 필요는 없다. 그러나 기업이 약속대로 수행하지 못했기 때문이 아니라 그 밖의 사유로 고객이나 다른 당사자가 계약을 종료한다면 적어도 지금까지 수행을 완료한 부분에 대한 보상금액을 받을 권리가 계약기간에는 언제든지 있어야 한다. B9~B13에서는 지급청구권의 존재와 집행 가능성 그리고 그러한 지급청구권에 따라 지금까지 수행을 완료한 부분에 대해 지급받을 권리가 있는지를 판단하는 지침을 제공한다.

39. 문단 35~37에 따라 기간에 걸쳐 이행하는 수행의무 각각에 대해, 그 수행의무 완료까지의 진행률(이하 '수행의무의 진행률'이라 한다)을 측정하여 기간에 걸쳐 수익을 인식한다. 진행률을 측정하는 목적은 고객에게 약속한 재화나 용역에 대한 통제를 이전(기업의 수행의무 이행)하는 과정에서 기업의 수행 정도를 나타내기 위한 것이다.

40. 기간에 걸쳐 이행하는 각 수행의무에는 하나의 진행률 측정방법을 적용하며 비슷한 상황에서의 비슷한 수행의무에는 그 방법을 일관되게 적용한다. 기간에 걸쳐 이행하는 수행의무의 진행률은 보고기간 말마다 다시 측정한다.

41. 적절한 진행률 측정방법에는 산출법과 투입법이 포함된다. 문단 B14~B19에서는 수행의무의 진행률을 측정하기 위한 산출법과 투입법의 사용 지침을 제공한다. 적절한 진행률 측정방법을 결정할 때, 고객에게 이전하기로 약속한 재화나 용역의 특성을 고려한다.

42. 진행률 측정방법을 적용할 때, 고객에게 통제를 이전하지 않은 재화나 용역은 진행률 측정에서 제외한다. 이와 반대로, 수행의무를 이행할 때 고객에게 통제를 이전하는 재화나 용역은 모두 진행률 측정에 포함한다.

43. 시간이 흐르면서 상황이 바뀜에 따라 수행의무의 산출물 변동을 반영하기 위해 진행률을 새로 수정한다. 이러한 진행률의 변동은 기업회계기준서 제1008호 '회계정책, 회계추정의 변경 및 오류'에 따라 회계추정의 변경으로 회계처리한다.

44. 수행의무의 진행률을 합리적으로 측정할 수 있는 경우에만, 기간에 걸쳐 이행하는 수행의무에 대한 수익을 인식한다. 적절한 진행률 측정방법을 적용하는 데 필요한 신뢰할 수 있는 정보가 부족하다면 수행의무의 진행률을 합리적으로 측정할 수 없을 것이다.

45. 어떤 상황(예 : 계약 초기 단계)에서는 수행의무의 산출물을 합리적으로 측정할 수 없으나, 수행의무를 이행할 때 든 원가는 회수될 것으로 예상한다. 그 상황에서는 수행의무의 산출물을 합리적으로 측정할 수 있을 때까지 발생원가의 범위에서만 수익을 인식한다.

교수자는 전시관 인테리어 컨설팅 용역의 수행의무가 한 시점에 이행하는 수행의무인지 아니면 기간에 걸쳐 이행하는 수행의무인지를 토론하도록 유도한다.

K-IFRS 제1115호 '고객과의 계약에서 생기는 수익'에 의하면 다음 기준 중 어느 하나를 충족하면, 기업은 재화나 용역에 대한 통제를 기간에 걸쳐 이전하므로 기간에 걸쳐 수행의무를 이행하는 것이고, 이에 따라 기간에 걸쳐 수익을 인식한다고 규정하고 있다.

① 고객은 기업이 수행하는 대로 기업의 수행에서 제공하는 효익을 동시에 얻고 소비한다.
② 기업이 수행하여 만들어지거나 가치가 높아지는 대로 고객이 통제하는 자산(예 : 재공품)을 기업이 만들거나 그 자산 가치를 높인다.
③ 기업이 수행하여 만든 자산이 기업 자체에는 대체 용도가 없고, 지금까지 수행을 완료한 부분에 대해 집행가능한 지급청구권이 기업에 있다.

토론 (주)하우스피아의 인테리어 컨설팅 용역은 다음과 같은 이유로 기간에 걸쳐 이행하는 수행의무로 볼 수 있다.

첫째, 인테리어 컨설팅 용역의 특성상 환상갤러리는 (주)하우스피아가 용역 제공의무를 수행하는 대로 동 수행에서 제공하는 효익을 동시에 얻고 소비한다. 즉, 중간에 용역업체가 변경되더라도 (주)하우스피아가 이미 제공한 인테리어 컨설팅 용역 부분을 다른 업체가 다시 수행할 필요가 없고, 컨설팅 용역 과정에서 전문가 의견을 바로 반영하여 인테리어 시공 작업이 수행된다.

둘째, (주)하우스피아가 수행하는 용역은 다른 대체 용도가 없다. 즉, (주)하우스피아가 제공하는 전문가 의견은 환상갤러리에게 특정된 사실 및 상황에 관련되기 때문에 다른 고객을 위해서 사용될 수 없다. 또한 (주)하우스피아는 지금까지 컨설팅 용역을 수행 완료한 부분에 대해서 지급청구권을 행사할 수 있다. 만약 중도에 환상갤러리가 계약을 종료하더라도 종료된 시점까지 (주)하우스피아가 용역을 이미 수행한 부분에 대해서는 지급청구권을 가지는 것으로 계약서에 명시하였으므로 (주)하우스피아는 지금까지 수행을 완료한 부분에 대해 집행가능한 지급청구권을 가지고 있다.

총 계약금액이 6억 원으로 서면계약서에 의해 확정되어 있으며, 계약불이행시 계약금액의 두 배를 위약금으로 지불해야 하는 위약금 조항에 따라 상호 의무의 이행이 강제화된다고 볼 수 있다.

(주)하우스피아가 과거에 수행했던 전시관 인테리어 컨설팅 용역 경험을 바탕으로 실제 발생계약원가와 총 계약원가를 추정할 수 있고, 신뢰성 있게 측정할 수 있다.

따라서 (주)하우스피아의 인테리어 컨설팅 용역은 기간에 걸쳐 이행하는 수행의무에 해당하므로 계약 공사기간인 2X05년부터 2X07년에 걸쳐 진행기준에 따라 수익을 인식하여야 한다.

토론을 위한 회계이슈

(2) 진행기준을 적용할 때, 진행률은 어떤 방법으로 측정가능한가? [5단계 측정]

K-IFRS 제1115호 고객과의 계약에서 생기는 수익

39. 문단 35~37에 따라 기간에 걸쳐 이행하는 수행의무 각각에 대해, 그 수행의무 완료까지의 진행률(이하 '수행의무의 진행률'이라 한다)을 측정하여 기간에 걸쳐 수익을 인식한다. 진행률을 측정하는 목적은 고객에게 약속한 재화나 용역에 대한 통제를 이전(기업의 수행의무 이행)하는 과정에서 기업의 수행 정도를 나타내기 위한 것이다.

40. 기간에 걸쳐 이행하는 각 수행의무에는 하나의 진행률 측정방법을 적용하며 비슷한 상황에서의 비슷한 수행의무에는 그 방법을 일관되게 적용한다. 기간에 걸쳐 이행하는 수행의무의 진행률은 보고기간 말마다 다시 측정한다.

41. 적절한 진행률 측정방법에는 산출법과 투입법이 포함된다. 문단 B14~B19에서는 수행의무의 진행률을 측정하기 위한 산출법과 투입법의 사용 지침을 제공한다. 적절한 진행률 측정방법을 결정할 때, 고객에게 이전하기로 약속한 재화나 용역의 특성을 고려한다.

42. 진행률 측정방법을 적용할 때, 고객에게 통제를 이전하지 않은 재화나 용역은 진행률 측정에서 제외한다. 이와 반대로, 수행의무를 이행할 때 고객에게 통제를 이전하는 재화나 용역은 모두 진행률 측정에 포함한다.

43. 시간이 흐르면서 상황이 바뀜에 따라 수행의무의 산출물 변동을 반영하기 위해 진행률을 새로 수정한다. 이러한 진행률의 변동은 기업회계기준서 제1008호 '회계정책, 회계추정의 변경 및 오류'에 따라 회계추정의 변경으로 회계처리한다.

44. 수행의무의 진행률을 합리적으로 측정할 수 있는 경우에만, 기간에 걸쳐 이행하는 수행의무에 대한 수익을 인식한다. 적절한 진행률 측정방법을 적용하는 데 필요한 신뢰할 수 있는 정보가 부족하다면 수행의무의 진행률을 합리적으로 측정할 수 없을 것이다.

45. 어떤 상황(예 : 계약 초기 단계)에서는 수행의무의 산출물을 합리적으로 측정할 수 없으나, 수행의무를 이행할 때 든 원가는 회수될 것으로 예상한다. 그 상황에서는 수행의무의 산출물을 합리적으로 측정할 수 있을 때까지 발생원가의 범위에서만 수익을 인식한다.

앞에서 살펴본 바와 같이, (주)하우스피아의 수행의무가 기간에 걸쳐 이행되므로 진행기준에 따라 수익을 인식하여야 한다. 교수자는 진행기준으로 수익을 인식하고자 할 때, 진행률을 어떻게 신뢰성 있게 측정할 수 있는지에 대해 토론을 유도한다.

토론 (주)하우스피아는 수행된 용역을 신뢰성 있게 측정할 수 있는 방법을 사용하여야 한다. 진행기준 적용법은 크게 투입법(투입량을 기준으로 수익 인식)과 산출법(산출량을 기준으로 수익 인식)으로 구분할 수 있다.

방 법		진행률 산정공식
투입법	원가법	실제누적계약원가÷추정총계약원가
	투하노력법	실제투하노력량÷추정총투하노력량
산출법	완성단위법	실제완성작업량÷추정총계약작업량
	완성가치법	실제완성작업가치÷추정총계약작업가치

K-IFRS 제1115호 '고객과의 계약에서 생기는 수익'에서 설명하는 바와 같이 개념적으로는 산출법이 투입법에 비해 공사의 진행 정도를 더 잘 반영하는 수익인식방법이라고 알려져 있다. 그러나 산출법을 투입법보다 더 많이 선택하여 적용하는 유럽의 대형 건설사들의 경우와는 달리 우리나라 기업 대부분은 원가기준 투입법을 사용해 왔다.

우리나라 기업 대부분이 사용하고 있는 원가기준 투입법은 미래 발생할 총 계약원가 항목 금액, 발생원가 중 진행과 관련 없는 항목 금액, 계약변경이나 설계변경에 따른 원가변동 항목 금액 등에서 추정과 판단이 많이 필요하다.

추정과 판단의 문제 때문에 특히 영업환경이 급격히 변동되거나, 계약변경(예 : 설계변경)이 이루어지는 경우 원가기준 투입법은 진행 정도를 수익에 잘 반영하기 어려울 수 있다. 그리고 투입법은 경영진의 판단과 추정에 따라 회계처리 결과가 크게 영향을 받을 수 있으므로 경영진의 전문성과 기업의 내부회계관리제도의 건전성, 감사인의 전문성이 더욱 요구되기도 한다.

결론적으로, 적절한 진행률 측정방법을 결정할 때, 고객에게 이전하기로 약속한 재화나 용역의 특성을 고려하여야 한다. (주)하우스피아는 연도별로 발생한 계약원가를 집계하고 있으며, 컨설팅 용역과 관련된 총 계약원가를 추정할 수 있기 때문에 위의 진행률 결정방법 중 원가기준 투입법을 적용할 수 있을 것이다. 우리나라 실무에서도 이 방법을 가장 보편적으로 적용하고 있는데, 해당 방법이 진행 정도를 가장 잘 나타내는 방법인지에 대해 고려해야 할 것이다.

10-2 용역의 제공(2)

토론을 위한 회계이슈 |

병원 인테리어 컨설팅 용역에 진행기준을 적용할 수 있는가? [4단계 인식, 5단계 측정]

K-IFRS 제1115호 고객과의 계약에서 생기는 수익

수행의무의 진행률을 측정함

39. 문단 35~37에 따라 기간에 걸쳐 이행하는 수행의무 각각에 대해, 그 수행의무 완료까지의 진행률(이하 '수행의무의 진행률'이라 한다)을 측정하여 기간에 걸쳐 수익을 인식한다. 진행률을 측정하는 목적은 고객에게 약속한 재화나 용역에 대한 통제를 이전(기업의 수행의무 이행)하는 과정에서 기업의 수행 정도를 나타내기 위한 것이다.

40. 기간에 걸쳐 이행하는 각 수행의무에는 하나의 진행률 측정방법을 적용하며 비슷한 상황에서의 비슷한 수행의무에는 그 방법을 일관되게 적용한다. 기간에 걸쳐 이행하는 수행의무의 진행률은 보고기간 말마다 다시 측정한다.

41. 적절한 진행률 측정방법에는 산출법과 투입법이 포함된다. 문단 B14~B19에서는 수행의무의 진행률을 측정하기 위한 산출법과 투입법의 사용 지침을 제공한다. 적절한 진행률 측정방법을 결정할 때, 고객에게 이전하기로 약속한 재화나 용역의 특성을 고려한다.

42. 진행률 측정방법을 적용할 때, 고객에게 통제를 이전하지 않은 재화나 용역은 진행률 측정에서 제외한다. 이와 반대로, 수행의무를 이행할 때 고객에게 통제를 이전하는 재화나 용역은 모두 진행률 측정에 포함한다.

43. 시간이 흐르면서 상황이 바뀜에 따라 수행의무의 산출물 변동을 반영하기 위해 진행률을 새로 수정한다. 이러한 진행률의 변동은 기업회계기준서 제1008호 '회계정책, 회계추정의 변경 및 오류'에 따라 회계추정의 변경으로 회계처리한다.

44. 수행의무의 진행률을 합리적으로 측정할 수 있는 경우에만, 기간에 걸쳐 이행하는 수행의무에 대한 수익을 인식한다. 적절한 진행률 측정방법을 적용하는 데 필요한 신뢰할 수 있는 정보가 부족하다면 수행의무의 진행률을 합리적으로 측정할 수 없을 것이다.

45. 어떤 상황(예 : 계약 초기 단계)에서는 수행의무의 산출물을 합리적으로 측정할 수 없으나, 수행의무를 이행할 때 든 원가는 회수될 것으로 예상한다. 그 상황에서는 수행의무의 산출물을 합리적으로 측정할 수 있을 때까지 발생원가의 범위에서만 수익을 인식한다.

교수자는 병원 인테리어 컨설팅 용역이 비록 기간에 걸쳐 이행하는 수행의무에 해당하더라도 합리적인 진행률 산정이 어려운 상황에서도 진행기준을 적용할 수 있는지에 대해 토론하도록 유도한다.

K-IFRS 제1115호 '고객과의 계약에서 생기는 수익'에서는 수행의무의 진행률을 합리적으로 측정할 수 있는 경우에만, 기간에 걸쳐 이행하는 수행의무에 대한 수익을 인식하도록 규정하고 있다. 만약 적절한 진행률 측정방법을 적용하는 데 필요한 신뢰할 수 있는 정보가 부족하다면 수행의무의 진행률을 합리적으로 측정할 수 없을 것이다.

토론 회사는 사물인터넷을 접목한 최첨단 인텔리전스 빌딩 시공 및 인테리어 용역을 처음으로 제공한다. 또한 다나아병원측 요구에 따라 건물의 설계변경이 예상되며, 설계변경에 따른 인테리어 변경도 예상되는 상황이다.

기존에 계속 해오던 형태의 인테리어 컨설팅은 과거 경험이 축적되어 있기 때문에 용역계약의 총 계약원가를 식별할 수 있을 것이다. 그러나 이번 병원 계약의 경우 처음 경험하는 시공이 포함되고, 잦은 설계변경도 예상되므로 현재로서는 총 계약원가를 명확히 식별할 수 없고, 그 금액도 신뢰성 있게 측정할 수 없을 것이다.

즉, 적절한 진행률 측정방법을 적용하는 데 필요한 신뢰할 수 있는 정보가 부족하다면 진행률을 합리적으로 측정할 수 없을 것이다.

수익은 거래의 진행률을 합리적으로 측정할 수 있는 경우에만, 진행기준에 따라 인식할 수 있다. 따라서 사례의 경우는 수행의무의 진행률을 합리적으로 측정할 수 있게 되기 전까지는 진행기준에 따라 수익을 인식할 수 없다.

11 지분 투자

토론을 위한 회계이슈 |

(1) (주)모델러 주식 투자는 어떻게 분류하여야 하는가? [3단계 분류]

K-IFRS 제1028호 관계기업과 공동기업에 대한 투자

3. 이 기준서에서 사용하는 용어의 정의는 다음과 같다.

관계기업 : 투자자가 유의적인 영향력을 보유하는 기업

연결재무제표 : 지배기업과 그 종속기업의 자산, 부채, 자본, 수익, 비용, 현금흐름을 하나의 경제적 실체로 표시하는 연결실체의 재무제표

지분법 : 투자자산을 최초에 원가로 인식하고, 취득시점 이후 발생한 피투자자의 순자산 변동액 중 투자자의 몫을 해당 투자자산에 가감하여 보고하는 회계처리방법. 투자자의 당기순손익에는 피투자자의 당기순손익 중 투자자의 몫에 해당하는 금액을 포함하고, 투자자의 기타포괄손익에는 피투자자의 기타포괄손익 중 투자자의 몫에 해당하는 금액을 포함한다.

유의적인 영향력 : 피투자자의 재무정책과 영업정책에 관한 의사결정에 참여할 수

있는 능력. 그러나 그러한 정책의 지배력이나 공동지배력은 아니다.

5. 기업이 직접 또는 간접(예 : 종속기업을 통하여)으로 피투자자에 대한 의결권의 20% 이상을 소유하고 있다면 유의적인 영향력을 보유하는 것으로 본다. 다만 유의적인 영향력이 없다는 사실을 명백하게 제시할 수 있는 경우는 그러하지 아니하다. 반대로 기업이 직접 또는 간접(예 : 종속기업을 통하여)으로 피투자자에 대한 의결권의 20% 미만을 소유하고 있다면 유의적인 영향력이 없는 것으로 본다. 다만 유의적인 영향력을 보유하고 있다는 사실을 명백하게 제시할 수 있는 경우는 그러하지 아니하다. 다른 투자자가 해당 피투자자의 주식을 상당한 부분 또는 과반수 이상을 소유하고 있다고 하여도 기업이 피투자자에 대하여 유의적인 영향력을 보유하고 있다는 것을 반드시 배제하는 것은 아니다.

6. 기업이 다음 중 하나 이상에 해당하는 경우 일반적으로 유의적인 영향력을 보유한다는 것이 입증된다.
   (1) 피투자자의 이사회나 이에 준하는 의사결정기구에 참여
   (2) 배당이나 다른 분배에 관한 의사결정에 참여하는 것을 포함하여 정책결정과정에 참여
   (3) 기업과 피투자자 사이의 중요한 거래
   (4) 경영진의 상호 교류
   (5) 필수적 기술정보의 제공

K-IFRS 제1032호 금융상품 : 표시

11. 이 기준서에서 사용하는 용어의 뜻은 다음과 같다.
    금융상품 : 거래당사자 어느 한쪽에게는 금융자산이 생기게 하고 거래상대방에게 금융부채나 지분상품이 생기게 하는 모든 계약
    금융자산은 다음의 자산을 말한다.
    (1) 현금
    (2) 다른 기업의 지분상품
    (3) 다음 중 어느 하나에 해당하는 계약상 권리
        (가) 거래상대방에게서 현금 등 금융자산을 수취할 계약상 권리

(나) 잠재적으로 유리한 조건으로 거래상대방과 금융자산이나 금융부채를 교환하기로 한 계약상 권리

(4) 기업 자신의 지분상품(이하 '자기지분상품'이라 한다)으로 결제하거나 결제할 수 있는 다음 중 하나의 계약

(가) 수취할 자기지분상품의 수량이 변동가능한 비파생상품

(나) 확정 수량의 자기지분상품을 확정 금액의 현금 등 금융자산과 교환하여 결제하는 방법 외의 방법으로 결제하거나 결제할 수 있는 파생상품. 이러한 목적상 자기지분상품에는 다음의 금융상품은 포함하지 않는다.

① 문단 16A와 16B에 따라 지분상품으로 분류하는 풋가능 금융상품

② 발행자가 청산하는 경우에만 거래상대방에게 지분비율에 따라 발행자 순자산을 인도해야 하는 의무를 발행자에게 부과하는 금융상품으로서 문단 16C와 16D에 따라 지분상품으로 분류하는 금융상품

③ 자기지분상품을 미래에 수취하거나 인도하기 위한 계약인 금융상품

K-IFRS 제1039호 금융상품 : 인식과 측정

9. 이 기준서에서 사용하는 용어의 정의는 다음과 같다.

금융상품의 네 가지 범주의 정의

당기손익인식금융자산 또는 당기손익인식금융부채 : 다음 중 하나의 조건을 충족하는 금융자산이나 금융부채

만기보유금융자산 : 만기가 고정되었고 지급금액이 확정되었거나 결정가능한 비파생금융자산으로서 만기까지 보유할 적극적인 의도와 능력이 있는 경우의 금융자산(부록 A의 문단 AG16~AG25 참조)

대여금 및 수취채권 : 지급금액이 확정되었거나 결정가능하며 활성시장에서 가격이 공시되지 않는 비파생금융자산

매도가능금융자산 : 매도가능항목으로 지정한 비파생금융자산 또는 다음으로 분류되지 않는 비파생금융자산

교수자는 (주)하우스피아가가 취득한 (주)모델러 발행 주식(지분상품) 10%를 어떻게 분류하여야 하는가에 대해 토론을 유도한다. (주)하우스피아가 다른 기업의 주식을 취득한 것이므로 일반적인 금융자산으로 분류해야 하는지 아니면, 금융자산 이외의 다른 자산으로 분류해야 하는지에 대해 토론을 유도한다.

다른 기업의 주식은 취득자의 취득목적에 따라 다음과 같이 크게 두 가지로 분류할 수 있다.

K-IFRS 제1032호 '금융상품 : 표시'에서는 다른 기업의 지분상품을 금융자산으로 정의하고 있다. 또한 K-IFRS 제1039호 '금융상품 : 인식과 측정'에서는 금융자산은 다시 당기손익인식금융자산, 매도가능금융자산, 만기보유금융자산, 대여금 및 수취채권으로 분류될 수 있으나, 지분상품은 당기손익인식금융자산과 매도가능금융자산으로만 분류될 수 있다.

먼저, 지분상품의 취득의 목적이 투자수익을 얻을 목적이라면 당기손익인식금융자산이나 매도가능금융자산으로 분류하여야 하지만, 지분상품의 취득목적이 투자수익이 아니라 다른 기업의 재무정책과 영업정책에 관한 의사결정에 참여할 수 있는 유의한 영향력을 행사할 목적이라면 K-IFRS 제1028호 '관계기업과 공동기업에 대한 투자'에 따라 관계기업투자주식으로 분류하여야 한다.

K-IFRS 제1028호 '관계기업과 공동기업에 대한 투자'에서는 투자자가 유의적인 영향력을 보유하는 기업을 관계기업으로 정의하고 있다. 여기서 유의적인 영향력이란 피투자자의 재무정책과 영업정책에 관한 의사결정에 참여할 수 있는 능력으로 정의하고 있다.

기업이 직접 또는 간접(예 : 종속기업을 통하여)으로 피투자자에 대한 의결권의 20% 이상을 소유하고 있다면 유의적인 영향력을 보유하는 것으로 본다. 다만, 유의적인 영향력이 없다는 사실을 명백하게 제시할 수 있는 경우는 그러하지 아니하다.

반대로 기업이 직접 또는 간접(예 : 종속기업을 통하여)으로 피투자자에 대한 의결권의 20% 미만을 소유하고 있다면 유의적인 영향력이 없는 것으로 본다. 다만, 유의적인 영향력을 보유하고 있다는 사실을 명백하게 제시할 수 있는 경우는 그러하지 아니하다.

토론 기업이 다음 중 하나 이상에 해당하는 경우 일반적으로 유의적인 영향력을 보유한다는 것이 입증된다.

(1) 피투자자의 이사회나 이에 준하는 의사결정기구에 참여
(2) 배당이나 다른 분배에 관한 의사결정에 참여하는 것을 포함하여 정책결정과정에 참여
(3) 기업과 피투자자 사이의 중요한 거래
(4) 경영진의 상호 교류
(5) 필수적 기술정보의 제공

비록 10%의 지분 보유로 (주)모델러에 대한 의결권이 20% 미만이지만 회사의 대표이사가 (주)모델러의 이사회에 참여하기로 하였으므로 유의적인 영향력을 보유하고 있다는 사실을 명백하게 제시할 수 있다.

즉, 회사가 보유하는 (주)모델러 주식은 지분이 10%에 해당하여 유의한 영향력 행사여부를 판단하는 20% 지분율에는 미달하지만 회사의 대표이사가 (주)모델러의 이사회에 참여하므로 이는 유의적인 영향력을 행사하기 위해 취득한 것으로 볼 수 있다. 따라서 회사가 취득한 (주)모델러 주식은 관계기업투자주식으로 분류하여야 한다.

토론을 위한 회계이슈 |

(2) (주)모델러 주식은 보고기간 말 어떻게 측정하여야 하는가? [5단계 측정]

K-IFRS 제1028호 관계기업과 공동기업에 대한 투자

3. 이 기준서에서 사용하는 용어의 정의는 다음과 같다.

관계기업 : 투자자가 유의적인 영향력을 보유하는 기업

연결재무제표 : 지배기업과 그 종속기업의 자산, 부채, 자본, 수익, 비용, 현금흐름을 하나의 경제적 실체로 표시하는 연결실체의 재무제표

지분법 : 투자자산을 최초에 원가로 인식하고, 취득시점 이후 발생한 피투자자의 순자산 변동액 중 투자자의 몫을 해당 투자자산에 가감하여 보고하는 회계처리방법. 투자자의 당기순손익에는 피투자자의 당기순손익 중 투자자의 몫에 해당하는 금액을 포함하고, 투자자의 기타포괄손익에는 피투자자의 기타포괄손익 중 투자자의 몫에 해당하는 금액을 포함한다.

10. 지분법에서 관계기업이나 공동기업에 대한 투자를 최초인식시 원가로 인식하고, 취득일 이후에 발생한 피투자자의 당기순손익 중 투자자의 몫에 해당하는 금액을 인식하기 위하여 장부금액을 가감한다. 피투자자의 당기순손익 중 투자자의 몫은 투자자의 당기순손익으로 인식한다. 피투자자에게서 받은 분배액은 투자자산의 장부금액을 줄여준다. 피투자자의 순자산변동이 기타포괄손익의 증감으로 발생하는 경우에도 그러한 자본 변동분 중 투자자의 지분에 해당하는 금액을 투자자산의 장부금액에 반영하는 것이 필요할 수도 있다. 기타포괄손익의 증감이 발생하는 경우로는 유형자산의 재평가나 외화환산차이 등이 있다. 이러한 피투자자 기타포괄손익의 변동액 중 투자자의 몫은 투자자의 기타포괄손익으로 인식한다(기업회계기준서 제1001호 '재무제표 표시' 참조).

44. 기업의 별도재무제표에는 관계기업이나 공동기업에 대한 투자를 기업회계기준서 제1027호(2011년 개정)의 문단 10에 따라 회계처리한다.

K-IFRS 제1027호 별도재무제표

9. 별도재무제표는 문단 10의 경우를 제외하고 적용할 수 있는 모든 한국채택국제회계기준에 따라 작성한다.

10. 별도재무제표를 작성할 때, 종속기업, 공동기업, 관계기업에 대한 투자자산은 다음 (1), (2), (3) 중 어느 하나를 선택하여 회계처리한다.
    (1) 원가법
    (2) 기업회계기준서 제1109호에 따른 방법
    (3) 제1028호에서 규정하는 지분법

    투자자산의 각 범주별로 동일한 회계처리방법을 적용하여야 한다. 원가법 또는 지분법을 사용하여 회계처리된 투자자산이 기업회계기준서 제1105호 '매각예정비유동자산과 중단영업'에 따라 매각예정이나 분배예정으로 분류(또는 매각예정이나 분배예정으로 분류되는 처분자산집단에 포함)되는 경우 기업회계기준서 제1105호에 따라 회계처리한다. 기업회계기준서 제1109호에 따라 회계처리하는 투자의 측정은 이러한 상황에서 변경하지 않는다.

교수자는 관계기업투자주식에 해당하는 (주)모델러 주식을 보고기간말 어떻게 측정할지에 대한 토론을 유도한다.

K-IFRS 제1028호 '관계기업과 공동기업에 대한 투자'에서는 관계기업에 대한 투자를 최초인식시 원가로 인식하고, 취득일 이후에 발생한 피투자자의 당기순손익 중 투자자의 몫에 해당하는 금액을 인식하기 위하여 장부금액을 가감하는 지분법을 적용하도록 규정하고 있다.

지분법은 피투자자의 당기순손익 중 투자자의 몫은 투자자의 당기순손익으로 인식한다. 피투자자에게서 받은 분배액은 투자자산의 장부금액을 줄여준다. 피투자자의 순자산변동이 기타포괄손익의 증감으로 발생하는 경우에도 그러한 자본 변동분 중 투자자의 지분에 해당하는 금액을 투자자산의 장부금액에 반영한다. 기타포괄손익의 증감이 발생하는 경우로는 유형자산의 재평가나 외화환산차이 등이 있다. 피투자자 기타포괄손익의 변동액 중 투자자의 몫은 투자자의 기타포괄손익으로 인식한다.

토론 (주)하우스피아가 보고기간 말 연결재무제표를 작성할 때 관계기업투자주식에 대해 지분법으로 회계처리하도록 규정하고 있다. 한편, (주)하우스피아가 별도재무제표를 작성하는 경우에는 K-IFRS 제1027호 '별도재무제표'에 따라 관계기업투자주식을 원가법, K-IFRS 제1109호 '금융상품'에 따른 공정가치법, K-IFRS 제1028호 '관계기업과 공동기업에 대한 투자'에서 규정하는 지분법 중 하나를 선택하여 회계처리하여야 한다.

토론을 위한 회계이슈

(3) (주)모델러 주식과 관련하여 재무제표에 어떻게 표시, 공시되어야 하는가? [7단계 표시와 공시]

K-IFRS 제1028호 관계기업과 공동기업에 대한 투자

IN11. 피투자자에 대하여 공동지배력이나 유의적인 영향력을 갖는 모든 기업에 대한 공시 요구사항은 기업회계기준서 제1112호 '타 기업에 대한 지분의 공시'에 규정되어 있다.

K-IFRS 제1112호 타 기업에 대한 지분의 공시

20. 기업은 재무제표이용자들이 다음을 평가할 수 있도록 하는 정보를 공시한다.
    (1) 공동약정과 관계기업에 대한 지분의 성격, 범위 및 재무영향. 공동약정과 관계기업에 대하여 공동지배력이나 유의적인 영향력을 보유하는 다른 투자자들과의 계약상 관계에 대한 성격 및 영향(문단 21 및 22); 그리고
    (2) 공동기업과 관계기업의 지분과 관련된 위험의 성격과 변동(문단 23)

21. 기업은 다음을 공시한다.

(1) 보고기업에 중요한 각 공동약정과 관계기업에 대한 다음 사항

(가) 공동약정이나 관계기업의 명칭

(나) 공동약정이나 관계기업과의 관계의 성격(예 : 공동약정이나 관계기업 활동의 성격에 대한 서술과 그 활동들이 기업의 활동에 전략적인지에 대한 서술)

(다) 공동약정이나 관계기업의 주된 사업장(그리고 이와 다른 경우 설립지의 국가명)

(라) 기업이 보유한 소유지분율이나 참여지분율. 그리고 이와 다른 경우 보유한 의결권 지분율(적용되는 경우에 한함)

(2) 보고기업에 중요한 각 공동기업과 관계기업에 대한 다음 사항

(가) 공동기업이나 관계기업 투자에 대해 지분법을 사용하여 측정하였는지 또는 공정가치로 측정하였는지 여부

(나) 문단 B12와 B13에 명시된 공동기업이나 관계기업의 요약재무정보

(다) 공동기업이나 관계기업에 지분법을 사용하여 회계처리한 경우, 공표된 시장가격이 있다면 공동기업이나 관계기업 투자의 공정가치

(3) 개별적으로 중요하지 않은 공동기업과 관계기업 투자에 대하여 문단 B16에 명시된 다음의 재무정보

(가) 개별적으로 중요하지 않은 모든 공동기업에 대한 총액. 이와 별도로,

(나) 개별적으로 중요하지 않은 모든 관계기업에 대한 총액

21A. 투자기업은 문단 21(2)~(3)에 따라 요구되는 공시사항을 제공하지 않아도 된다.

22. 기업은 다음도 공시한다.

(1) 현금 배당의 형식으로 기업에게 자금을 이전하거나, 기업에 대한 차입금이나 선수금을 상환하거나 반환하는 공동기업이나 관계기업의 능력에 유의적인 제약(예 : 공동기업이나 관계기업에 대하여 공동지배력이나 유의적인 영향력을 보유하는 투자자들간의 차입 약정, 규제 요구사항 또는 계약상 약정)이 있는 경우 그 제약의 성격과 범위

(2) 지분법을 적용할 때 보고기간종료일이나 보고기간이 기업의 그것과 다른 공동기업이나 관계기업의 재무제표를 사용한 경우 다음을 공시한다.

(가) 공동기업이나 관계기업 재무제표의 보고기간종료일

(나) 다른 보고기간종료일이나 보고기간을 사용한 이유

(3) 지분법을 적용할 때 공동기업이나 관계기업의 손실에 대한 기업의 지분에 대해 인식을 중지한 경우, 공동기업이나 관계기업의 손실 중 인식하지 못한 지분의 당기분과 누계액

23. 기업은 다음을 공시한다.

(1) 문단 B18~B20에 명시된 것처럼, 다른 약정금액과 구분하여 공동기업과 관련된 약정금액

(2) 기업회계기준서 제1037호 '충당부채, 우발부채 및 우발자산'에 따라, 손실의 발생 가능성이 희박하지 않다면, 공동기업이나 관계기업에 대한 지분과 관련하여 발생한 우발부채(공동기업이나 관계기업에 대하여 공동지배력이나 유의적인 영향력을 보유하는 다른 투자자들과 공동으로 발생한 우발부채의 지분을 포함)를 다른 우발부채 금액과 구분하여 공시한다.

교수자는 재무상태표에 관계기업투자주식과 관련한 공시요구사항에 대해 토론을 유도한다. 즉, 재무정보이용자들에게 어떠한 정보가 의사결정에 유용한지에 대해 토론을 유도한다.

토론 K-IFRS 제1112호 '타 기업에 대한 지분공시'에 의거 회사는 재무제표이용자들이 다음을 평가할 수 있도록 하는 정보를 공시하여야 한다.

① 관계기업에 대한 지분의 성격, 범위 및 재무영향 : 관계기업의 명칭, 관계기업과의 관계의 성격, 기업이 보유한 소유지분율, 관계기업 투자에 대해 지분법을 사용하여 측정하였는지 또는 공정가치로 측정하였는지 여부, 관계기업의 요약재무정보, 관계기업에 지분법을 사용하여 회계처리한 경우 공표된 시장가격이 있다면 관계기업 투자의 공정가치, 관계기업 재무제표의 보고기간종료일 등

② 관계기업의 지분과 관련된 위험 : 관계기업에 대한 지분과 관련하여 발생한 우발부채를 다른 우발부채 금액과 구분하여 공시

더 상세한 공시사항에 대해서는 K-IFRS 제1112호 '타 기업에 대한 지분공시'를 참고하도록 한다.

⑫ 창고보관 사업부문 매각

토론을 위한 회계이슈 |

(1) 창고보관 사업부문은 어떻게 분류해야 하는가? [3단계 분류]

K-IFRS 제1105호 매각예정비유동자산과 중단영업

6. 비유동자산(또는 처분자산집단)의 장부금액이 계속사용이 아닌 매각거래를 통하여 주로 회수될 것이라면 이를 매각예정으로 분류한다.

7. 상기 문단과 같이 분류하기 위해서는 당해 자산(또는 처분자산집단)은 현재의 상태에서 통상적이고 관습적인 거래조건만으로 즉시 매각가능하여야 하며 매각될 *가능성이 매우 높아야* 한다.

8. 매각될 가능성이 매우 높으려면 적절한 지위의 경영진이 자산(또는 처분자산집단)의 매각계획을 확약하고, 매수자를 물색하고 매각계획을 이행하기 위한 적극적인 업무진행을 이미 시작하였어야 한다. 또한 당해 자산(또는 처분자산집단)의 현행 공정가치에 비추어 볼 때 합리적인 가격 수준으로 적극적으로 매각을 추진하여야 한다. 또한 문단 9에서 허용하는 경우를 제외하고는 분류시점에서 1년 이내에 매각완료요건이 충족될 것으로 예상되며, 계획을 이행하기 위하여 필요한 조치로 보아 그 계획이 유의적으로 변경되거나 철회될 가능성이 낮아야 한다. 매각될 가능성이 매우 높은지에 대한 평가의 일환으로 주주의 승인(그러한 승인이 요구되는 국가의 경우) 가능성이 고려되어야 한다.

9. 사건이나 상황에 따라서는 매각을 완료하는 데 소요되는 기간이 연장되어 1년을 초

과할 수도 있다. 만약 기업이 통제할 수 없는 사건 또는 상황 때문에 매각기간이 연장되었지만 기업이 여전히 해당 자산(또는 처분자산집단)의 매각계획을 확약한다는 충분한 증거가 있다면 매각이 완료되기까지의 기간이 연장된다고 하더라도 해당 자산(또는 처분자산집단)을 매각예정으로 분류할 수 없는 것은 아니다. 부록 B의 요건을 충족하는 경우가 이에 해당된다.

교수자는 매각을 계획하고 있는 창고보관 사업부문을 재무제표에 어떻게 분류해야 할지에 대해 토론을 유도한다.

처분될 자산과 부채의 집단에 대한 정보를 제공하는 것이 미래 현금흐름의 시기, 규모, 불확실성에 대한 정보이용자의 판단에 도움을 줄 수 있기 때문에 재무제표이용자에게 유용한 정보가 될 수 있다. 따라서 처분될 자산과 부채의 집단에 대한 정보를 재무상태표에 별도로 표시함으로써 목적적합한 정보를 제공할 수 있고 장부금액이 사용을 통해 회수되는 자산과 매각을 통해 회수되는 자산을 구별할 수도 있다.

이에 K-IFRS 제1105호 '매각예정비유동자산과 중단영업'은 비유동자산(또는 처분자산집단)의 장부금액이 계속사용이 아닌 매각거래를 통하여 주로 회수될 것이라면 이를 매각예정으로 분류하도록 하고 있다. 위의 사례에서 (주)하우스피아가 매각하기로 한 대상은 개별자산이 아니라 창고보관 사업부문에 해당하므로 '처분자산집단'으로 볼 수 있다.

K-IFRS 제1105호에 따라 매각예정 처분자산집단으로 분류하기 위해서는 현재의 상태에서 통상적이고 관습적인 거래조건만으로 즉시 매각가능하여야 하며 매각될 가능성이 매우 높아야 한다.

토론 매각될 가능성이 매우 높으려면 적절한 지위의 경영진이 처분자산집단의 매각계획을 확약하고, 매수자를 물색하고 매각계획을 이행하기 위한 적극적인 업무진행을 이미 시작하였어야 한다. 또한 합리적인 가격 수준으로 적극적으로 매각을 추진하여야 하고, 매각예정 처분자산집단으로 분류하는 시점에서 1년 이내에 매각완료요건이 충족될 것으로 예상되어야 한다.

창고보관 사업부문의 매각을 2X07년 1월 2일 회사의 최고의사결정기구인 이사회에서 결의하였고, 현재의 상태에서 즉시 매각가능하며, 창고보관 서비스에 대한 수요증가 및 창고보관 사업에 대한 투자증가로 인해 1년 이내에 매각이 될 것으로 예상되므로 매각될 가능성은 매우 높은 것으로 볼 수 있다.

따라서 창고보관 사업부문이 계속사용이 아닌 매각거래를 통하여 주로 회수될 것이므로 동 사업부문은 매각예정 처분자산집단으로 분류하여야 하며, 유동자산과 비유동자산 사이에 별도로 구분 표시하여야 한다.

토론을 위한 회계이슈 |

(2) 창고보관 사업부문은 어떻게 측정되어야 하는가? [5단계 측정]

K-IFRS 제1105호 매각예정비유동자산과 중단영업

15. 매각예정으로 분류된 비유동자산(또는 처분자산집단)은 순공정가치와 장부금액 중 작은 금액으로 측정한다.

17. 1년 이후에 매각될 것으로 예상된다면 *매각부대원가는* 현재가치로 측정한다. 기간 경과에 따라 발생하는 매각부대원가 현재가치의 증가분은 금융원가로서 당기손익으로 회계처리한다.

18. 자산(또는 처분자산집단)을 매각예정으로 최초 분류하기 직전에 해당 자산(또는 처분자산집단 내의 모든 자산과 부채)의 장부금액은 적용가능한 한국채택국제회계기준서에 따라 측정한다.

교수자는 매각예정 처분자산집단인 창고보관 사업부문이 어떻게 측정되어야 하는지에 대해 토론을 유도한다.

토론 매각예정 처분자산집단의 장부금액은 사용을 통해 회수되는 것이 아니라 매각을 통해 회수될 자산이므로 순공정가치가 보다 목적적합한 유용한 정보이다. 사례에서 매각예정 처분자산집단의 순공정가치와 장부금액을 모두 알고 있으므로 둘 중 작은 금액으로 측정하고 감가상각하지 않는다.

순공정가치와 장부금액 중 작은 금액으로 측정하는 이유는 매각예정 처분자산집단을 보다 보수적이고 신중하게 측정하기 위함이다. 예를 들어, 순공정가치가 장부금액보다 크다면 장부금액을 증액시켜야 하므로 매각예정 처분자산집단에서 차익을 인식하게 된다. 반대로, 순공정가치가 장부금액보다 작다면 장부금액을 감액시켜야 하므로 감액으로 인한 손실을 인식하게 된다.

따라서 순공정가치와 장부금액 중 작은 금액으로 측정하도록 함으로써 순공정가치가 장부금액보다 큰 경우에는 장부금액 그대로, 순공정가치가 장부금액보다 작은 경우에는 순공정가치로 감액하여 손실을 인식하도록 하여 차익은 인식하지 않고, 손실만 인식하도록 하기 위함이다.

매각예정 처분자산집단에 속한 비유동자산을 감가상각하지 않는 것은 개별자산과 같이, 당해 자산의 장부금액이 계속사용으로 인한 것이 아니라 주로 매각으로 회수될 것이며 계속사용으로 회수되는 금액은 부수적인 것으로 보기 때문이다.

요약하면, 매각예정 처분자산집단은 사용으로 회수되는 것이 아니라 1년 이내에 매각으로 회수될 자산이므로 순공정가치가 보다 유용한 정보이다. 따라서 매각예정 처분자산집단의 순공정가치와 장부금액 중 작은 금액으로 측정하고 감가상각은 하지 않는다.

⑬ 재화의 인도(K-IFRS 제1115호)

토론을 위한 회계이슈 |

(1) (주)하우스피아는 대리점 판매와 백화점 판매에 대해 언제 수익을 인식해야 하는가? 그리고 수익은 어떻게 측정하는가? [4단계 인식, 5단계 측정]

K-IFRS 제1115호 고객과의 계약에서 생기는 수익

31. 고객에게 약속한 재화나 용역, 즉 자산을 이전하여 수행의무를 이행할 때(또는 기간에 걸쳐 이행하는 대로) 수익을 인식한다. 자산은 고객이 그 자산을 통제할 때(또는 기간에 걸쳐 통제하게 되는 대로) 이전된다.

32. 문단 22~30에 따라 식별한 각 수행의무를 (문단 35~37에 따라) 기간에 걸쳐 이행하는지 또는 (문단 38에 따라) 한 시점에 이행하는지를 계약 개시시점에 판단한다. 수행의무가 기간에 걸쳐 이행되지 않는다면, 그 수행의무는 한 시점에 이행되는 것이다.

33. 재화와 용역은 (많은 용역의 경우처럼) 받아서 사용할 때 비록 일시적일지라도 자산이다. 자산에 대한 통제란 자산을 사용하도록 지시하고 자산의 나머지 효익의 대부분을 획득할 수 있는 능력을 말한다. 통제에는 다른 기업이 자산의 사용을 지시하고 그 자산에서 효익을 획득하지 못하게 하는 능력이 포함된다. 자산의 효익은 다음과 같은 다양한 방법으로 직접적으로나 간접적으로 획득할 수 있는 잠재적인 현금흐름(유입이 있거나 유출이 감소)이다.

(1) 재화를 생산하거나 용역(공공용역 포함)을 제공하기 위한 자산의 사용

(2) 다른 자산의 가치를 높이기 위한 자산의 사용

(3) 부채를 결제하거나 비용을 줄이기 위한 자산의 사용

(4) 자산의 매각 또는 교환

(5) 차입금을 보증하기 위한 자산의 담보 제공
(6) 자산의 보유

34. 고객이 자산을 통제하는지를 판단할 때, 그 자산을 재매입하는 약정을 고려한다(문단 B64~B76 참조).

38. 수행의무가 문단 35~37에 따라 기간에 걸쳐 이행되지 않는다면, 그 수행의무는 한 시점에 이행되는 것이다. 고객이 약속된 자산을 통제하고 기업이 수행의무를 이행하는 시점을 판단하기 위해, 문단 31~34의 통제에 관한 요구사항을 참고한다. 또 다음과 같은 통제 이전의 지표(다음이 포함되나 이에 한정되지는 않는다)를 참고하여야 한다.
(1) 기업은 자산에 대해 현재 지급청구권이 있다.—고객이 자산에 대해 지급할 현재 의무가 있다면, 이는 고객이 교환되는 자산의 사용을 지시하고 자산의 나머지 효익의 대부분을 획득할 능력을 갖게 되었음을 나타낼 수 있다.
(2) 고객에게 자산의 법적 소유권이 있다.—법적 소유권은 계약 당사자 중 누가 '자산의 사용을 지시하고 자산의 나머지 효익의 대부분을 획득할 능력이 있는지' 또는 '그 효익에 다른 기업이 접근하지 못하게 하는 능력이 있는지'를 나타낼 수 있다. 그러므로 자산의 법적 소유권의 이전은 자산을 고객이 통제하게 되었음을 나타낼 수 있다. 고객의 지급불이행에 대비한 안전장치로서만 기업이 법적 소유권을 보유한다면, 그러한 기업의 권리가 고객이 자산을 통제하게 되는 것을 막지는 못할 것이다.
(3) 기업이 자산의 물리적 점유를 이전하였다.—자산에 대한 고객의 물리적 점유는 고객이 '자산의 사용을 지시하고 자산의 나머지 효익의 대부분을 획득할 능력'이 있거나 '그 효익에 다른 기업이 접근하지 못하게 하는 능력'이 있음을 나타낼 수 있다. 그러나 물리적 점유는 자산에 대한 통제와 일치하지 않을 수 있다. 예를 들면 일부 재매입약정이나 위탁약정에서는 고객이나 수탁자가 기업이 통제하는 자산을 물리적으로 점유할 수 있다. 이와 반대로, 일부 미인도청구약정에서는 고객이 통제하는 자산을 기업이 물리적으로 점유할 수 있다. 문단 B64~B76, B77~B78, B79~B82에서는 각각 재매입약정, 위탁약정, 미인도청구약정의 회계처리 지침을 제공한다.
(4) 자산의 소유에 따른 유의적인 위험과 보상이 고객에게 있다.—자산의 소유에

따른 유의적인 위험과 보상이 고객에게 이전되었다는 것은 자산의 사용을 지시하고 자산의 나머지 효익의 대부분을 획득할 능력이 고객에게 있음을 나타낼 수 있다. 그러나 약속된 자산의 소유에 따른 위험과 보상을 평가할 때에는, 그 자산을 이전해야 하는 수행의무에 더하여 별도의 수행의무를 생기게 할 위험은 고려하지 않는다. 예를 들면 기업이 고객에게 자산에 대한 통제를 이전하였으나 이전한 자산과 관련된 유지용역을 제공해야 하는 추가되는 수행의무는 아직 이행하지 못하였을 수 있다.

(5) 고객이 자산을 인수하였다—고객이 자산을 인수한 것은 '자산의 사용을 지시하고 자산의 나머지 효익의 대부분을 획득할 능력'이 고객에게 있음을 나타낼 수 있다. 계약상 고객의 인수 조항이 자산에 대한 통제를 이전하는 시점에 미치는 영향을 평가하기 위해서는 문단 B83~B86의 지침을 참고한다.

46. 수행의무를 이행할 때(또는 이행하는 대로), 그 수행의무에 배분된 거래가격(문단 56~58에 따라 변동대가 추정치 중 제약받는 금액은 제외)을 수익으로 인식한다.

47. 거래가격을 산정하기 위해서는 계약 조건과 기업의 사업 관행을 참고한다. 거래가격은 고객에게 약속한 재화나 용역을 이전하고 그 대가로 기업이 받을 권리를 갖게 될 것으로 예상하는 금액이며, 제삼자를 대신해서 회수한 금액(예 : 일부 판매세)은 제외한다. 고객과의 계약에서 약속한 대가는 고정금액, 변동금액 또는 둘 다를 포함할 수 있다.

교수자는 대리점 판매와 백화점 판매가 어떻게 다른지에 대해 먼저 토론하도록 유도한다. 그리고 각각의 판매에 있어서 어느 시점에 수익을 인식하며 어떻게 수익을 측정해야 하는지를 토론하도록 유도한다.

먼저, 대리점이나 백화점이 (주)하우스피아로부터 제품을 인도받는 시점에 그 제품을 통제하게 되는지를 파악한다. 제품에 대한 통제 이전 여부를 파악하기 위해서는 K-IFRS 제1115호 '고객과의 계약에서 생기는 수익' 문단 38에서 정하고 있는 통제 이전의 지표를 참고하여야 한다.

토론 대리점 판매의 경우 대리점이 제품의 최종 판매가격을 정할 수 있고, 재고부담이나 물리적 손상에 대한 책임도 부담하기 때문에 대리점에 인도되는 시점에 (주)하우스피아는 제품을 통제하지 못하게 된다. 즉, 인도시점에 (주)하우스피아는 수행의무를 이행하였으며, 대리점이 제품을 통제하게 되므로 대리점에게 인도하는 시점에 (주)하우스피아의 수익을 인식하여야 한다.

백화점 판매의 경우 (주)하우스피아가 사전에 판매가격과 할인율을 정해주고 재고와 반품 부담을 지게 되므로 여전히 (주)하우스피아가 그 제품을 통제하는 것이며, 백화점은 그 제품을 통제하지 못한다. 또한 특정 백화점에서 고객이 찾는 제품이 없을 경우, (주)하우스피아의 관리 하에 다른 백화점에서 제품을 가져와서 판매할 수도 있기 때문에 (주)하우스피아가 제품에 대해 여전히 사용지시를 하고 있는 것이다.

따라서 (주)하우스피아가 백화점에 인도하는 시점은 (주)하우스피아가 수행의무를 이행하는 시점이 아니라 (주)하우스피아 창고에서 백화점 전시장으로, 재화의 물리적인 장소 이동에 불과하다. 최종적으로 백화점이 고객에게 판매하는 시점이 바로 (주)하우스피아의 수행의무가 완료되는 시점이므로 (주)하우스피아는 그 시점에 수익을 인식하여야 한다.

다음으로 교수자는 대리점 판매와 백화점 판매의 경우, 수익을 어떻게 측정하여야 하는가에 대한 토론을 유도한다.

토론 수행의무를 이행할 때, 그 수행의무에 배분된 거래가격을 수익으로 인식하여야 한다. 따라서 (주)하우스피아는 거래가격을 측정하여 수익으로 인식하여야 하는데, 거래가격은 제품을 인도하고 그 대가로 (주)하우스피아가 받을 권리를 갖게 될 것으로 예상하는 금액이다.

대리점 판매의 경우 대리점과의 판매계약에서 정해진 거래가격을 수익으로 인식하고, 백화점 판매의 경우 백화점에서 제품을 매입하는 고객과의 판매계약에서 정해진 거래가격을 수익으로 인식하여야 한다. 한편, 판매용역의 대가로 백화점에 지급하는 판매수수료가 있다면 비용으로 인식한다.

토론을 위한 회계이슈 |

(2) 백화점 판매시 발생할 수 있는 반품에 대해서는 어떻게 회계처리하여야 하는가? [4단계 인식, 5단계 측정]

K-IFRS 제1115호 고객과의 계약에서 생기는 수익

50. 계약에서 약속한 대가에 변동금액이 포함된 경우에 고객에게 약속한 재화나 용역을 이전하고 그 대가로 받을 권리를 갖게 될 금액을 추정한다.

51. 대가(금액)는 할인(discount), 리베이트, 환불, 공제(credits), 가격할인(price concessions), 장려금(incentives), 성과보너스, 위약금이나 그 밖의 비슷한 항목 때문에 변동될 수 있다. 기업이 대가를 받을 권리가 미래사건의 발생 여부에 달려 있는 경우에도 약속한 대가는 변동될 수 있다. 예를 들면 반품권을 부여하여 제품을 판매하거나 특정 단계에 도달해야 고정금액의 성과보너스를 주기로 약속한 경우에 대가(금액)는 변동될 것이다.

53. 변동대가(금액)는 다음 중에서 기업이 받을 권리를 갖게 될 대가(금액)를 더 잘 예측할 것으로 예상하는 방법을 사용하여 추정한다.

(1) 기댓값—기댓값은 가능한 대가의 범위에 있는 모든 금액에 각 확률을 곱한(probability-weighted) 금액의 합이다. 기업에 특성이 비슷한 계약이 많은 경우에 기댓값은 변동대가(금액)의 적절한 추정치일 수 있다.

(2) 가능성이 가장 높은 금액—가능성이 가장 높은 금액은 가능한 대가의 범위에서 가능성이 가장 높은 단일 금액(계약에서 가능성이 가장 높은 단일 결과치)이다. 계약에서 가능한 결과치가 두 가지뿐일 경우(예 : 기업이 성과보너스를

획득하거나 획득하지 못하는 경우)에는 가능성이 가장 높은 금액이 변동대가의 적절한 추정치가 될 수 있다.

54. 기업이 받을 권리를 갖게 될 변동대가(금액)에 미치는 불확실성의 영향을 추정할 때에는 그 계약 전체에 하나의 방법을 일관되게 적용한다. 또 합리적인 범위에서 구할 수 있는 모든 정보(과거, 현재, 예측 정보)를 참고하고 합리적인 수에 해당하는 가능한 대가들을 식별한다. 변동대가(금액)를 추정할 때 사용하는 정보는 경영진이 입찰 · 제안 과정에서 사용하거나 약속한 재화나 용역의 가격을 정할 때 사용하는 정보와 일반적으로 비슷할 것이다.

55. 고객에게서 받은 대가의 일부나 전부를 고객에게 환불할 것으로 예상하는 경우에는 환불부채를 인식한다. 환불부채는 기업이 받았거나 받을 대가 중에서 권리를 갖게 될 것으로 예상하지 않는 금액(거래가격에 포함되지 않는 금액)으로 측정한다. 환불부채(그리고 이에 상응하는 거래가격 변동, 즉 계약부채의 변동)는 보고기간 말마다 상황의 변동을 반영하여 새로 수정한다. 반품권이 있는 판매 관련 환불부채는 문단 B20~B27의 지침을 적용하여 회계처리한다.

B20. 일부 계약에서는 기업이 고객에게 제품에 대한 통제를 이전하고, 다양한 이유(예 : 제품 불만족)로 제품을 반품할 권리와 함께 다음 사항을 조합하여 받을 권리를 고객에게 부여한다.

(1) 지급된 대가의 전부나 일부 환불

(2) 기업에 갚아야 할 의무가 있거나 의무가 있게 될 금액에 대한 공제(credit)

(3) 다른 제품으로 교환

B21. 반품권이 있는 제품(과 환불 대상이 되는 제공한 일부 용역)의 이전을 회계처리하기 위하여, 다음 사항을 모두 인식한다.

(1) 기업이 받을 권리를 갖게 될 것으로 예상하는 대가(금액)를 이전하는 제품에 대한 수익으로 인식(그러므로 반품이 예상되는 제품에 대해서는 수익을 인식하지 않을 것이다)

(2) 환불부채를 인식

(3) 환불부채를 결제할 때, 고객에게서 제품을 회수할 기업의 권리에 대하여 자산(과 이에 상응하는 매출원가 조정)을 인식

B22. 반품기간에 언제라도 반품을 받기로 하는 기업의 약속은 환불할 의무에 더하여 수행의무로 회계처리하지 않는다.

B23. 기업이 받을 권리를 갖게 될 것으로 예상하는 대가(금액)(반품 예상 제품은 제외)를 산정하기 위해 문단 47~72의 요구사항(문단 56~58 변동대가 추정치의 제약에 관한 요구사항 포함)을 적용한다. 받은(또는 받을) 금액 중 기업이 권리를 갖게 될 것으로 예상하지 않는 부분은 고객에게 제품을 이전할 때 수익으로 인식하지 않고, 환불부채로 인식한다. 이후 보고기간 말마다, 기업은 제품을 이전하고 그 대가로 권리를 갖게 될 것으로 예상하는 금액을 다시 평가하고 이에 따라 거래가격과 인식된 수익 금액을 바꾼다.

B24. 보고기간 말마다 반품 예상량의 변동에 따라 환불부채의 측정치를 새로 수정한다. 이에 따라 생기는 조정액을 수익(또는 수익의 차감)으로 인식한다.

B25. 환불부채를 결제할 때 고객에게서 제품을 회수할 기업의 권리에 대해 인식하는 자산은 처음 측정할 때 제품(예 : 재고자산)의 이전 장부금액에서 그 제품 회수에 예상되는 원가(반품된 제품이 기업에 주는 가치의 잠재적인 감소를 포함)를 차감한다. 보고기간 말마다 반품될 제품에 대한 예상의 변동을 반영하여 자산의 측정치를 새로 수정한다. 이 자산은 환불부채와는 구분하여 표시한다.

B26. 고객이 한 제품을 유형 · 품질 · 조건 · 가격이 같은 다른 제품(예 : 색상이나 크기가 같은 다른 제품)과 교환하는 경우에는 이 기준서의 적용 목적상 반품으로 보지 않는다.

B27. 고객이 결함이 있는 제품을 정상 제품으로 교환할 수 있는 계약은 문단 B28~B33의 보증에 대한 지침에 따라 평가한다.

교수자는 백화점 판매시 발생할 수 있는 반품에 대해 수익으로 인식할 수 있는지, 인식하지 못한다면 어떻게 회계처리해야 하는지에 대해 토론을 유도한다.

계약에서 약속한 대가에 변동금액이 포함된 경우에 고객에게 약속한 재화를 이전하고 그 대가로 받을 권리를 갖게 될 금액을 추정하여야 한다. 고객이 불만족할 경우 반품권(환불권)을 인정한 경우와 같이, 대가를 받을 권리가 미래사건의 발생 여부에 달려 있는 경우에도 약속한 대가는 변동될 수 있다.

토론 사례의 경우 계약에서 고객에게 7일 이내 제품의 반품을 허용하고 있기 때문에, 고객에게서 받은 대가는 변동될 수 있다. 변동대가는 다음 중에서 (주)하우스피아가 받을 권리를 갖게 될 대가를 더 잘 예측할 것으로 예상하는 방법을 사용하여 추정한다.

① 기댓값－기댓값은 가능한 대가의 범위에 있는 모든 금액에 각 확률을 곱한(probability-weighted) 금액의 합이다. 기업에 특성이 비슷한 계약이 많은 경우에 기댓값은 변동대가(금액)의 적절한 추정치일 수 있다.

② 가능성이 가장 높은 금액－가능성이 가장 높은 금액은 가능한 대가의 범위에서 가능성이 가장 높은 단일 금액(계약에서 가능성이 가장 높은 단일 결과치)이다. 계약에서 가능한 결과치가 두 가지뿐일 경우(예 : 기업이 성과보너스를 획득하거나 획득하지 못하는 경우)에는 가능성이 가장 높은 금액이 변동대가의 적절한 추정치가 될 수 있다.

만약 (주)하우스피아가 반품 추정에 상당한 경험이 있다고 판단되고 과거 경험에 따라 판매된 제품의 몇 %가 반품되는지를 신뢰성 있게 추정할 수 있다면, 권리를 갖게 될 것으로 예상하는 변동대가를 추정하기 위해 기댓값 방법을 사용할 수 있다.

이처럼 (주)하우스피아가 받을 권리를 갖게 될 것으로 예상하는 금액만을 수익으로 인식하면 반품될 것으로 예상하는 제품에 대한 수익은 인식하지 않게 된다. 그리고 고객에게 환불할 것으로 예상하는 금액을 환불부채로 인식하여야 한다.

즉, (주)하우스피아는 구입 후 7일 이내에 영수증과 함께 제품을 가져오면 전액 환불해 주므로 반품(환불)이 예상되는 제품에 대해서는 수익을 인식하지 않고 환불부채를 인식한다.

환불부채는 (주)하우스피아가 받았거나 받을 대가 중에서 권리를 갖게 될 것으로 예상하지 않는 금액(거래가격에 포함되지 않는 금액)으로 측정하며, 보고기간 말마다 상황의 변동을 반영하여 새로 수정하고, 이에 따라 생기는 조정액을 수익에서 가감한다.

토론을 위한 회계이슈 |

(3) (주)하우스피아가 스투키(주)의 아기침대와 유모차를 판매하는 경우 (주)하우스피아는 언제, 얼마만큼의 수익을 인식해야 하는가? [5단계 측정]

K-IFRS 제1115호 고객과의 계약에서 생기는 수익

B34. 고객에게 재화나 용역을 제공하는 데에 다른 당사자가 관여할 때, 기업은 약속의 성격이 특정 재화나 용역 자체를 제공하는 수행의무인지(기업이 본인) 또는 다른 당사자가 재화나 용역을 제공하도록 주선하는 수행의무인지(기업이 대리인)를 판단한다.

B35. 고객에게 재화나 용역을 이전하기 전에 기업이 그 약속한 재화나 용역을 통제한다면 이 기업은 본인이다. 그러나 제품의 법적 소유권이 고객에게 이전되기 전에 기업이 일시적으로만 법적 소유권을 획득한다면, 기업이 반드시 본인으로 활동하는 것은 아니다. 계약상 본인인 기업은 스스로 수행의무를 이행할 수 있고, 다른 당사자(예 : 하도급자)가 대신하여 수행의무의 일부나 전부를 이행하도록 고용할 수도 있다. 본인인 기업이 수행의무를 이행할 때, 기업은 그 재화나 용역을 이전하고 그 대가로 받을 권리를 갖게 될 것으로 예상하는 대가 총액을 수익으로 인식한다.

B36. 기업의 수행의무가 다른 당사자가 재화나 용역을 제공하도록 주선하는 것이라면 이 기업은 대리인이다. 대리인인 기업이 수행의무를 이행할 때, 이 기업은 다른 당사자가 그 재화나 용역을 제공하도록 주선하고 그 대가로 받을 권리를 갖게 될 것

으로 예상하는 보수나 수수료 금액을 수익으로 인식한다. 기업의 보수나 수수료는 다른 당사자가 제공한 재화나 용역과 교환하여 받은 대가 가운데 그 당사자에게 지급한 다음에 남는 순액일 수 있다.

B37. 기업이 대리인임(그러므로 고객에게 제공하기 전에 재화나 용역을 통제하지 않음)을 나타내는 지표에는 다음 사항이 포함된다.

(1) 계약을 이행할 주된 책임이 다른 당사자에게 있다.

(2) 이 기업은 고객이 주문하기 전이나 후에, 운송 중에, 반품할 때에 재고위험이 없다.

(3) 다른 당사자의 재화나 용역 가격에 대하여 이 기업에는 가격을 결정할 재량이 없다. 그러므로 이 기업이 그 재화나 용역에서 얻을 수 있는 효익이 제한된다.

(4) 이 기업의 대가는 수수료 형태이다.

(5) 이 기업은 다른 당사자가 재화나 용역을 이전하고 그 대가로 고객에게서 받을 금액에 대한 신용위험에 노출되어 있지 않다.

B38. 기업이 약속한 재화나 용역을 고객에게 이전하는 수행의무를 더는 이행할 의무가 없도록(기업이 더는 본인으로 활동하지 않도록) 다른 당사자가 기업의 계약상 수행의무와 계약상 권리를 인수한다면, 기업은 그 수행의무에 대해 수익을 인식하지 않는다. 그 대신에 다른 당사자를 위해 계약을 체결하는 수행의무 이행에 대해 수익을 인식할지(기업이 대리인으로 활동하는지)를 판단한다.

(주)하우스피아가 스투키(주)의 아기침대와 유모차를 판매하는 것이 고객에게 해당 제품을 제공하는 수행의무(본인)인지 아니면 스투키(주)가 해당 제품을 제공하도록 주선하는 수행의무(대리인)인지에 따라 수익을 인식하는 시점과 수익으로 인식할 금액의 측정이 달라진다. 따라서 교수자는 먼저 (주)하우스피아가 본인인지 아니면 대리인인지를 판단하도록 토론을 유도한다.

기업이 고객에게 재화를 제공하는 과정에서 다른 당사자가 관여할 때, 약속의 성격이 다른 당사자가 재화를 제공하도록 주선하는 수행의무(대리인)임을 나타내는 지표로는 다음을 들 수 있다.

(1) 계약을 이행할 주된 책임이 다른 당사자에게 있다.
(2) 이 기업은 고객이 주문하기 전이나 후에, 운송중에, 반품할 때에 재고위험이 없다.
(3) 다른 당사자의 재화나 용역 가격에 대하여 이 기업에는 가격을 결정할 재량이 없다. 그러므로 이 기업이 그 재화나 용역에서 얻을 수 있는 효익이 제한된다.
(4) 이 기업의 대가는 수수료 형태이다.
(5) 이 기업은 다른 당사자가 재화나 용역을 이전하고 그 대가로 고객에게서 받을 금액에 대한 신용위험에 노출되어 있지 않다.

토론 사례에서 (주)하우스피아가 대리인임을 나타내는 지표는 다음과 같다.

① 스투키(주)가 제품의 품질이나 반품에 대한 재고위험을 부담하므로 계약을 이행할 주된 책임이 스투키(주)에게 있다고 할 수 있다.
② 스투키(주)가 판매되는 제품의 가격을 결정한다.
③ (주)하우스피아는 위탁판매의 대가로 판매금액의 20%를 수수료로 받는다.
④ (주)하우스피아의 전시장을 통해 스투키(주)의 제품을 구입한 고객이 대금을 지급하지 않는다 하더라도 (주)하우스피아가 대신 지급할 의무가 없으므로 신용위험에 노출되어 있지 않다.

즉, 스투키(주)가 판매가격을 결정하고, (주)하우스피아는 판매대행에 대한 대가로 판매금액의 20%를 받으며, 제품의 품질과 반품에 대한 책임도 스투키(주)가 부담하므로 스투키(주)는 위탁자(본인)이고, (주)하우스피아는 스투키(주) 제품의 국내 판매를 대행하는 수탁자(대리인)이다.

(주)하우스피아는 대리인으로서 수행의무를 이행할 때, 그 수행의무의 이행 대가로 받게 될 수수료 금액을 수익으로 인식하여야 한다.

따라서 (주)하우스피아는 제품을 판매하는 시점에, 제품 판매금액의 20%에 해당하는 금액을 판매대행 수수료 수익으로 인식한다.

⑭ 회계추정의 변경과 회계오류의 수정

토론을 위한 회계이슈

(1) 2X08년 말 대손충당금 조정이 회계추정의 변경인가? 회계오류의 수정인가? [1단계 경제적 현상과 유용한 정보, 2단계 식별]

K-IFRS 제1008호 회계정책, 회계추정의 변경 및 오류

5. 이 기준서에서 사용하는 용어의 정의는 다음과 같다.

회계정책 : 기업이 재무제표를 작성 · 표시하기 위하여 적용하는 구체적인 원칙, 근거, 관습, 규칙 및 관행

회계추정의 변경 : 자산과 부채의 현재 상태를 평가하거나 자산과 부채와 관련된 예상되는 미래 효익과 의무를 평가한 결과에 따라 자산이나 부채의 장부금액 또는 기간별 자산의 소비액을 조정하는 것. 회계추정의 변경은 새로운 정보의 획득, 새로운 상황의 전개 등에 따라 지금까지 사용해오던 회계적 추정치를 바꾸는 것이며, 따라서 이는 오류수정에 해당하지 아니한다.

전기오류 : 과거 기간 동안에 재무제표를 작성할 때 신뢰할 만한 정보를 이용하지 못했거나 잘못 이용하여 발생한 재무제표에의 누락이나 왜곡표시. 신뢰할 만한 정보는 다음을 모두 충족하는 정보를 말한다.

(1) 해당 기간의 재무제표의 발행승인일에 이용가능한 정보

(2) 당해 재무제표의 작성과 표시를 위하여 획득하여 고려할 것이라고 합리적으로 기대되는 정보

이러한 오류에는 산술적 계산오류, 회계정책의 적용 오류, 사실의 간과 또는 해석의 오류 및 부정 등의 영향을 포함한다.

교수자는 회사의 2X08년 말 대손충당금의 갑작스러운 증가가 회계추정의 변경에 해당하는지 아니면 회계오류의 수정에 해당하는지에 대한 토론을 유도한다.

K-IFRS 제1008호 '회계정책, 회계추정의 변경 및 오류'에서는 회계추정의 변경과 전기오류를 다음과 같이 정의하고 있다.

'회계추정의 변경'이란 자산과 부채의 현재 상태를 평가하거나 자산과 부채와 관련된 예상되는 미래 효익과 의무를 평가한 결과에 따라 자산이나 부채의 장부금액 또는 기간별 자산의 소비액을 조정하는 것이다. 회계추정의 변경은 새로운 정보의 획득, 새로운 상황의 전개 등에 따라 지금까지 사용해오던 회계적 추정치를 바꾸는 것이며, 따라서 이는 오류수정에 해당하지 아니한다.

'전기오류'란 과거 기간 동안에 재무제표를 작성할 때 신뢰할 만한 정보를 이용하지 못했거나 잘못 이용하여 발생한 재무제표에의 누락이나 왜곡표시를 말한다.

일반적으로 사업활동에 내재된 불확실성으로 인해 재무제표의 많은 항목이 정확히 측정될 수 없고 경영자의 추정에 의존할 수밖에 없다. 합리적인 추정은 재무제표의 작성에 필수적인 과정으로 재무제표의 신뢰성을 손상시키지 않는다고 본다.

회계추정이란 기업환경의 불확실성하에서 미래의 재무적 결과를 사전적으로 예측하는 것을 말한다. 매출채권의 회수 가능성에 따라 대손충당금을 추정하고 그에 따른 대손상각비를 인식하는 것은 대표적인 회계추정에 해당한다.

회계추정의 근거가 되었던 상황의 변화로 새로운 추정이 요구되는 경우에 과거에 합리적이라고 판단했던 추정치라도 이를 변경할 필요가 있다. 이를 회계추정의 변경이라고 하며 새로운 정보 획득 등에 따라 지금까지 사용해 오던 회계적 추정치를 변경하는 것을 말한다.

한편, 회계오류의 수정은 과거 기간의 재무제표 작성시 신뢰할 만한 정보를 이용하지 못하였거나 잘못 이용하여 발생한 재무제표상의 누락이나 왜곡표시를 수정하는 것을 말한다.

회계오류의 수정은 회계추정의 변경과 구별된다. 회계에서 추정치는 성격상 추가정보가 알려지는 경우 수정이 필요할 수도 있는 근사치의 개념이기 때문이다.

회계추정의 변경과 회계오류의 수정을 구분하기 어려운 경우도 있다. 만약, 경영자가 새로운 정보를 반영시켜 추정을 변경했는데, 이것이 변경 전에 이용가능한 정보를 무시했기 때문에 발생한 것이라면 오류수정이 되어야 하고, 이러한 정보가 처음으로 이용가능해졌기 때문에 발생하였다면 회계추정의 변경이 된다.

토론 일반적으로 성실한 추정은 사후에 적절하지 않다고 밝혀진다고 하더라도 회계추정의 변경으로 분류하고, 경험부족이나 불성실로 인해 추정이 잘못된 경우에만 오류수정으로 회계처리한다. 그러나 이 둘을 명확히 구분하기는 쉽지 않다.

따라서 사례의 경우 경영자가 새로운 정보를 반영시켜 2X08년 대손충당금 관련 추정을 변경했는데, 이것이 2X05년 말부터 2X07년 말까지 이용가능한 정보를 무시했기 때문에 발생한 것이라면 오류수정이 되어야 하고, 이러한 정보가 2X08년에 처음으로 이용가능해졌기 때문에 발생하였다면 회계추정의 변경이 된다. 그런데 대손충당금을 기존의 잔액보다 3배 가까이 증가시켰다는 것은 그만큼 대손상각비를 인식했다는 것을 의미한다. 일반적으로 기업이 이익을 증가시킬 유인은 높지만 이익을 크게 감소시킬 유인은 낮다는 점을 감안하면 (주)하우스피아의 대손충당금 증가는 회계추정의 변경일 가능성이 높다. 이 경우 'big bath' 등 경영자가 이익을 줄일 유인이 있는지도 함께 고려해야 할 것이다.

참고로, 위에서 언급한 회계추정의 변경과 더불어 회계정책의 변경이 있다. 회계추정의 변경과 회계정책의 변경을 아울러서 회계변경이라고 한다.

회계정책이란 재무제표를 작성 · 표시하기 위해 적용하는 구체적인 원칙, 근거, 관습, 규칙 및 관행을 말한다. 회계정책의 변경이란 재무제표의 작성과 보고에 적용하던 일반적으로 인정되는 회계정책을 다른 일반적으로 인정되는 회계정책으로 변경하는 것을 말한다.

회계추정의 변경과 회계정책의 변경을 보다 명확하게 이해하기 위하여 각각에 해당하는 항목을 살펴보면 다음과 같다.

회계추정의 변경	회계정책의 변경
① 매출채권의 대손 가능성(대손충당금)에 대한 추정 변경 ② 재고자산 진부화에 대한 추정 변경 ③ 금융자산과 금융부채의 공정가치에 대한 추정 변경 ④ 감가상각대상자산의 내용연수, 소비행태(감가상각방법)에 대한 추정 변경 ⑤ 품질보증의무에 대한 추정 변경	① 재고자산의 가격결정방법을 선입선출법에서 평균법으로 변경 ② 유형자산의 측정기준을 원가법에서 재평가법으로 변경

토론을 위한 회계이슈 |

(2) 회계추정의 변경과 회계오류의 수정은 어떻게 회계처리되어야 하는가? [4단계 인식, 5단계 측정]

K-IFRS 제1008호 회계정책, 회계추정의 변경 및 오류

36. 문단 37이 적용되는 회계추정의 변경을 제외한 회계추정의 변경효과는 다음의 회계기간의 당기손익에 포함하여 전진적으로 인식한다.
    (1) 변경이 발생한 기간에만 영향을 미치는 경우에는 변경이 발생한 기간
    (2) 변경이 발생한 기간과 미래 기간에 모두 영향을 미치는 경우에는 변경이 발생한 기간과 미래 기간

37. 회계추정의 변경이 자산 및 부채의 장부금액을 변경하거나 자본의 구성요소에 관련되는 경우, 회계추정을 변경한 기간에 관련 자산, 부채 또는 자본 구성요소의 장부금액을 조정하여 회계추정의 변경효과를 인식한다.

38. 회계추정의 변경효과를 전진적으로 인식하는 것은 추정의 변경을 그것이 발생한 시점 이후부터 거래, 기타 사건 및 상황에 적용하는 것을 말한다. 회계추정의 변경은 당기손익에만 영향을 미치는 경우와 당기손익과 미래 기간의 손익에 모두 영향을 미치는 경우가 있다. 예를 들면, 대손에 대한 추정의 변경은 당기손익에만 영향을 미치므로 변경의 효과가 당기에 인식된다. 그러나 감가상각자산의 추정내용연수의 변경 또는 감가상각자산에 내재된 미래경제적효익의 기대소비 형태의 변경은 당기의 감가상각비뿐만 아니라 그 자산의 잔존 내용연수 동안 미래 기간의 감가상각비에 영향을 미친다. 위의 두 경우 모두 당기에 미치는 변경의 효과는 당기손익으로 인식하며, 미래 기간에 영향을 미치는 변경의 효과는 해당 미래 기간의 손익으로 인식한다.

41. 오류는 재무제표 구성요소의 인식, 측정, 표시 또는 공시와 관련하여 발생할 수 있다. 기업의 재무상태, 재무성과 또는 현금흐름을 특정한 의도대로 표시하기 위하여 중요하거나 중요하지 않은 오류를 포함하여 작성된 재무제표는 한국채택국제회계기준에 따라 작성되었다고 할 수 없다. 당기 중에 발견한 당기의 잠재적 오류는 재무

제표의 발행승인일 전에 수정한다. 그러나 중요한 오류를 후속 기간에 발견하는 경우, 이러한 전기오류는 해당 후속 기간의 재무제표에 비교표시된 재무정보를 재작성하여 수정한다(문단 42~47 참조).

42. 문단 43의 예외규정이 적용되는 경우를 제외하고는 중요한 전기오류가 발견된 이후 최초로 발행을 승인하는 재무제표에 다음의 방법으로 전기오류를 소급하여 수정한다.

(1) 오류가 발생한 과거 기간의 재무제표가 비교표시되는 경우에는 그 재무정보를 재작성한다.

(2) 오류가 비교표시되는 가장 이른 과거 기간 이전에 발생한 경우에는 비교표시되는 가장 이른 과거 기간의 자산, 부채 및 자본의 기초금액을 재작성한다.

교수자는 회계추정의 변경과 회계오류의 수정이 어떻게 회계처리되어야 하는지에 대해 토론을 유도한다.

K-IFRS 제1008호 '회계정책, 회계추정의 변경 및 오류'에서는 회계추정의 변경을 전진법으로 회계처리하도록 규정하고 있다. 전진법이란 회계추정의 변경이 발생한 시점 이후부터 거래, 기타 사건 및 상황에 적용하는 것을 말한다.

토론 회계추정은 회계처리를 위해서는 필수적이지만 필연적으로 빈번하게 변경될 가능성이 높은데, 이때마다 이미 보고된 재무제표를 수정한다면 회계정보의 확정성이 크게 침해받을 수 있기 때문에 전진법으로 회계처리한다.

또한 회계추정의 변경은 대부분 그 효과가 상대적으로 크지 않기 때문에 소급수정하지 않아도 비교 가능성이 크게 침해되지 않을 것으로 보아 회계추정의 변경에 전진법이 적당한 방법이라고 본다.

사례와 같이 대손충당금에 대한 추정의 변경은 당기손익에만 영향을 미친다. 그러나 감가상각자산 추정내용연수의 변경과 같이 당기와 그 이후의 기간에 손익에 영향을 미치는 추정의 변경도 있다.

대손충당금 조정이 회계추정의 변경에 해당한다면 전진법으로 회계처리한다.

토론 회계오류의 수정은 중요한 오류가 후속 기간에 발견된 경우, 해당 후속 기간에 비교표시된 재무정보를 재작성하여 수정하여야 한다. 즉, 중요한 전기오류가 발견된 이후 최초로 발행을 승인하는 재무제표에 다음의 방법으로 전기오류를 소급하여 수정한다.

① 오류가 발생한 과거 기간의 재무제표가 비교표시되는 경우 : 그 재무정보를 재작성한다.
② 오류가 비교표시되는 가장 이른 과거 기간 이전에 발생한 경우 : 비교표시되는 가장 이른 과거 기간의 자산, 부채 및 자본의 기초금액을 재작성한다.

한편, '중요한 오류'에서 '중요한'의 의미는 어떤 항목이 개별적으로나 집합적으로 재무제표에 기초한 경제적 의사결정에 영향을 미치는 경우 그 항목의 누락이나 왜곡표시가 중요한 것이라고 본다.

대손충당금 조정이 중요한 회계오류의 수정에 해당한다면 비교표시된 재무정보를 재작성하여 수정하여야 한다.

⑮ 사회공헌활동

토론을 위한 회계이슈 |

사회공헌활동 관련 지출은 자산의 정의에 부합하는가? 만약, 자산의 정의에 부합한다면 자산으로 인식할 수 있는가? [2단계 식별, 4단계 인식]

재무보고를 위한 개념체계

4.4 재무상태의 측정에 직접 관련되는 요소는 자산, 부채 및 자본이다. 이러한 요소의 정의는 다음과 같다.

(1) 자산은 과거사건의 결과로 기업이 통제하고 있고 미래경제적효익이 기업에 유입될 것으로 기대되는 자원이다.

4.38 재무제표 요소의 정의에 부합하는 항목이 다음 기준을 모두 충족한다면 재무제표에 인식되어야 한다.

(1) 그 항목과 관련된 미래경제적효익이 기업에 유입되거나 기업으로부터 유출될 가능성이 높다.

(2) 그 항목의 원가 또는 가치를 신뢰성 있게 측정할 수 있다.

교수자는 사회공헌활동을 위한 지출이 자산의 정의에 부합하는지, 만약 자산의 정의에 부합한다면 회사의 자산으로 인식할 수 있는지에 대해 토론을 유도한다. 먼저, 재무보고를 위한 개념체계 문단 4.4(1) 자산의 정의에 해당하는지 다음 세 가지 관점에서 토론하도록 유도한다.

① 과거사건의 결과인가?
② 통제하는가?
③ 미래경제적효익이 유입될 것인가?

토론 사회공헌활동은

① 기숙사 리모델링과 가구교체를 해주는 과정에서 지출이 발생하였다.

② 기숙사 리모델링과 가구교체는 사회공헌활동의 일환으로 일방적인 기부에 해당한다. 따라서 (주)하우스피아가 리모델링된 기숙사와 가구를 물리적으로 통제하지는 못한다.

③ (주)하우스피아의 기업이미지와 브랜드가치 상승으로 미래경제

적효익이 유입될 것으로 희망하고는 있으나, 미래경제적효익의 유입 가능성을 객관적으로 입증할 수는 없다.

(주)하우스피아의 사회공헌활동 관련 지출은 회사의 기업이미지와 브랜드가치를 높여서 매출 증대를 유도함으로써 미래경제적효익의 유입을 가져올 것으로 희망할 수는 있다. 그러나 미래경제적효익의 유입 가능성을 객관적으로 입증할 수는 없을 것이다. 따라서 (주)하우스피아는 사회공헌활동 관련 지출을 발생시점에 비용으로 인식해야 한다.

16 직원의 훈련, 인재의 스카우트, 자가생산 제품 제공

토론을 위한 회계이슈

(1) 직원교육을 위해 지출한 금액은 자산인가? 비용인가? [2단계 식별]

재무보고를 위한 개념체계

4.4 재무상태의 측정에 직접 관련되는 요소는 자산, 부채 및 자본이다. 이러한 요소의 정의는 다음과 같다.

(1) 자산은 과거사건의 결과로 기업이 통제하고 있고 미래경제적효익이 기업에 유입될 것으로 기대되는 자원이다.

4.38 재무제표 요소의 정의에 부합하는 항목이 다음 기준을 모두 충족한다면 재무제표에 인식되어야 한다.

(1) 그 항목과 관련된 미래경제적효익이 기업에 유입되거나 기업으로부터 유출될 가능성이 높다.

(2) 그 항목의 원가 또는 가치를 신뢰성 있게 측정할 수 있다.

교수자는 직원교육을 위해 지출한 교육비를 자산으로 인식해야 하는지 아니면 비용으로 인식해야 하는지에 대해 토론을 유도한다.

자산이란 과거사건의 결과로 기업이 통제하고 있고 미래경제적효익이 유입될 것으로 기대되는 자원이다. 재무제표에 자산으로 인식되기 위해서는 이러한 자산의 정의를 충족해야 함과 동시에, 다음의 두 가지 인식기준을 모두 충족하여야 한다.

① 그 항목과 관련된 미래경제적효익이 기업에 유입될 가능성이 높다.
② 그 항목의 원가 또는 가치를 신뢰성 있게 측정할 수 있다.

토론 직원교육 관련 지출이 이미 발생하였고, 직원의 업무를 회사가 통제하고 있으며, 직원교육을 통해 직원의 업무능력이 향상되어 회사의 미래경제적효익을 창출할 수는 있을 것이므로 자산의 정의를 충족한다고 볼 수 있다.

자산의 정의를 충족한다 하더라도 회사가 재무제표에 자산으로 인식하기 위해서는 미래경제적효익이 기업에 유입될 가능성이 높아야 하고, 그 가치를 신뢰성 있게 측정할 수 있어야 한다.

그러나 직원교육으로 인해 창출할 수 있는 미래경제적효익이 높을지, 낮을지가 불확실하다. 즉, 자산의 정의에 부합한다 하더라도 자산의 인식요건을 충족하지 못한다.

따라서 직원교육 관련 지출은 자산이 아니라 발생하는 시점에 비용으로 인식하여야 한다.

토론을 위한 회계이슈 |

(2) 스카우트 과정에서 휴먼리소스네트워크(주)에게 지급한 금액과 디자인 총괄 임원에게 제공한 계약금은 자산인가? 비용인가? [2단계 식별]

재무보고를 위한 개념체계

4.4 재무상태의 측정에 직접 관련되는 요소는 자산, 부채 및 자본이다. 이러한 요소의 정의는 다음과 같다.

(1) 자산은 과거사건의 결과로 기업이 통제하고 있고 미래경제적효익이 기업에 유입될 것으로 기대되는 자원이다.

4.38 재무제표 요소의 정의에 부합하는 항목이 다음 기준을 모두 충족한다면 재무제표에 인식되어야 한다.

(1) 그 항목과 관련된 미래경제적효익이 기업에 유입되거나 기업으로부터 유출될 가능성이 높다.

(2) 그 항목의 원가 또는 가치를 신뢰성 있게 측정할 수 있다.

교수자는 스카우트 과정에서 전문 헤드헌팅업체에 지급한 금액과 디자인 총괄 임원에게 제공한 계약금이 자산인지 비용인지에 대해 토론을 유도한다.

토론 만약 전문 헤드헌팅업체에 지급한 1억 원의 대가로 소개받은 직원이 일정 기간 의무적으로 회사에 근무하여야 한다는 조건이 있는 경우에는 그 기간에 걸쳐 인건비(비용)로 인식하여야 한다.

그러나 만약 의무 근무기간에 대한 조건이 없다면 회사가 지출한 금액의 효익은 소개받는 시점에서 모두 소비되었다고 본다. 따라서 지출시 전액 비용으로 인식하는 것이 타당하다.

토론 디자인 총괄 임원에게 계약금을 지급하고 5년 동안 근무할 것을 의무화하였다면 계약금 5억 원은 5년간 임금 중 일부를 선급한 성격으로 볼 수 있다. 이는 지출에 따른 미래경제적효익이 5년에 걸쳐 발생하는 것으로 볼 수 있다.

따라서 지출시 선급인건비(자산)로 인식하고, 5년에 걸쳐 인건비(비용)로 인식하여야 한다.

토론을 위한 회계이슈 |

(3) 현물로 지급한 제품은 각각 어떻게 인식되어야 하는가? [3단계 분류, 4단계 인식]

재무보고를 위한 개념체계

4.25 수익과 비용은 다음과 같이 정의한다.

(1) 수익은 자산의 유입이나 증가 또는 부채의 감소에 따라 자본의 증가를 초래하는 특정 회계기간 동안에 발생한 경제적효익의 증가로서, 지분참여자에 의한 출연과 관련된 것은 제외한다.

(2) 비용은 자산의 유출이나 소멸 또는 부채의 증가에 따라 자본의 감소를 초래하는 특정 회계기간 동안에 발생한 경제적효익의 감소로서, 지분참여자에 대한 분배와 관련된 것은 제외한다.

교수자는 회사의 제조한 제품을 여러 목적으로 다양한 이해관계자에게 제공한 경우, 이를 재무제표의 어떤 요소로 인식해야 하는지에 대해 토론을 유도한다.

토론 비용이란 자산의 유출이나 소멸 또는 부채의 증가에 따라 자본의 감소를 초래하는 특정 회계기간 동안에 발생한 경제적효익의 감소로서, 지분참여자에 대한 분배와 관련된 것은 제외한 것을 말한다. 따라서 현물로 지급한 제품이 미래경제적효익의 증가를 가져오고 그 가능성이 높다면 그 원가를 자산으로 인식해야 할 것이다. 그러나 (주)하우스피아가 제공한 제품은 직원의 복리후생이나 홍보활동 또는 사회봉사활동에 사용되었으므로 이로 인한 미래경제적효익의 유입은 불확실하다.

따라서 (주)하우스피아에서 현물로 지급한 제품의 제조원가인 10억원을 비용으로 인식하여야 한다. 즉, (주)하우스피아는 제공한 제품에 대해 다음과 같은 항목으로 분류하여 비용으로 인식한다.

- 직원에게 근로의 대가로 제공한 제품은 급여
- 직원의 복리후생을 목적으로 하여 사내 휴게실에 비치한 제품은 복리후생비
- 거래처와의 원만한 관계를 위해 제공한 제품은 접대비
- 불특정 다수인에게 홍보를 위해 견본품으로 제공한 제품은 광고선전비
- 업무와 무관하게 대가 없이 제공한 제품은 기부금

토론을 위한 회계이슈 |

(4) 회사 내규에 정해진 상여금 이외에 관행적으로 지급하는 추가적인 상여금은 어떻게 회계처리하여야 하는가? [3단계 분류, 4단계 인식]

K-IFRS 제1019호 종업원급여

19. 다음을 모두 충족하는 경우 문단 11의 이익분배금과 상여금의 예상원가를 인식한다.

(1) 과거사건의 결과로 현재의 지급의무(법적의무나 의제의무)가 생긴다.

(2) 채무금액을 신뢰성 있게 추정할 수 있다.

현재의무는 급여를 지급하는 방법 외에 다른 현실적인 대안이 없을 때 존재한다.

21. 기업이 별도의 상여금을 지급할 법적의무가 없음에도 관행적으로 상여금을 지급하는 경우가 있다. 이러한 경우에 기업은 상여금을 지급하는 방법 외에 다른 현실적인

대안이 없으므로 의제의무를 부담한다. 이 의제의무를 측정할 때 일부 종업원이 상여금을 받지 못하고 퇴사할 가능성을 고려한다.

22. 이익분배제도와 상여금제도에 따라 기업이 부담하는 법적의무나 의제의무는 다음 중 어느 하나를 충족할 때 신뢰성 있게 측정할 수 있다.
(1) 제도의 공식적 규약에 급여계산방식이 포함되어 있다.
(2) 재무제표 발행이 승인되기 전에 지급액이 산정된다.
(3) 과거 관행에 비추어 볼 때 기업이 부담하는 의제의무의 금액을 명백히 결정할 수 있다.

23. 이익분배제도와 상여금제도에 따라 기업이 부담하는 의무는 종업원이 제공하는 근무용역에서 생기는 것이지 주주와의 거래에서 생기는 것은 아니다. 따라서 이익분배제도와 상여금제도와 관련된 원가는 이익분배가 아닌 당기비용으로 인식한다.

24. 이익분배금이나 상여금이 종업원이 관련 근무용역을 제공하는 연차 보고기간 후 12개월이 되기 전에 모두 결제될 것으로 예상되지 않는다면 기타장기종업원급여(문단 153~158 참조)에 해당된다.

교수자는 내규에 정해진 정기 상여금 외에 종업원 사기 진작을 위해 관행적으로 지급하기로 하는 특별상여금을 어떻게 회계처리하여야 하는지에 대해 토론을 유도한다.

토론 회사가 부담하는 상여금은 종업원이 제공하는 근무용역에서 발생하는 것으로서 당기비용으로 인식하여야 한다. 다음 두 가지 요건이 모두 충족되는 경우 관행적으로 지급하는 특별상여금의 예상원가를 당기비용으로 인식한다.

① 과거사건의 결과로 현재의 지급의무(법적의무 또는 의제의무)가 발생한다.
② 상여금으로 지급할 금액을 신뢰성 있게 추정할 수 있다.

비록 회사가 관행적으로 지급하는 상여금은 내규에 정해져 있지 않기 때문에 회사의 법적의무는 없다 하더라도, 종업원의 근무용역에서 발생한 결과로 회사의 현재 의제의무를 발생시키는 것이다. 또한 재무제표의 발행이 승인되기 전에 상여금 지급금액을 결정하므로 (주)하우스피아가 부담하는 의제의무 금액을 신뢰성 있게 측정할 수 있다.

따라서 2X09년 재무제표에 의제의무에 해당하는 금액을 당기비용과 미지급급여로 인식하여야 한다.

17 회계정책개발

토론을 위한 회계이슈

(1) 경제적 현상은 무엇인가? 재무정보이용자의 의사결정과정에서 경제적 현상에 대한 유용한 정보는 무엇인가? [1단계 경제적 현상과 유용한 정보]

재무보고를 위한 개념체계

QC2. 재무보고서는 보고기업의 경제적 자원, 보고기업에 대한 청구권 그리고 그 자원 및 청구권에 변동을 일으키는 거래와 그 밖의 사건 및 상황의 영향에 대한 정보를 제공한다(이 정보는 '개념체계' 안에서 '경제적 현상에 대한 정보'라 한다). 일부 재무보고서는 보고기업에 대한 경영진의 기대 및 전략과 기타 유형의 미래 전망 정보에 대한 설명 자료도 포함하고 있다.

QC4. 재무정보가 유용하기 위해서는 목적적합해야 하고 나타내고자 하는 바를 충실하게 표현해야 한다. 재무정보가 비교가능하고, 검증가능하며, 적시성 있고, 이해가 능한 경우 그 재무정보의 유용성은 보강된다.

QC6. 목적적합한 재무정보는 정보이용자의 의사결정에 차이가 나도록 할 수 있다. 정보는 일부 정보이용자가 이를 이용하지 않기로 선택하거나 다른 원천을 통하여 이미 이를 알고 있다고 할지라도 의사결정에 차이가 나도록 할 수 있다.

QC7. 재무정보에 예측가치, 확인가치 또는 이 둘 모두가 있다면 그 재무정보는 의사결정에 차이가 나도록 할 수 있다.

QC12. 재무보고서는 경제적 현상을 글과 숫자로 나타내는 것이다. 재무정보가 유용하기 위해서는 목적적합한 현상을 표현하는 것뿐만 아니라 나타내고자 하는 현상을 충실하게 표현해야 한다. 완벽하게 충실한 표현을 하기 위해서는 서술에 세 가지의 특성이 있어야 할 것이다. 서술은 *완전하고, 중립적이며, 오류가 없어야* 할 것이다. 물론 완벽함은 달성하기 어렵다. 회계기준위원회의 목적은 가능한 정도까지 그 특성을 극대화하는 것이다.

교수자는 미술품 취득과 관련한 경제적 현상이 무엇이고, 경제적 현상에 대한 재무정보이용자 입장에서 유용한 정보가 무엇인지를 토론하도록 유도한다.

재무보고를 위한 개념체계에 의하면 경제적 현상이란 기업의 경제적 자원, 기업에 대한 청구권 그리고 그 자원 및 청구권에 변동을 일으키는 거래와 그 밖의 사건 및 상황의 영향에 대한 정보를 말한다.

따라서 교수자는 미술품 구매가 (주)하우스피아의 경제적 자원이나 (주)하우스피아에 대한 청구권 그리고 이러한 자원이나 청구권의 변동에 어떻게 영향을 주는지에 대해 토론을 유도한다.

토론 사례에서 경제적 현상은 다음과 같이 요약할 수 있다.

① 전 세계 단 3점, 국내 유일의 희소성 있는 미술품을 구매함
② VIP고객을 위한 특별 전시행사에서 미술품을 무료로 공개할 예정
③ 미술품 수집으로 얻을 수 있는 주요 경제적효익은 특별전시를 통해 VIP고객을 확보 및 유지할 수 있고, (주)하우스피아의 고급화된 브랜드 이미지를 구축하여 매출 증대에 기여할 수 있음

④ 미술품을 중개하거나 판매할 목적으로 구매한 것은 아니며, 다만 더 가치 있는 다른 작품을 구매하기 위해서는 매각할 수 있음
⑤ 미술품에 대한 가치 상승시 자본이득을 얻을 수 있음

또한 교수자는 현재 및 잠재적 투자자, 대여자 및 기타 채권자가 자본 제공자의 자격으로 의사결정을 하는 데 있어서, (주)하우스피아의 미래 순현금흐름에 대한 전망을 평가하는 데 어떠한 정보가 유용할지에 대해서도 토론을 유도한다.

토론 재무정보이용자의 의사결정은 (주)하우스피아에 유입될 미래 순현금유입의 금액, 시기 및 불확실성에 대한 평가에 달려 있는데, 이 과정에서 유용한 정보는 (주)하우스피아에 유입될 미래 순현금유입에 대한 전망을 평가하는데 도움을 주는 정보이다.

비록 미술품의 취득 목적이 재판매나 투자 목적이 아니라 하더라도, 특별전시를 통해 VIP고객을 확보 및 유지할 수 있고, (주)하우스피아의 고급화된 브랜드 이미지를 구축하여 매출 증대를 도모함으로써 (주)하우스피아의 미래 순현금유입에 영향을 미칠 수 있다. 또한 더 가치 있는 다른 작품을 구매하기 위해서는 매각할 수 있으며, 이 과정에서 자본이득이 발생할 수 있을 것이다.

재무보고를 위한 개념체계에 의하면 재무정보가 유용하기 위해서는 목적적합해야 하고 나타내고자 하는 바를 충실하게 표현해야 한다. 목적적합하지 않은 현상에 대한 충실한 표현과 목적적합한 현상에 대한 충실하지 못한 표현 모두 정보이용자가 좋은 결정을 내리는 데 도움이 되지 않는다. 재무정보가 비교가능하고, 검증가능하며, 적시성 있고, 이해가능한 경우 그 재무정보의 유용성은 보강된다.

따라서 재무정보이용자의 의사결정과정에서 유용한 정보는 미술품을 통해 (주)하우스피아에 유입될 미래 순현금유입의 금액, 시기 및 불확실성을 평가하는 데 도움을 주는 정보라고 할 수 있다. 또한 정보가 유용하기 위해서는 목적적합하고 충실하게 표현되어야 한다.

토론을 위한 회계이슈 |

(2) 미술품은 어떤 기업회계기준서를 적용하여 회계처리해야 하는가? 만약, 적용할 수 있는 기업회계기준서가 없다면 어떻게 해야 하는가? [1단계 경제적 현상과 유용한 정보, 2단계 식별]

K-IFRS 제1008호 회계정책, 회계추정의 변경 및 오류

10. 거래, 기타 사건 또는 상황에 대하여 구체적으로 적용할 수 있는 한국채택국제회계기준이 없는 경우, 경영진은 판단에 따라 회계정책을 개발 및 적용하여 회계정보를 작성할 수 있으며, 이때 회계정보는 다음과 같은 특성을 모두 보유하여야 한다.
   (1) 이용자의 경제적 의사결정 요구에 목적적합하다.
   (2) 신뢰할 수 있다. 신뢰할 수 있는 재무제표는 다음의 속성을 포함한다.
      (가) 기업의 재무상태, 재무성과 및 현금흐름을 충실하게 표현한다.
      (나) 거래, 기타 사건 및 상황의 단순한 법적 형태가 아닌 경제적 실질을 반영한다.
      (다) 중립적이다. 즉, 편의가 없다.
      (라) 신중하게 고려한다.
      (마) 중요한 사항을 빠짐없이 고려한다.

11. 문단 10의 판단을 하는 경우, 경영진은 다음 사항을 순차적으로 참조하여 적용 가능성을 고려한다.
   (1) 내용상 유사하고 관련되는 회계논제를 다루는 한국채택국제회계기준의 규정
   (2) 자산, 부채, 수익, 비용에 대한 '개념체계'의 정의, 인식기준 및 측정개념

12. 문단 10의 판단을 하는 경우, 경영진은 유사한 개념체계를 사용하여 회계기준을 개발하는 회계기준제정기구가 가장 최근에 발표한 회계기준, 기타의 회계문헌과 인정된 산업관행을 고려할 수 있다. 다만, 이러한 고려사항은 문단 11에서 기술한 고려사항의 내용과 상충되지 않아야 한다.

회계정책의 일관성

13. 한국채택국제회계기준에서 특정 범주별로 서로 다른 회계정책을 적용하도록 규정하거나 허용하는 경우를 제외하고는 유사한 거래, 기타 사건 및 상황에는 동일한 회계정책을 선택하여 일관성 있게 적용한다. 만약 한국채택국제회계기준에서 범주별로 서로 다른 회계정책을 적용하도록 규정하거나 허용하는 경우, 각 범주에 대하여 선택한 회계정책을 일관성 있게 적용한다.

K-IFRS 제1002호 재고자산

6. 이 기준서에서 사용하는 용어의 정의는 다음과 같다.

재고자산 : 다음의 자산을 말함

(1) 통상적인 영업과정에서 판매를 위하여 보유중인 자산

(2) 통상적인 영업과정에서 판매를 위하여 생산중인 자산

(3) 생산이나 용역제공에 사용될 원재료나 소모품

K-IFRS 제1016호 유형자산

6. 이 기준서에서 사용하는 용어의 뜻은 다음과 같다.

유형자산 : 재화나 용역의 생산이나 제공, 타인에 대한 임대 또는 관리 활동에 사용할 목적으로 보유하는 물리적 형태가 있는 자산으로서 한 회계기간을 초과하여 사용할 것이 예상되는 자산

K-IFRS 제1040호 투자부동산

5. 이 기준서에서 사용하는 용어의 정의는 다음과 같다.

공정가치 : 측정일에 시장참여자 사이의 정상거래에서 자산을 매도할 때 받거나 부채를 이전할 때 지급하게 될 가격(기업회계기준서 제1113호 '공정가치 측정' 참조)

원가 : 자산을 취득하기 위하여 자산의 취득시점이나 건설시점에서 지급한 현금 또는 현금성자산이나 제공한 기타 대가의 공정가치. 경우에 따라서 기업회계기준서 제1102호 '주식기준보상'과 같은 다른 한국채택국제회계기준서의 특정 규정에 따라 자산의 최초인식시점에 그 자산에 귀속된 금액

투자부동산 : 임대수익이나 시세차익 또는 두 가지 모두를 얻기 위하여 소유자나 금융리스의 이용자가 보유하고 있는 부동산[토지, 건물(또는 건물의 일부분) 또는 두 가지 모두]. 다만, 다음의 목적으로 보유하는 부동산은 제외한다.

(가) 재화의 생산이나 용역의 제공 또는 관리목적에 사용

(나) 통상적인 영업과정에서의 판매

16. 투자부동산은 다음의 조건을 모두 충족할 때 자산으로 인식한다.
    (1) 투자부동산에서 발생하는 미래경제적효익의 유입 가능성이 높다.
    (2) 투자부동산의 원가를 신뢰성 있게 측정할 수 있다.

17. 투자부동산의 원가는 이 인식기준에 따라 발생시점에 평가한다. 투자부동산의 원가에는 취득하기 위하여 최초로 발생한 원가와 후속적으로 발생한 추가원가, 대체원가 또는 유지원가를 포함한다.

20. 투자부동산은 최초인식시점에 원가로 측정한다. 거래원가는 최초측정에 포함한다.

30. 문단 32A와 문단 34의 예외규정을 제외하고, 문단 33~55에 의한 공정가치모형과 문단 56에 의한 원가모형 중 하나를 선택하여 모든 투자부동산에 적용한다.

교수자는 미술품에 대해 어떤 기업회계기준서를 적용할 수 있을지에 대해 토론하도록 유도한다.

토론 K-IFRS 제1002호 '재고자산'에 의하면 재고자산은 '(1) 통상적인 영업과정에서 판매를 위하여 보유중인 자산 (2) 통상적인 영업과정에서 판매를 위하여 생산중인 자산 (3) 생산이나 용역제공에 사용될 원재료나 소모품'을 말한다. 따라서 사례의 미술품은 재고자산으로

분류할 수 없다.

K-IFRS 제1016호 '유형자산'에 의하면 유형자산은 '재화나 용역의 생산이나 제공, 타인에 대한 임대 또는 관리 활동에 사용할 목적으로 보유하는 물리적 형태가 있는 자산으로서 한 회계기간을 초과하여 사용할 것이 예상되는 자산'을 말한다. 따라서 사례에서 미술품은 유형자산으로 분류할 수 없다.

K-IFRS 제1040호 '투자부동산'에 의하면 투자부동산은 '임대수익이나 시세차익 또는 두 가지 모두를 얻기 위하여 소유자나 금융리스의 이용자가 보유하고 있는 부동산'을 말한다. 따라서 사례의 미술품은 동산이므로 투자부동산으로 분류할 수도 없다.

이와 같이, 특별전시와 자본이득을 위해 보유하고 있는 미술품은 재고자산, 유형자산, 투자부동산의 정의를 충족하지 않기 때문에 적용할 수 있는 기업회계기준서가 없다.

미술품에 대하여 구체적으로 적용할 수 있는 기업회계기준서가 없는 경우, 미술품에 대한 회계처리를 어떻게 해야 하는지에 대해 토론을 유도한다.

토론 구체적으로 적용할 수 있는 기업회계기준서가 없는 경우 K-IFRS 제1008호에 따라 경영진은 판단에 따라 회계정책을 개발 및 적용하여 회계정보를 작성할 수 있다.

이때 우선적으로 고려하여야 할 것이 목적적합하고 충실하게 표현될 수 있는 회계정보를 제공하는 것이다. 즉, 미술품에 대해 제공되는 회계정보가 다음과 같은 특성을 모두 지니고 있어야 한다.

① 이용자의 경제적 의사결정 요구에 목적적합하다.

② 신뢰할 수 있다. 신뢰할 수 있는 재무제표는 다음의 속성을 포함한다.

- 기업의 재무상태, 재무성과 및 현금흐름을 충실하게 표현한다.
- 거래, 기타 사건 및 상황의 단순한 법적 형태가 아닌 경제적 실질을 반영한다.
- 중립적이다. 즉, 편의가 없다.
- 신중하게 고려한다.
- 중요한 사항을 빠짐없이 고려한다.

경영진은 다음의 사항을 순차적으로 참조하여 적용 가능성을 고려하여야 한다.

첫째, 내용상 유사하고 관련된 회계논제를 다루는 IFRS 규정을 유추 적용

둘째, 개념체계에 있는 정의, 인식기준, 측정기준 등의 개념

셋째, 유사 개념체계를 사용하여 회계기준을 개발하는 회계기준제정기구가 가장 최근에 발표한 회계기준 및 기타의 회계문헌과 산업관행

다만, 셋째 사항을 고려할 때 첫째 사항과 둘째 사항에서 기술한 내용과 상충되지 않아야 한다. 즉, 첫째, 둘째 사항이 셋째 사항보다 우선 고려되어야 한다.

미술품을 영업활동 목적으로 사용하는 것이 아니라 VIP를 위한 특별전시와 자본이득을 위해 보유하고 있는 특성 및 성격으로 볼 때, 투자부동산과 가장 유사한 것으로 볼 수 있으므로 K-IFRS 제1040호 '투자부동산'을 적용할 수 있을 것이다.

따라서 미술품의 경우 부동산은 아니지만, 더 가치 있는 다른 작품을 구매하기 위해서는 매각할 수 있으며, 미술품에 대한 가치 상승

시 자본이득을 얻을 수 있으므로 시세차익을 얻기 위해 소유하는 투자부동산과 가장 유사하다고 볼 수 있다.

K-IFRS 제1040호에 따라 미술품의 공정가치를 신뢰성 있게 측정할 수 없다면 원가모형을, 신뢰성 있게 측정할 수 있다면 공정가치모형을 이용하여 평가하는 회계처리를 할 수 있을 것이다.

18 보고기간 후 사건

토론을 위한 회계이슈 |

(주)하우스피아는 소송사건의 확정을 2X09년 재무제표에 반영하여 수정하여야 하는가? [2단계 식별, 4단계 인식]

K-IFRS 제1010호 보고기간 후 사건

3. 이 기준서에서 사용하는 용어의 정의는 다음과 같다.
보고기간 후 사건 : 보고기간 말과 재무제표 발행승인일 사이에 발생한 유리하거나 불리한 사건. 보고기간 후 사건은 다음 두 가지 유형으로 구분한다.
   (1) 보고기간 말에 존재하였던 상황에 대해 증거를 제공하는 사건(수정을 요하는 보고기간 후 사건)
   (2) 보고기간 후에 발생한 상황을 나타내는 사건(수정을 요하지 않는 보고기간 후 사건)

5. 재무제표를 발행한 이후에 주주에게 승인을 받기 위하여 제출하는 경우가 있다. 이 경우 재무제표 발행승인일은 주주가 재무제표를 승인한 날이 아니라 재무제표를 발행한 날이다.

예시

경영진은 20X2년 2월 28일에 20X1년 12월 31일로 종료되는 회계연도의 재무제표 초안을 완성하였다. 이사회는 20X2년 3월 18일에 동 재무제표를 검토하고 발행하도록 승인하였다. 20X2년 3월 19일에 기업의 이익과 선별된 다른 재무정보를 발표하였다. 주주와 그 밖의 이용자는 20X2년 4월 1일부터 재무제표를 이용할 수 있게 되었다. 20X2년 5월 15일에 정기주주총회에서 해당 재무제표를 승인하였고 20X2년 5월 17일에 감독기관에 제출하였다.

재무제표 발행승인일은 20X2년 3월 18일(이사회가 발행 승인한 날)이다.

7. 보고기간 후 사건은 이익이나 선별된 재무정보를 공표한 후에 발생하였더라도, 재무제표 발행승인일까지 발생한 모든 사건을 포함한다.

8. 수정을 요하는 보고기간 후 사건을 반영하기 위하여 재무제표에 인식된 금액을 수정한다.

9. 수정을 요하는 보고기간 후 사건의 예는 다음과 같다. 이러한 사건의 영향으로 재무제표에 이미 인식한 금액은 수정하고, 재무제표에 인식하지 아니한 항목은 새로 인식하여야 한다.

(1) 보고기간 말에 존재하였던 현재의무가 보고기간 후에 소송사건의 확정에 의해 확인되는 경우. 소송사건과 관련하여 기업회계기준서 제1037호 '충당부채, 우발부채, 우발자산'에 따라 이전에 인식하였던 충당부채를 수정하거나 새로운 충당부채를 인식한다. 소송사건의 확정은 기업회계기준서 제1037호의 문단 16에 따라 고려하여야 할 추가적인 증거를 제공하므로 단순히 우발부채로 공시하는 것은 적절하지 아니하다.

(2) 보고기간 말에 이미 자산손상이 발생되었음을 나타내는 정보를 보고기간 후에 입수하는 경우나 이미 손상차손을 인식한 자산에 대하여 손상차손금액의 수정이 필요한 정보를 보고기간 후에 입수하는 경우. 다음과 같은 예를 들 수 있다.

(가) 보고기간 후의 매출처 파산은 일반적으로 보고기간 말의 매출채권에 손실이 발생하였음을 확인하는 추가적인 정보이므로 매출채권의 장부금액을 수정할 필요가 있다.

(나) 보고기간 후의 재고자산 판매는 보고기간 말의 순실현가능가치에 대한 증거를 제공할 수 있다.

(3) 보고기간 말 이전에 구입한 자산의 취득원가나 매각한 자산의 대가를 보고기간 후에 결정하는 경우

(4) 보고기간 말 이전 사건의 결과로서 보고기간 말에 종업원에게 지급하여야 할 법적 의무나 의제의무가 있는 이익분배나 상여금지급 금액을 보고기간 후에

확정하는 경우(기업회계기준서 제1019호 '종업원급여' 참조)

(5) 재무제표가 부정확하다는 것을 보여주는 부정이나 오류를 발견한 경우

교수자는 상표권 소송사건의 확정을 2X09년 재무제표에 반영할지, 아니면 2X10년 재무제표에 반영할지에 대해 토론을 유도한다.

토론 진행중인 상표권 소송사건과 관련하여 보고기간 말 이미 충당부채로 인식하였으나, 이후 소송사건의 확정으로 인해 (주)하우스피아의 법적 부담액이 당초 계상한 충당부채보다 3억 원 증가하였다.

'보고기간 후 사건'이란 보고기간 말(2X09년 12월 31일)과 재무제표 발행승인일(2X10년 2월 18일) 사이에 발생하고 기업의 재무상태에 유리하거나 불리한 영향을 미치는 사건을 말한다.

재무제표 발행승인일은 이사회가 승인한 2X10년 2월 18일이므로 소송사건은 2X10년 2월 17일에 확정되었으므로 소송사건의 확정은 수정을 요하는 보고기간 후 사건에 해당된다.

따라서 확정된 소송사건의 내용을 2X09년 재무제표에 반영하여, 최종 법적 부담액을 부채로 인식하여야 한다.

별첨 사례별 8단계 매트릭스

단 계	1단계	2단계	3단계	4단계	5단계	6단계	7단계	8단계	구 분	관련 기준서
	경제적 현상과 유용한 정보	식 별	분 류	인 식	측 정	제 거	표시와 공시	원가와 효익의 균형		
Ⅰ. 초기영업 : 2X01년~2X03년										
1. 자금 조달										
1-1. 주식발행		○	○						자본	CF, 1032
1-2. 서민은행에서 차입	○	○		○			○		부채	CF, 1001, 1024
2. 재고자산										
2-1. 인테리어 소품 수입		○	○	○	○		○		재고자산	CF, 1001, 1002, 1016, 1038
2-2. 재고자산의 후속측정					○				재고자산	1002
3. 수익의 인식(K-IFRS 제1115호)										
3-1. 묶음 판매(1)		○		○	○				수익	CF, 1115
3-2. 묶음 판매(2)		○		○	○				수익	1115
3-3. 나전칠기 장롱 판매시 나전칠기 관리 훈련용역을 무상으로 제공				○					수익	1115
3-4. 소품용 향초 판매 - 계약 취소시 위약금을 과중하게 물릴 경우	○			○	○				수익	CF, 1032, 1115
3-5. 제품 판매시 포인트 적립	○	○		○	○				수익	1115
3-6. 의자 120개를 납품하던 중 계약을 변경하여 30개를 추가로 납품하기로 한 경우(1)		○		○	○				수익	1115
3-7. 의자 120개를 납품하던 중 계약을 변경하여		○		○	○				수익	1115

단 계	1단계	2단계	3단계	4단계	5단계	6단계	7단계	8단계	구 분	관련 기준서
	경제적 현상과 유용한 정보	식 별	분 류	인 식	측 정	제 거	표시와 공시	원가와 효익의 균형		
30개를 추가로 납품하기로 한 경우(2)										
3-8. 거래가격이 조건부인 경우					○				수익	1115
3-9. 제품 구매자에게 반품권이 있는 경우				○	○				수익	1115
4. 웹사이트 외주 개발		○	○		○				무형자산	CF, 1038
5. 토지, 건물, 설비의 취득과 자산의 교환										
5-1. 본사건물			○	○	○				유형자산	1016, 1040
5-2. 공장건물		○	○	○	○		○		유형자산	CF, 1016, 1020, 1038
5-3. 자동화설비		○			○				유형자산	1016
5-4. 자산의 교환					○	○			유형자산	1016
6. 임야와 티크나무의 취득, 임야의 복구										
6-1. 임야와 티크나무 취득		○	○	○	○				유형자산 농림어업	CF, 1016, 1041
6-2. 재무제표 표시							○		환율변동효과	1021
6-3. 임야와 티크나무 처분						○			유형자산 연결재무제표	1016, 1110
6-4. 환산 – 기능통화 vs 표시통화					○		○		환율변동효과	1021
7. 사업의 초기 운영										
7-1. 티크나무 운반용 특수선박 Bulk Carrier E-300의 리스	○	○		○	○				리스	CF, 1116
7-2. 차입금의 결제수단으로 자기지분증권 발행		○		○	○				자본	1032

단 계	1단계	2단계	3단계	4단계	5단계	6단계	7단계	8단계	구 분	관련 기준서
	경제적 현상과 유용한 정보	식 별	분 류	인 식	측 정	제 거	표시와 공시	원가와 효익의 균형		
7-3. 자동화라인의 추가 설치		○		○					유형자산	CF, 1016
7-4. 토지의 후속측정	○		○	○	○				유형자산	CF, 1016
7-5. 자동화설비의 침수로 인한 물리적 손상 발생		○		○					자산손상	1016, 1036
7-6. 판매하는 제품에 대한 무상보증		○		○	○				충당부채	CF, 1037
7-7. 손해배상청구소송의 제기	○	○	○	○					우발부채	CF, 1037
7-8. 부과된 재산세		○		○					부채	CF, 해석서 2121
7-9. 신종자본증권의 발행		○							자본	1032
7-10. 이연법인세		○		○					법인세	CF, 1012
II. 사업확장 : 2X04년~2X06년										
8. 사업결합										
8-1. 진행중인 개발 프로젝트	○			○	○				사업결합	CF, 1038, 1103
8-2. 고객목록과 영업권		○	○	○	○				사업결합	1038, 1103
9. 내부창출 무형자산										
9-1. 연구사업부의 활동(1)		○							무형자산	1038
9-2. 연구사업부의 활동(2)				○	○				무형자산	1038
10. 수익의 인식(K-IFRS 제1115호)										
10-1. 용역의 제공(1)				○	○				수익	1115
10-2. 용역의 제공(2)				○	○				수익	1115
11. 지분 투자			○		○		○		관계기업	1027, 1028, 1032, 1039, 1112

단 계	1단계	2단계	3단계	4단계	5단계	6단계	7단계	8단계	구 분	관련 기준서
	경제적 현상과 유용한 정보	식 별	분 류	인 식	측 정	제 거	표시와 공시	원가와 효익의 균형		
Ⅲ. 사업매각 및 사업지속 : 2X07년~2X10년										
12. 창고보관 사업부문 매각			○		○				중단사업	1105
13. 재화의 인도(K-IFRS 제1115호)				○	○				수익	1115
14. 회계추정의 변경 또는 회계오류의 수정	○	○		○	○				회계변경 오류수정	1008
15. 사회공헌활동		○		○					무형자산	CF
16. 직원의 훈련, 인재의 스카우트, 자가생산 제품 제공		○	○	○					비용	CF, 1019
17. 회계정책개발	○	○							회계정책개발	CF, 1008, 1016, 1040
18. 보고기간 후 사건		○		○					보고기간 후 사건	1010
합계	9	29	13	33	31	3	7	–		

1) 현재 시행중인 회계기준 총 41개 기준서 중 26(63%)개 기준서 반영(리스 제1116호, 수익 제1115호 반영)

2) 불포함 기준서 15개 :

제1101호 한국채택국제회계기준의 최초채택	제1114호 규제이연계정
제1102호 주식기준보상	제1007호 현금흐름표
제1104호 보험계약	제1011호 건설계약
제1106호 광물자원의 탐사와 평가	제1026호 퇴직급여제도에 의한 회계처리와 보고
제1107호 금융상품: 공시	제1029호 초인플레이션 경제에서의 재무보고
제1108호 영업부문	제1033호 주당이익
제1111호 공동약정	제1034호 중간재무보고
제1113호 공정가치 측정	

한국회계기준원 FBT 교육전문위원회 집필진

위 원 장 송인만 교수(성균관대)

위　　원 전영순 교수(중앙대)

지현미 교수(계명대)

최현덕 팀장(한국회계기준원)

이웅희 책임연구원(한국회계기준원)

원칙중심 K-IFRS 교육: 개념체계 기반 접근법(회계윤리와 종합사례)

2016년 12월 10일 제1판 1쇄 인쇄
2016년 12월 15일 제1판 1쇄 발행

저　　자 한국회계기준원
발 행 인 권 영 섭
발 행 처 (주)신 영 사
경기도 파주시 심학산로 12(서패동)
등　　록 : 1988. 5. 2 / 제406-1988-000020호
전　　화 : 031-946-2894(代)
F A X : 031-946-0799
e-mail : sys28945@naver.com

저자와의 협의하에 인지생략

정가 **20,000**원

ISBN 978-89-5501-583-6